■ 浙江监狱文化研究成果

监狱教育改造促稳机制研究

主　编　施志仁　朱永忠
执行主编　丁文炯　李建淼

ZHEJIANG UNIVERSITY PRESS
浙江大学出版社

序
■ *Foreword* ……

　　党的十八大报告提出,要扎实推进社会主义文化强国建设。文化是民族的血脉,是人民的精神家园。全面建成小康社会,实现中华民族的伟大复兴,必须推动社会主义文化大发展大繁荣,兴起社会主义文化建设新高潮,提高国家文化软实力,发挥文化引领风尚、教育人民、服务社会、推动发展的作用。

　　作为国家的刑罚执行机关,监狱的使命与国家的发展息息相关。在这千载难逢的机遇下,浙江监狱文化建设研究站在了一个新的历史起点上。为了始终保持浙江监狱文化建设的生命力,更好地发挥文化软实力的重要作用,浙江省监狱管理局启动了第二批"浙江监狱文化研究"成果的出版工作。

　　监狱文化研究成果是文化软实力的重要内容,但监狱文化研究不是软任务。要根据其自身的知识结构和特长,组建课题攻关小组或合作团队,充分发挥其主动性、创造性和积极性,实现开阔视野、增长见识、更新理念、增强能力之目的。要多创造研究平台,让更多的青年民警在"实战"中成长、成熟和成才。要多搭些舞台,让监狱研究人才展示成果、展现价值,增强对科研工作的认同感、荣誉感和使命感。参与过研究的监狱人民警察善于思考,潜心钻研,已经在罪犯越狱防范研

究、狱政管理实务研究、教育改造促稳机制研究、监狱团队心理辅导研究、菊文化与罪犯改造研究、罪犯劳动问题研究、未成年犯循证矫正研究等方面取得了成果。这些阶段性成果的陆续出版,为确保监狱安全稳定、推进公正文明执法、提高罪犯改造质量提供了新的支撑力和推动力。

按照建设智能化现代文明监狱的要求,全面实施依法治监,我们应当以更深刻的认识、更开阔的思路、更得力的措施,大力推进浙江监狱文化研究工程,努力解答监狱工作中遇到的各种新问题,努力回答监狱人民警察普遍关心的热点问题,努力形成一批有较高学术价值和应用价值的研究成果。继续推进浙江监狱文化研究工作,是一件功在当代,利在千秋的事业。我们热切地期待着有更多的优秀成果问世,借以展示浙江监狱文化的实力,增强浙江监狱文化的竞争力,扩大浙江监狱文化的影响力,从而促使监狱文化研究更好地服务于监狱中心工作。

胡方锐

2017 年 3 月

前 言
◼Preface……

从完整、科学的机制体系来说,监狱安全长效机制除了已有的防御性、补救性、推动性、惩戒性机制外,还必须具有进攻性的机制,即从消除罪犯心理上的源头问题着手来避免监狱安全事故和不稳定事件的发生。只有将教育改造促稳的进攻性机制与现有的机制融为一体,相互配合,互为补充,才能构成监管安全科学完整的机制体系。

作为基层单位的浙江省第二监狱,十分重视实务工作与理论研究的有机结合,联合浙江省监狱工作研究所组织课题组集体攻关完成"监狱教育改造促稳机制研究"。课题组站在社会治理创新的视角,从社会安宁与监狱稳定的关系出发,重新审视监狱教育改造的价值、功能及定位,系统总结浙江乃至全国监狱教育改造工作取得的成绩和经验及存在的问题,在综合分析监狱工作面临的新形势、新任务、新要求的基础上,着眼于监狱安全长效机制建设的实践与探索,辩证分析防御性机制与进攻性机制的互补关系,论证教育促稳与教育治本的内在逻辑,设计教育改造促稳机制建构原则,从内容体系、方法手段、运行机理等全面探讨监狱教育改造促稳机制建设。该课题基于监狱在教育改造促稳机制建设已有的实践基础上,提出了一系列的理论设想,并就进一步加强和改进监狱教育改造工作、推进监狱安全科学发展做了认真的思考。

加强监狱教育促稳与治本工作是系统性的工程,需要创造性的思维、科学化的手段和强有力的保障。课题组按照监狱科学发展的要求,试图运用符合监狱内在发展规律的机制化运作方式,从监管安全工作的定位、定性,机制的运作方式,以及整个机制体系的建设上加以探索和研究,为确立监狱"长治久安"科学的推进思路和有效的实践方法,较为全面系统地提出了建设目标和实现措施。由于课题组成员水平有限,在诸多研究方法或结论上还不科学或不成熟,敬请各位专家、学者批评指正!

编　者

目 录
Conetents ......

第一章　监狱教育改造与社会稳定

　　改造是现代监狱制度的基本特征。改造通常理解为教育改造,但人们对教育改造的认识还是不够的。教育改造工作的功能定位应从两个方面来认识:一是从监狱的内部管理来讲,教育改造罪犯可以稳定罪犯思想与心理,避免罪犯脱逃、自杀、凶杀等狱内案件的发生,保证监管秩序安全稳定,并在促稳的基础上进一步发挥攻心治本作用,转化罪犯思想,矫正罪犯恶习,使其形成正确的世界观、人生观、价值观;二是从监狱的外部效益来讲,通过有效的教育改造,把罪犯改造成为守法公民,预防和减少重新犯罪,有利于维护社会安定和促进社会和谐,推动我国经济、社会的全面可持续发展。

第一节　社会稳定与监狱的教育改造工作

　　监狱担负着刑罚执行、惩罚与改造罪犯、减少和预防犯罪的主要职责,对维护社会稳定、促进社会和谐负有义不容辞的责任,做好罪犯的教育改造工作对促进社会稳定具有重要的现实意义。

一、做好教育改造工作是维护社会稳定、促进社会和谐的题中之义

　　第一,做好教育改造工作,稳定罪犯情绪和心理,是实现监狱安全稳定的有效手段和重要保障。监狱安全稳定是社会稳定的重要组成部分,如果监狱做不到安全稳定,必然影响社会安定和秩序稳定。保障监狱安全有"硬件"和"软件"之分,高墙电网与先进的物防、技防是必要的硬件,但光有"硬件"是保障不了监狱的长治久安的,还需要有"软件"的有力支撑——教育改造就是重要的"软件"。监狱要对罪犯开展法制、道德、思想、心理、文化和职业技术等教育,针对不同类型的罪犯,实施有针对性的教育改造工作,使罪犯"不能、不愿、不想"违反监规纪律,从源头上保障监管安全的持续稳定。因此教育改造是民警实现监狱安全稳

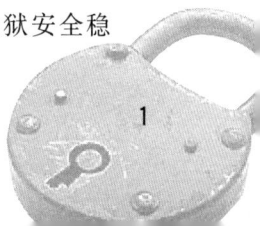

1

定的重要"进攻武器",加上先进的物防、技防硬件这些重要的"防守盾牌","攻防结合"才能实现监狱的长治久安。确保监狱安全稳定,无论是从监狱自身发展的角度,还是从促进社会安定有序角度,都必须始终抓紧抓好教育改造罪犯的基础工作。

第二,做好罪犯改造工作,提高罪犯改造质量,是减少社会不和谐因素、促进社会稳定的客观要求。安定有序是和谐社会的重要特征之一,监狱对罪犯实施有效的教育改造,改造罪犯成为社会的守法公民,因而监狱是社会的一道特殊的防火墙,对社会稳定、社会秩序起着直接的保护作用。做好罪犯的改造工作,必须以监管场所的长久安全为前提,以改造秩序的持续稳定为条件。没有监狱的安全稳定,就难以实现改造工作的良性发展,监狱及其民警就难以把主要精力放在教育改造工作上,难以有效地提高罪犯改造质量,难以把罪犯刑满释放后的重新犯罪率降到最低,因而就直接或间接地影响社会安全与和谐。

二、建设社会主义法治社会赋予教育改造工作新的使命和更高要求

(一)必须确保监狱的安全稳定

和谐社会应当是一个稳定的社会。没有稳定,和谐社会就会失去安定祥和,失去赖以存在的社会基础。监狱是国家机器的重要组成部分,确保监狱安全稳定是监狱教育与改造罪犯的前提和基础。在构建社会主义法治社会、和谐社会的新时期,作为担负着维护社会公平与正义、安宁与稳定职能的监狱,构建监管安全稳定长效机制显得尤为重要。

近年来,随着司法体制改革的全面深化,刑事司法政策朝着"刑罚适用宽缓化,刑罚执行严格化"的总体趋势调整,对罪犯的计分考核和减刑假释政策随之不断收紧。尤其是 2016 年下半年以来,最高人民法院《关于办理减刑、假释案件具体应用法律的规定》和司法部《关于计分考核罪犯的规定》的颁布实施,一方面体现了依法治国、依法治监的根本要求,加大了对犯罪和狱内抗改行为的惩治力度,另一方面也对稳定罪犯改造情绪、确保监管秩序持续稳定带来了巨大的挑战。为积极、有效应对新刑事政策调整带来的波动影响,实现政策的有效衔接、罪犯的安全管控,监狱更是要发挥好教育改造的两个根本功能,建立完善教育促稳机制,打好"进攻"与"防守"的组合拳,确保监狱持续安全稳定。

当前,监狱还处于"保安全"和"求发展"共存阶段。保安全是求发展的前提、基础,求发展是保安全的动力、源泉。监狱发展和罪犯改造质量的提高,必须以监狱的持续安全稳定为前提与条件。在一个频繁发生监管安全问题的监狱,监狱及其民警不得不将主要精力用于维护监管安全和稳定改造秩序上,不可能一

心一意谋发展,不可能把主要精力放在教育、改造罪犯上,罪犯改造的质量就难以有效地提高。

(二)必须不断提高罪犯改造的质量

在构建社会主义法治社会过程中,监狱工作虽然不是重点,但能有效地服务中心;虽然不是大局,但会影响全局。罪犯来源于社会,最终还是要回到社会,监狱只是罪犯生活中的一个部分、一个阶段。如果我们仅仅将罪犯看住,做到不跑人、不出大事,而不去教育他、改造他,他的犯罪思想、犯罪心理、犯罪行为没有得到有效的矫治,那么他刑满回归社会后就很有可能重新走上违法犯罪的道路,危害社会、危害他人。这实际上就造成了社会的不稳定,也从根本上否定了监狱的职能作用和工作成效。因此,只有不断提高改造质量,并把它作为监狱工作的中心任务,才能有效地改造罪犯,才能预防和减少犯罪,才能维护社会的稳定。这是监狱一切活动的出发点和归宿。

监狱通过不断提高罪犯改造质量,使罪犯能够顺利回归和融入社会,成为自食其力的守法公民,这就为社会增加了和谐因素,为构建社会主义法治社会贡献了应有的力量。监狱要积极探索、切实把握新形势下罪犯改造工作的规律,创新改造理念,完善改造手段,充分发挥教育改造在矫治犯罪思想、传授知识等方面的作用,充分发挥劳动改造在矫正罪犯恶习、培养劳动习惯、培训劳动技能等方面的作用,充分发挥心理咨询、心理矫治在罪犯改造工作中的重要作用。强化教育改造的系统性、针对性、科学性和社会性,不断提高罪犯改造质量,为减少重新违法犯罪、维护社会和谐稳定做出重大的贡献。

当前,监狱工作面临着前所未有的发展机遇,也面临着严峻的挑战。在人民内部矛盾凸现、刑事犯罪高发、对敌斗争复杂的新形势下,滋生和诱发犯罪的消极因素增多,监狱在押犯的构成日益复杂,重大刑事犯、限制减刑罪犯、暴力犯、涉黑涉毒犯等罪犯数量不断增多,与危害国家安全罪犯、邪教类罪犯的改造与反改造斗争日益尖锐,改造罪犯的难度加大。从监狱工作情况看,监狱正处于体制转型的重要时期:一方面,监狱体制改革和布局调整工作深入推进,财政保障力度不断加大,监狱设施明显改善,监狱民警素质不断提高;另一方面,一些长期影响和制约监狱工作的深层次矛盾还没有从根本上得到解决。从教育改造工作本身来看,教育改造罪犯的科学性有待进一步增强,方式、方法和手段有待进一步完善和创新,教育改造质量有待进一步提高。

(三)必须确保公平正义的实现

公平正义是法治的生命线,也是人民群众感知依法治国的一把尺子。党的

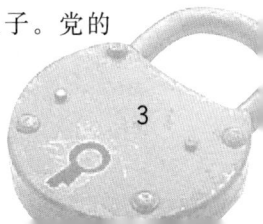

十八届四中全会提出了实现公正司法的目标,明确了"保证公正司法,提高司法公信力"等全面推进依法治国的重大任务,为更好实现司法公正提供了基本准则。司法公正与否,不仅影响人民群众对法治中国建设的信心、对党风政风的评判,更关系到依法治国总目标的实现。司法是维护社会公平正义的最后防线。监狱机关是刑事司法的最后环节,是社会公正的最后防线。确保监狱公正文明执法,既是监狱工作的生命线,也是监狱在构建法治社会中的重要职能。只有实现了行刑公正,群众利益才能得到最有力的保障;只有实现了行刑公正,监狱存在的价值才能真正体现出来。

第二节　教育改造罪犯的理论与实践基础

一、教育改造罪犯的理论基础

(一)罪犯的思想是发展变化的

唯物辩证法告诉我们:万事万物都是发展变化的。罪犯的犯罪思想也不例外,罪犯由社会来到监狱,经历一幕幕惊心动魄的场面。从被捕到提起公诉,从法院审判到监狱执行,每个大小环节都或多或少地触动罪犯的心灵,引起剧烈的思想斗争。尽管斗争的结果不一定是正义战胜邪恶,但这种斗争却会使罪犯对犯罪动机、行为、危害、后果的认识产生总体或局部的变化,从而产生对自身犯罪受惩原因的思考。罪犯由社会进入监狱,还意味着犯罪被否定、自由被剥夺、行为受矫正。思想改造是新生活的开始,这对罪犯的心理也必然引起震动。当罪犯由犯罪的侦查、公诉、审判阶段进入执行刑罚和改造阶段后,高墙电网的威严、武装警戒的震慑、监规纪律的约束、管理制度的规范,加之改造措施的实施,必然触动罪犯的思想发生更多的变化。

罪犯心理的触动与变化,除来源于客观条件变化之外,更重要的是来源于罪犯自身思想深处的矛盾斗争。毛泽东指出:"事物发展的根本原因,不是在事物的外部而是在事物的内部,在于事物内部的矛盾性。"罪犯的犯罪思想和恶习之所以存在可变性,就是因为罪犯头脑里存在着对立的矛盾斗争。这种矛盾斗争不仅在进入监狱前有,在进入监狱之后同样有。进入监狱前,有的人由于思想斗争引起犯罪中止,有的人从抗拒交代到坦白交代,从不完全承认到全部承认犯罪事实,都是经过内心世界激烈的矛盾斗争的结果。进入监狱后,绝大多数罪犯又都存在着认罪服法与拒不认罪的矛盾,存在着接受改造与抗拒改造的矛盾,存在着改恶从善与留恋犯罪的矛盾,总之,存在着向好的方面转化同固守阵地或向坏的方面转化的矛盾。这种矛盾在罪犯头脑里引起激烈的思想斗争,迫使罪犯对改造态度和自己的命运做出选择。罪犯的思想斗争和对出路的选择,在监狱相同的监管改造工作条件下,由于罪犯罪恶大小、犯罪性质、犯罪经历等情况的不同,矛盾斗争的内容和激烈程度以及出路选择的快慢也有所不同。监狱民警的任务就是促进罪犯的思想斗争,制止、预防罪犯向坏的方面发展,扶持、培植罪犯向好的方面,即向接受改造的方面发展。

(二)罪犯的恶习不是生来就有的

第一,人性恶是不科学的。犯罪恶性是生来就有,还是后天形成,古今中外都有争论。尽管科学发展已经反复向世人证明:人的恶性不是先天带来的,而是后天形成的,但由于一些有较大影响的论点在世间的流传,加之一些人认识问题方法的偏颇,人性恶或者认为人的恶性与遗传有关的看法还有一定的市场。在国外,意大利犯罪学家龙勃罗梭(1836—1909)的以"天生犯罪人"为中心的犯罪人类学派理论,尽管在世界上相信的人越来越少,但它的影响仍不可低估,以至于到了 21 世纪的今天,还有一些人认为监狱对罪犯的改造是不大可能的。

第二,恶性是社会性的内容而不是生物性的内容。马克思主义认为存在决定意识。人的认识是客观存在的反映。只有当人来到社会后,社会存在才会使人们对它产生反映。作为罪犯恶性,则是当人来到社会,并经历一个较长的接触社会的过程,受到社会的不良因素的不断刺激、影响后才逐渐形成的。冰冻三尺,非一日之寒,也只有当这种恶性达到了一定程度才会导致人走上实施犯罪的道路。就犯罪而言,对一个刚来到人间的婴儿来说,其不仅在体力、智力上不具备犯罪的条件,更重要的是婴儿头脑一片空白,没有也不可能有犯罪念头,没有也不可能有犯罪需要和动机。因为犯罪念头、犯罪需要与动机是不会也不可能从母胎中带出来的。

第三,人的生理需求与犯罪恶性是性质不同的两个概念。人的生理需求,是指与人的生存有关的一些基本的需求。如小孩充饥的需求、休息的需要、排泄的需要、保暖的需要,稍大后安全的需要,发育成熟后性的需要等。这些东西是不需要专门的外界引导就会产生的。而犯罪恶性则不然,它不仅不为社会公民所共有,而且有犯罪恶性之人,其根源并不是生理原因,而是社会的不良因素的刺激和影响,产生于不良的社会环境与条件。尽管某些犯罪与生理因素有关,但生理因素在犯罪中不起决定作用。如强奸犯罪与性欲有关,尽管人人都有性的需要,但犯强奸罪的却只是那些受了社会的不良因素刺激和影响而不能自控,并有作案条件的极少数人。又如盗窃犯罪,尽管它与生理需求有一定的关系,但同样生理需要不是决定因素,决定因素是不劳而获或好逸恶劳的犯罪思想与恶习。

(三)人的高级神经活动具有可塑性

现代科学研究证明:心理活动,是人受到某种特定的外界刺激的反射。当刺激物作用于感受器的细胞时,在感觉细胞内立即产生物理的或化学的变化,造成正负电位改变,引起电荷移动,产生兴奋。这些电位变化又引起兴奋区的电位改变,又产生兴奋,依次进行下去,就产生了神经冲动。这样原来的物质运动就转化成了神经活动。罪犯犯罪思想的改造,就运用了现代科学中的调节刺激与反射的原理,来实现其转化罪犯思想的目的。

首先,在一定的条件下,人的高级神经活动是可变的。现代生理学研究进一步证明了辩证唯物主义关于物质与精神关系的原理。人的高级神经活动是受客观外界物质存在及其刺激左右的。当长时间的客观存在固定地反映入人的神经系统,人的高级神经系统的反应也就形成了基本固定的内涵;当这种客观外在条件发生变化,人的高级神经活动也会发生变化。这种生理学的研究成就,不仅为马克思主义哲学提供了新的论据,而且也为罪犯的可改造性提供了生理学的依据。俄国著名生理学家巴甫洛夫指出:"用我的方法研究高级神经活动,经常得到的最主要的最强烈的印象,就是这种活动的高度可塑性及其巨大的可能性。任何东西不是不可变化的,不受影响的。只要有相应的条件,一切总是可以达到的,并向好的方面转化。"这是对在一定历史条件下,人的高级神经活动是可变的最好证明。

其次,支使罪犯犯罪的神经兴奋点是可以转移的。心理学研究证明,罪犯犯罪的心理,是由于与犯罪有关的神经点因受到刺激而引起兴奋所产生的。既然刺激可以使罪犯产生犯罪心理,进行犯罪活动,那么,可否采取改换刺激部位,通过引导神经兴奋点的转移来实现罪犯改造呢?犯罪心理学和犯罪改造学的研究证明,这种兴奋点转移法是改造罪犯的重要方法。这是因为,根据高级神经活动有什么客观刺激物就产生什么样的心理活动的规律,有目的、有计划地改变产生犯罪心理的客观刺激物,即给罪犯以新的刺激信号,并不断加以强化,使刺激信号与高级神经建立和强化新的联系,从而形成新的神经兴奋点,把罪犯心理注意力引向新的、正确的方向。久而久之,新的神经兴奋点由于不断强化的连续刺激而不断强化,旧的导致犯罪的神经兴奋点因停止或减少刺激而逐步淡化乃至消失。这一犯罪心理学原理不仅与生理学上"用进废退"的原理相一致,证明是可行的,而且与唯物辩证法中的破与立的关系的原理相统一。在罪犯改造中,把批判、清除旧的犯罪思想同树立、培养新的人生观念、道德观念和法制观念结合起来，就能够将罪犯变为新人、好人、有用的人，将社会的破坏者变为社会的建设者。

再次，改变罪犯犯罪神经活动具有可操作性。促使罪犯高级神经系统的变化、转化罪犯犯罪兴奋点所需要的刺激活动不是自然形成的。如果说罪犯走上犯罪道路，除极个别情况外，都是在自然而然的影响过程和环境中形成的，那么，对于罪犯与犯罪有关的高级神经系统的转变，从转变的目标到转变的要求、方法，从刺激点的选择到刺激量的掌握，都是根据需要而有目的、有计划进行的，其主动权掌握在监狱民警手中。尽管在工作过程中也有自然的、非计划的因素的干扰，但那毕竟是个别的情形。而且监狱民警还会有目的、有计划地排除干扰，集中力量实现预定目标，达到预期要求。这种有目的、有计划地改变旧的与犯罪有关的神经活动的工作，与罪犯形成犯罪神经活动的状态、与某些环境影响相比，尽管耗费的时间长，所需物力、精力多，但毕竟它是一项可控性活动，因而具有明确的目的性和具体的可操作性。

（四）罪犯具有乐生恶死、向往生活的心理特点

乐生恶死、向往生活是包括罪犯在内的一般人的心理特点。不过这一特点对于犯罪受惩的罪犯来说具有特别的意义。认识和利用罪犯的这一心理特点，就能使罪犯沿着弃恶从善、悔过自新的道路顺利前进，最终达到罪犯要求目标与国家、社会对罪犯改造要求目标相统一的目的。

罪犯乐生恶死、向往生活的心理特点，来源于对美好未来的希望。作为高级动物的人，不到自己主观上认为实在无法活下去的时候是绝对不想死的。人生只要还有一丝希望，哪怕极为微弱的生存希望，他都会千方百计去争取、拼搏。闯过这一关，就会出现"柳暗花明又一村"的美好情景，从心理上引导着许许多多的人绝处逢生。罪犯虽然因犯罪而受惩，身陷囹圄，但刑期有限，希望无限。所以，无论是改造态度积极还是改造态度消极乃至抗拒的人，在对未来抱有希望这一点上是共同的。尽管有不同改造态度的罪犯对未来希望的理解、构想是那么的不同，甚至完全相反，但是他们心灵深处都有一个对自己美好未来的设想，从而驱使着他们去为实现这些设想而努力奋斗。有的积极改造，争取主动减刑，早日与亲人团聚；有的努力改造，学习文化与技能，争取刑满回到社会上自食其力；有的尽管改造态度消极，但对刑满释放后的未来寄予厚望。当然，也有的出于对未来的追求而采取脱逃、自残等错误做法。尽管不同的人努力或希望的结果各异，但动力却基本同一。监狱民警只要紧紧抓住罪犯对未来寄予希望的心理，就能从罪犯的实际出发，设法将罪犯改造成为自食其力的守法公民和社会主义建

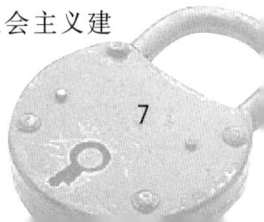

设的有用之材。

罪犯乐生恶死、向往生活的心理特点还来源于对未来幸福的追求。罪犯尽管在人生道路上出现了一些重大挫折,甚至会因此根本改变了人生,但对未来幸福的追求却不会因此而停止。尽管在判刑改造之后,一些罪犯由于看不到今后仍有光明前途,因而悲观失望,消极抗改,但是对未来希望的向往却并没有因此而消失。只要对未来的幸福有一线希望,他们就会采取不同的方式,使用不同的方法去追求。监狱民警只要认识到罪犯的这一心理特点,就能利用它设计、引导罪犯走上积极改造的正确道路。特别是随着监狱教育与改造的深入,随着罪犯对未来幸福的理解不断修正与更加符合实际,在监狱民警的引导下,罪犯的改造步伐就会逐步加快,罪犯离未来幸福的目标也就越来越近。

（五）罪犯身上存在着"隐蔽"的积极性、闪光点

从宏观上讲,罪犯是社会秩序的破坏者。但是,绝不能因罪犯走上犯罪道路,就认为他们身上一无是处。罪犯改造理论和实践都反复证明:在我国监狱关押改造的罪犯中,都或多或少潜藏着一些积极性或闪光点。随着监狱改造工作的深入,多数人的这种积极性或闪光点就会逐渐显露出来,逐渐被发现、被认识。在民警的正确引导下,原有的积极性会逐步发挥出来,闪光点逐步增多,最后成为其改造的主流。当然,也有一些落后顽固和反改造的罪犯,在他们身上很难发现这种隐蔽的积极性和闪光点。因此,能否发现、寻找到这些罪犯身上隐蔽的积极性或闪光点,就成了能否顺利地将这些罪犯早日改造过来的突破口。

罪犯身上有对改造需要的隐蔽的积极性或闪光点。有些罪犯为法盲或知法太少而违法犯罪,但他们从犯罪侦查到接受预审,从公诉、审判到执行刑罚与改造,都或多或少补上了一些法律课。就是在那些对法不感兴趣的人中,不少人也知道"杀人偿命,欠债还钱"的常识。从劳动技能到生活常识,从体育爱好到文艺美术,不少人都或多或少有一技之长。监狱民警只要善于发现和利用这些方面隐蔽的闪光点,就能找到改造、转化那些顽固和抗拒改造罪犯的途径。在社会道德方面,虽然他们中多数人道德水准低下,但生长在社会中,从家庭到学校,从机关、单位到社区,占主导地位的却是社会主义道德风尚。生活在其中,耳濡目染,总是会受到一些好的、正面的影响的。哪怕只是一星半点,对于一个需要通过寻求闪光点而加以突破改造难关的罪犯来说就是十分重要的。在传统文化方面,监狱关押改造的罪犯中,有些人知识少得可怜,但作为一个中国人,从书本知识到言传故事,从电影、电视到戏剧小说,都无不贯穿着中华民族的传统文化的影响。生活在其中的成员,或多或少都会受到一些教育与影响。其根据是事物两

重性的理论与实践。罪犯和罪犯的思想、行为同任何事物一样,都具有两重性。监狱民警改造罪犯的工作,也应与看待、分析其他事物一样,不能离开唯物辩证法,否则就会发生偏差,走入歧途。对于罪犯和罪犯的思想、行为的分析,对积极改造者,既要看到他们接受改造的一面,也要看到他们隐蔽在思想深处不利于改造的一面。对于消极乃至对抗改造的罪犯,则既要看到他们消极抗改的言行,更要发现、了解他们隐蔽在心灵深处不易被人发觉的有利于改造的一面。只有全面地认识问题,改造罪犯工作的指导思想才不致于陷入片面性的死胡同。

二、教育改造罪犯的实践基础

在人类行刑史上,死刑和肉刑曾在行刑结构中长期占据主导地位。早期监狱的基本功能是拘禁候审罪犯与等待执行死刑和肉刑的罪犯,虽然当时亦有剥夺自由本身的监禁,但其在行刑体系中的地位和作用十分有限。直到 16世纪中叶,以执行自由刑为主旨的现代意义上的监狱才在欧洲诞生,以后自由刑以迅猛之势发展,到 18 世纪以后,监禁在西方社会逐渐演化成一种主要的行刑方式,甚至跃居刑罚体系的核心,监狱也逐步发展成为专门的自由刑执行场所。

在 18 世纪乃至 19 世纪上半期,刑事古典学派的报应刑曾盛行一时。根据报应刑理论,犯罪是行为人自由意志选择的结果,犯罪与刑罚之间存在着因果报应关系,犯罪是一种恶,应该受到恶的报应,而刑罚作为一种"必要的恶",便是这种恶的报应的具体体现。当时公认的监狱行刑目的就是:通过监禁的痛苦来使犯罪人为其犯罪行为付出代价,从而满足社会正义的要求,除此之外刑罚别无其他目的。

19 世纪后半期,由于西方资本主义国家社会矛盾尖锐,犯罪率急剧上升,尤其是累犯、惯犯显著增多。面对汹涌的犯罪浪潮,古典学派的刑法理论显得苍白无力,于是,以有效抵制犯罪、保卫社会为目标的刑事近代学派产生了。正是从近代学派开始,刑法理论关注的重点从行为转向行为人,并产生了刑事矫正的观念。随之而来的是教育刑的崛起,从而取代了古典学派的报应刑。适用刑罚不是只为了机械地报应,在报应之外,刑罚应该还有另外的目的,即通过教育改造犯罪之人,消除其危险性,使之重返一般市民生活之中,以达到预防犯罪的目的。

教育刑把教育和矫正视为刑罚的基本功能,把促使罪犯改恶从善、重新适应社会作为刑罚的基本目的。教育刑理论的兴起促进了刑罚由盲目到有目的、由机械到能动的转变,使监狱由过去的消极关押罪犯的"人身保管场"逐步变成对

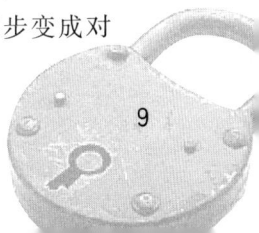

罪犯进行教育矫正的场所。在教育刑理论推动下,一系列改造罪犯的方式,如人格改造、认知—行为改造、教育多元化、改造个别化、罪犯再社会化、恢复性行刑、循证矫正制度等应运而生。以下简要介绍人格改造、认知—行为改造、教育多元化、改造个别化制度。

(一)人格改造

人格改造理论是西方国家普遍认同和实践的行刑理念与基础理论。人格的定义有很多,现在比较有共识的是指:在一个人的生活基础上,由于受到家庭、伴侣、学校教育和社会环境等的影响,逐步形成的气质、能力、兴趣、习惯和性格等个性特征的总和。它是人的思想、道德、情感、学识、素质等方面内在结构与外在行为表现的有机融合。可见,"人格"已经不是狭义的心理学概念,而是辐射到社会学、犯罪学和改造学等多领域的概念。

近年来,人格改造理论也得到了我国学界和实务界越来越多的认同。如翟中东提出监狱矫正的客体应该是罪犯的人格;陈士涵发表《人格改造论》;吴宗宪发表《罪犯改造论——罪犯改造的犯因性差异理论初探》等等。

(二)认知—行为改造

认知—行为改造理论是 20 世纪中期以来西方国家普遍采用的一个重要理论,主要是指罪犯入监后,监狱要为每个罪犯制定矫正方案。应该根据罪犯的犯罪史、人格缺陷与需求、刑期长短等实际情况,选择适当的矫正项目内容。矫正项目是精心设计而成的,并采用专题辅导、团体讨论、情境模拟训练等形式,让不同类型的罪犯对号入座,全面参与,实现认知纠正与提高和行为训练与养成的有机结合。

(三)教育多元化

教育是以"人"为主体的,也可以说,教育是人与人之间的一种精神交感作用。所以要求教育改造要充分发挥其应有的效能,教育改造的内容、方法和手段都必须符合人的认知规律,尊重人的个性差异,迎合人的个体需求和价值取向,使教育改造过程实现内容、方法和手段的多元化。凡是符合人的认知规律、迎合人的个体需求和价值取向并能达到促进罪犯改造转化目的的教育内容、方法和手段,都应该采纳并积极应用。

(四)改造个别化

改造个别化是在菲利、弗洛伊德和荣格的人格理论基础上的发展,并得到了广泛实践。对罪犯的个别化矫正与治疗是改造的核心方式。罪犯的年龄、经历、思想、性格、所犯罪行的轻重和人身危险程度等各不相同,因此要实现教育刑目的,必须从罪犯个人情况出发,因人而异、对症下药。

对罪犯实施"个别化改造方案",需为每名罪犯制定一份适应其个体特征的教育改造方案。它是由监狱改造专业人员专门针对罪犯个体差异性而研究制订的改造计划书,目的在于为罪犯创造个体能够适应的改造环境和提供最佳改造措施,不断提高改造质量。其内容包括该罪犯入监基本情况评估,阶段性改造计划与总结,改造动态性记录与措施,以及其他为之提供的特定改造服务与措施。

在许多国家和地区,改造个别化已成为改造罪犯的重要手段和方法。比如在美国,罪犯入监的第一件事,是逐一体检、建档,储存罪犯身高、指纹、文身、声音、案由、心理测试等所有信息,然后在对每个罪犯进行科学甄别、评估的基础上确定分类关押场所和个别化教育方案。在我国香港,心理专家会根据罪犯入狱初期所接受的心理测试结果,以及罪犯适应问题、人际交往困难、家庭及婚姻问题、自杀倾向等实际情况,提出针对性的个别化教育方案,包括个别辅导、小组辅导、系统化特别治疗计划等内容。

个别化改造的思想、目标、原则、基础理论很大程度上符合我国传统的"因人施教"的教育改造原则。它能顾及每个罪犯所具有的不同的认知水平、能力发展水平、认识活动特点以及他们的需要、性格、兴趣、爱好、习惯等实际,能为每个罪犯提供少受环境限制、实现"面向全体"的教育改造模式。

我国监狱在具体的行刑活动中,不仅强调对罪犯实行依法、严格、科学、文明的管理,而且注重对罪犯的教育改造工作。《监狱法》规定:"监狱对罪犯实行惩罚和改造相结合、教育和劳动相结合的原则,将罪犯改造成为守法公民。监狱对罪犯依法监管,根据改造罪犯的需要,组织罪犯从事生产劳动,对罪犯进行思想教育、文化教育、技术教育。"六十年来,我国监狱坚持改革创新,在教育改造罪犯实践中积累了一定的实践经验和成功做法。

一是把监狱办成教育人、改造人的特殊学校。

早在 20 世纪 60 年代,毛泽东同志就指出,"我们的监狱不是过去的监狱,我们的监狱其实是学校。"1985 年司法部在北京召开了全国监狱办特殊学校的经验交流会,对这项工作从宗旨到指导思想,从内容到形式,从办学标准到时间要求,都做出了明确规定。我国监狱作为特殊学校,对罪犯教育的基本内容是思想教育、文化教育和技术教育,其中以思想教育为核心,文化教育为基础,技术教育为重点。这不是一般意义上的文化技术学校,而是以严格监管为前提,具有转化思想、稳定秩序、培养技能、提高文明程度、预防和减少重新犯罪等多种功能的特

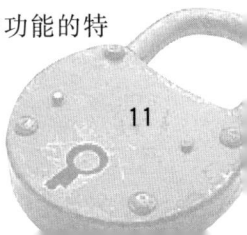

殊学校。从某种意义上讲,监狱特殊学校是监狱向社会输送人才的一条特殊渠道,也是维护社会稳定的有效载体。

二是通过劳动改造,提高罪犯谋生能力。

我国监狱组织罪犯劳动,不是为了惩罚,更不是以营利为目的,而是引导他们养成劳动习惯,树立劳动观念,学会生产技能,掌握谋生手段,增强集体观念和组织纪律性。许多罪犯正是通过劳动实践和技术培训成为熟练的劳动者,有的还成为技术能手和业务尖子。许多罪犯正是由于在监狱内学会了生产技能,刑满释放后被社会企业聘为技术员、工程师,有的还当上了创业者、董事长,被评为先进生产者,在激烈的就业竞争中自立于社会,成为社会的有用之人。

三是发挥寓教于管、管中有教的教化功能。

我国监狱不是单纯的惩罚和控制机构,而是融惩罚、约束、矫治、养成、激励、引导等多项功能于一体的执法机构。因此,一直遵循管理与教育相结合的原则,寓教于管,管中有教,通过科学文明管理和考核奖惩,依法对罪犯实施严格的行为规范、纪律约束和思想感化,使罪犯在改造环境中逐渐矫治各种不良的思想和行为,养成尊重他人、尊重社会、关心集体、遵纪守法、讲究文明礼貌等良好的品德和习惯。

四是动员社会力量参与教育改造工作。

教育改造罪犯是一项复杂的系统工程,仅靠监狱自身力量难以完成,必须争取社会各界对监狱和罪犯教育改造工作的关心和支持。1987年,党中央批转了《全国政法工作座谈会纪要》,第一次系统而明确地提出改进罪犯教育改造工作,实现"三个延伸"。向前延伸,是指在预审、起诉、审判过程中,公安机关、人民法院、人民检察院等部门要加强对罪犯的认罪服法教育;向监狱移交罪犯时,要及时送去案件副本,并切实负责介绍案情、作案原因及罪犯的思想状况。向外延伸,是指发动罪犯亲属、罪犯原所在单位和全社会都来关心和支持监狱的改造罪犯工作,比如邀请社会知名人士来监狱做规劝感化工作,组织表现出色的出狱人来监狱现身说法做报告,动员罪犯亲属来监狱做规劝工作。向后延伸,是监狱在罪犯出狱时,要如实向地方政府介绍其改造表现,并协助地方政府做好出狱人的安置帮教工作。罪犯服刑期间和释放出狱后进行的各种社会帮教活动,能够帮助罪犯对自己的犯罪原因和社会危害进行比较全面、深刻的认识,使其对顺利恢复社会人格,完成再社会化过程,重新被社会所接受产生信心,从而有利于其顺利回归社会。

第三节　教育改造促稳机制与监狱安全稳定

教育改造罪犯的前提是监狱的安全稳定。罪犯改造与监管安全是一对相互统一、相互斗争、相辅相成的矛盾体。一方面,罪犯改造的平稳、良性发展,是对监管安全最大的保证。同样,监管秩序的稳定为罪犯保持平稳的改造心态、促进其形成健康的改造心理提供了一个良性的外部环境。反之,没有安全的监管和改造环境,罪犯无法也不可能安心改造;罪犯改造不平稳,无疑是对监管安全的最大威胁。由此可见,罪犯改造与监管安全两者有一个最佳结合点,那就是"罪犯平稳顺利地改造,监管长期安全稳定",这是监狱及其民警需要很好把握的目标点。

但是,不可否认,这只是一个理想的结合点,监狱民警只能不断地去追求、不断地接近这个目标点。罪犯改造反复、监管安全警钟长鸣,是一个客观存在、不能回避的事实。那么,实际工作中如何最大限度地把握这一目标点? 教育改造促稳机制建设恰好提供了方法论意义上的支持。

一、教育改造促稳机制与监狱安全稳定的内在联系

教育改造促稳机制是以持续促进罪犯稳定为目标,以疏解罪犯的不良情绪,化解罪犯心理矛盾、人际矛盾,解决罪犯实际困难、问题为重点,以个别教育为主要手段,其他多种教育形式方法相配合、相融合,以定期的考核评价与严格的责任追究为动力和保障的运行系统及内部各组成部分之间相互作用的过程和方式。

第一,教育改造促稳机制建设符合人们对监管安全稳定规律性的认识。监管安全稳定表象上表现为不发生各类安全事故和违法犯罪行为,而本质上是罪犯心理稳定实际状态的反映。罪犯心理问题的剧烈变化和集中爆发,外化为行为即造成监狱不安全、不稳定状态。而罪犯的心理稳定问题只能依靠针对性的教育改造工作才能实现。

第二,教育改造促稳机制建设是监狱实现首要政治任务的现实需要。确保监管持续安全稳定,不仅是履行监狱职责的一项重要任务,而且也是一项十分严肃的政治任务。提出教育改造促稳机制建设的任务,就是把教育改造工作推到监狱"保安全求稳定"的主战场,使教育工作直接参与到首要政治任务的完成过程。同时,教育改造促稳功能的有效发挥,可以在更高的层次上实现监狱的安全稳定,促进监狱首要任务的完成。

第三,教育改造促稳机制的提出与实施是建立并完善监管安全长效机制完整体系的内在需要。从完整、科学的机制体系来说,除了已有的防御性、补救性、推动性、惩戒性机制外,还必须具有进攻性的机制,即从消除罪犯心理上的源头问题着手来避免监狱安全事故和不稳定事件的发生。防御性机制+进攻性机制+推动性机制+补救性机制+惩戒性机制,组成了完整科学的保障监狱安全稳定的长效机制体系。没有教育改造促稳机制持续参与、推动的安全稳定,是暂时的,表面的,不可持久的,也是经不起各种风浪考验的。因此,教育改造促稳机制在监狱安全稳定长效机制整个体系中极其重要,可以说是不可或缺的组成部分。缺少了教育改造促稳机制,监狱安全稳定的机制体系就不可能是完整的、科学的。

第四,教育改造促稳机制建设有利于增强教育工作与改造工作的融合度。监狱安全稳定是监狱的首要任务,也关乎广大民警的切身利益。教育改造促稳机制的提出与实施,直接将教育工作与安全稳定工作紧紧联系在一起,融合在一起,使教育工作成为维护监狱全局稳定须臾不能离开的重要工作。

第五,教育改造促稳机制的提出与实施有利于对教育改造工作功能实行科学的划分。对于监狱来说,教育在完成监狱的法定任务过程中,有两大基本功能:一个是促稳功能;另一个是治本功能。两大功能既统一,又有差别。如果不加细分,就不利于更好发挥教育的功能、作用。特别是教育的促稳功能常常会与治本功能相混淆,造成目标、重点不够清晰,不利于促稳功能更加有效地发挥。

二、教育改造促稳机制为监管安全稳定提供方法论的支持

如何建立一整套监管安全长效机制,有效地保证和实现监狱的长治久安,是新形势下监狱工作者应当解决的重要课题,也是保持监狱可持续发展的根本需要。近年来,运用符合监狱内在发展规律的机制化运作方式来保证监狱安全稳定目标的实现,在认识上逐步形成共识,在实践中也已取得一定成效。但是,在关于监管安全机制的定位、定性,机制的运作方式,以及整个机制体系的建设上,应该说仍然没有定型,需要我们不断地探索和研究。

(一)总结与启示

回顾总结长期的改造工作实践和众多监管事故的沉痛教训,我们得到下述启示。

第一,对监管安全重要性的认识程度与保障监管改造安全目标的实际结果两者之间,有时是不成正比,或者说是不一致的。认识解决的是思想观念问题。要保障监管安全,首先必须解决认识问题,这是毫无疑义的,它是解决监管安全

的前提。离开了这一前提,监管安全目标的实现就无从谈起。但是,如果仅仅停留在认识阶段,找不到,或者不能很好解决如何实现监管安全的方法、途径,那么,我们追求的监管安全目标仍然无法如愿。认识问题不能代替方法问题;认识问题的解决,并不意味着方法问题的自然解决。当前和今后一个时期,在对监管安全工作认识已基本解决到位的形势下,应当集中更多的精力、花费更大的功夫来研究探索实现监管工作长期安全的路径问题。可以说,这一问题探索的成败得失,决定着我们期盼的监狱长期安全目标能否如期实现。而构建监管安全长效机制,并形成系统完整、功能齐全、运行高效的监管安全长效机制体系,就是保障监管工作长期安全目标实现的正确路径。

第二,监管安全机制比监管安全制度更重要,只有机制化运作方式才能保证制度落实的长期稳定性。监管安全制度建设十分重要,良好的制度是监管安全的基础保障。但是,在实践中,由于制度既多且杂,加上人的天然惰性,常常使制度的执行处于较大的波动状态,制度的规范性、约束性常遭打折,制度的执行效率不够理想。而机制化运作方式可以较好地解决制度执行过程中业已出现的种种问题。制度一旦纳入机制化的运行范围,制度的执行效率将更高,效果将更好,同时,制度的执行状况将更趋稳定。监管安全工作的机制化运作,可以大大降低制度执行的不稳定性,克服依赖"运动式""突击式"抓落实的弊端,保证制度落实处于长期稳定的状态。

第三,不能就安全本身来研究安全机制,而应从发展的思路来持续推进安全长效机制的建设与完善。构建安全长效机制、维护监管稳定是监狱发展的前提,没有持续稳定的安全环境,监狱就难以聚精会神地抓发展。发展上不去,监狱安全机制必将停留在低水平、低效能的状态,即使实现了监狱一时的安全,也难以确保长久高效的安全。只有快速发展,才能推进监狱安全工作不断地上新台阶,才是确保监狱长治久安的唯一道路。监狱要充分运用科技手段,提高信息集成化应用程度,加快创建智能化现代文明监狱的步伐,以高效发展来建构更稳定、高效的安全长效机制,达到监狱更高层次的安全状态,进而实现安全—发展—更高安全—更好发展的正循环效应。

（二）机制

机制原指机器的构造和工作原理,现已广泛运用于自然现象和社会现象,是指其内部组织和运行变化的规律。在任何一个系统中,机制都起着基础性、根本性的作用。监管安全稳定机制是监狱为了实现长期的没有危险、不受威胁、不出事故的目标,以若干相互联系、相互影响的制度为基础,使监狱组织、制度、目标之间形成互动、调节关系,使监狱的安全稳定目标始终处于良性可控的状态。监

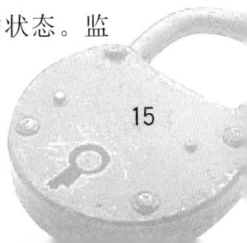

管安全长效机制是监狱按照监管安全工作的总要求,对监狱内部人、组织、制度、信息等要素进行功能组合,并按设定的规则周而复始相互作用的过程与方式。监管安全长效机制的运行具有规范性、程序性、稳定性、循环性的特点,它可以避免因系统内部个别或局部的人员变动、领导人注意力的暂时转移而引起的监管工作的波动性和不稳定性。

影响监管安全因素的复杂性、多变易变性决定了监管安全长效机制的非单一性,决定了这种机制的建立必须满足监管改造工作复杂多变形势的现实需要。在实践中我们按照监管安全长效机制的不同功能,把监管安全长效机制划分为防御性机制、进攻性机制、推动性机制、补救性机制和惩戒性机制五类。

第一,防御性机制。它是针对可能影响监管安全的各种因素、隐患,通过监狱内部组织、制度、设施、信息等要素的相互作用,以避免安全事故以及各类不良事件发生的制度化的运行过程和方式。防御性机制一般包括犯情收集分析处置机制、现场防控机制、隐患排查整治机制等机制。

第二,进攻性机制。它是从消除产生罪犯不稳定的负面情绪、心理冲突和人际矛盾出发而采取的以个别教育为主,讲评教育、心理咨询、监区文化建设、亲情帮教、社会帮教等教育相配合的教育措施及其相应的运行过程。教育改造促稳机制就是我们很好的进攻性机制。

第三,推动性机制。它是定期考核检测监管安全各项工作机制的运行状态并适时给予评价和必要的奖惩,从而推动各项机制的高质量运行,以充分满足监管安全需要的制度化的运行过程与方式。它主要是指考核评价机制。

第四,补救性机制。它是在监管事故或不稳定事件已经发生时,以最快的速度,最有效的方法、措施进行应对处理,使事故的损失、影响减到最小,或者使不稳定事件迅速转向稳定的处置过程与方式。它主要是指应急处置机制。

第五,惩戒性机制。它主要是明确各级民警的安全责任,从惩戒监管失职、渎职行为入手为监管安全提供保障。它主要指责任追究机制。

(三)特点

监管安全长效机制体系具有以下几个基本特点:一是监管安全长效机制体系各机制在目标上的统一性。各机制虽然内在组成要素不同、功能各异,但是,都是围绕监管安全的统一目标,从涉及监管安全的不同方面,以独特的功能,保障体系目标的圆满实现。二是监管安全长效机制体系各机制在功能上的互补性、配套性和不可替代性。机制体系功能是配套的。防御功能、进攻功能、补救功能、考评功能、惩戒功能等,统一形成相互配套的系统的功能体系;各机制功能又是相互补充的,任何一项机制的功能都不可能是万能的,每一项机制只能起到内部组成要素所规定的功能,其力所不及的功能,必须由其他机制加以弥补。同时,各机制的功能是特定的、独特的,任何机制的功能都是其他机制无法替代的。三是监管安全长效机制体系是一个攻防结合、攻防平衡的统一体。坚持预防为主,攻心为上的理念,在着力构建防御机制的前提下,强调以促进罪犯心理稳定的体现主动进攻精神的教育改造促稳机制的建设。攻防两手同时抓,同样硬,使监管安全稳定工作建立在最为可靠的基础之上。

第一,犯情收集分析处置机制的建设与运行。

该机制由犯情收集系统、分析系统和处置系统三大系统组成。犯情收集系统以信息员、耳目明暗两大网络为信息收集主渠道,以"日收日解"为主要形式。犯情收集要求全面、深入、细致,以"发现异常"为核心要求,不放过任何对监管安全有影响,同监狱稳定有关联的信息。

犯情分析系统分为分监区、监区、监狱三级。每日晚上由值班领导主持召开日犯情分析会,各监区值班领导参加,同时由副总值班在会议召开前随机抽取若干个分监区,并立即通知值班领导参加会议。会议由各单位汇报当日犯情,并由科室、监狱值班领导对当日重点犯情的处置提出要求。犯情分析要求重点突出,判断准确。犯情分析周期包括日分析,周分析,月、季等阶段性分析。

犯情处置系统由监狱狱侦支队负责协调、监督,其他有关部门予以配合,监区、分监区负责按要求落实处置措施。犯情处置要求及时、有力、有效,确保不安全、不稳定因素得到有效控制和及时化解。

第二,现场防控机制的建设与运行。

该项机制以监狱民警直接管控为基本要求,以生活区、生产区多层封闭管理为基本形式,以禁止独处、严控零星出封闭区、三级危险犯控制、危险品管控、盲区死角控制为重点,推行罪犯现场的模式化管理和多层封闭管理,不给罪犯任何可以利用的时间、空间,确保罪犯改造全过程的安全。

对现场防控机制的检查以监狱督查队、机关总值班每日检查为主,各部门抽查、专项检查为辅。监狱需要着重抓好现场防控的标准化建设:一是实行罪犯现场警力配置的标准化;二是实行上岗定位的标准化;三是实行民警岗位职责的标准化;四是实行出收工队列及民警站位的标准化;五是实行民警现场巡查、点名工作的标准化;六是实行盥洗室、晒衣间、储藏室、厕所间等管理的标准化;七是实行现场劳动工具管理的标准化;八是实行互监、监督岗值班位置的标准化;九是实行门禁管理的标准化;十是实行工具链式管理的标准化;十一是实行零星罪犯进出封闭区管理的标准化。

罪犯现场防控标准化模式逐步形成后,现场不安全因素、因工作不规范引起的不确定因素大大减少,民警对现场控制力大大增强,并且对现场发生的自伤自残行为都能及时发现和有效处置,有力地维护监管工作的安全。

第三,隐患排查整治机制的建设与运行。

隐患排查整治机制就是深入全面排摸监管过程的人、物、管理等各因素、各环节,从中发现可能对监管安全造成不利影响的问题,通过责任落实予以限期整治解决的过程与方式。安全隐患可以分为高危隐患、较危隐患和一般隐患三类。隐患排查分为即时(动态)排查和定期(月度)排查两种。对排查出的隐患,按照厅局的要求在"三长"办公室上墙,一月一换,明确整治的责任单位(部门)、责任人、整治完成时间、整治要求等。对排入的隐患实行销号式管理,完成一个,撤销一个,确保每一个隐患都按要求整治到位。

第四,教育改造促稳机制的建设与运行。

罪犯具有主观能动性,是影响监管安全稳定的最经常、最活跃的因素。通过对罪犯进行教育,进而转化、改造罪犯使其积极向善,对于保障监管安全无疑是有效的治本措施。教育改造促稳机制就是以持续促进罪犯心理稳定为目标,以疏解罪犯不良情绪,化解罪犯心理矛盾、人际矛盾,解决罪犯实际困难、问题为重点,以个别谈话教育为主要手段,同时以点名教育、监区文化熏陶、心理咨询与矫治、亲情(社会)帮教相配合,以定期的考核评价与严格的责任追究为保障的运行过程与方式。

个别教育是解决罪犯个体思想问题,促进心理稳定的有效方法。监狱应当建立健全民警个别教育考核指标体系,规定民警每月对所管罪犯必须进行一次个别谈话,对危险犯、重控犯每月进行多次个别谈话,规定对罪犯必须即时个别谈话的十种情形。与此同时,每天应当由机关巡查民警对当日随机抽取的多个分监区民警的个别谈话情况进行检查,并予以记录,列入考核。各单位当日民警完成个别谈话教育任务情况列入日收日解会议汇报的内容。个别谈话教育工作在教育改造促稳机制中发挥着日益重要且不可替代的作用。

第五,考核评价机制的建设与运行。

机制的建立与运行,如果没有内部的动力激发或外力推动,其功能与作用会有逐步退化的趋势;这种退化从量变过渡到质变,直至机制功能、作用完全丧失。考核评价机制就是为了维持监管安全工作各项机制正常、高质量地运行,保持机制的良好功能而建立的专门机制。它是通过对机制运行状况的监督检查、考核评价,运用表扬与批评、奖励与处罚等方法,促使机制做出修正,保证机制在设定的轨道上运行。因此说,考核评价机制是整个监管安全长效机制体系中不可缺少的、重要的有机组成部分。如果缺少考核评价机制,整个机制体系就会缺乏生机与活力,就不会有持久的生命力。

围绕考核评价机制建设,主要抓好以下四个方面工作:一是搭建考核平台。

监狱分机关及直属单位、押犯单位两个层面,分别建立两套考核标准。在制定考核标准时,把监管安全长效机制涉及的有关制度规定纳入考核标准之内,使考核工作的实施过程,成为对安全工作机制运行的推动过程。二是严格考核监测。对各项机制的运行状况,以及机制运行过程相应的工作标准的执行状态,进行严格考核,全面监测。在考核、监测中,发现机制运行偏离运行轨道的各种问题,通过必要的负面评价、考核扣分等手段,使已经偏离轨道的行为重新回归设定的轨道。三是扩大考核影响。对考核情况按月在监狱每月召开的工作点评会上进行公开讲评,公布考核扣分情况,增强考评工作及其结果在监狱的影响力。四是重视考评结果运用。考评结果同单位领导、同责任人的实绩考核、个人荣誉和职务晋升挂钩,保持考评工作的严肃性和权威性。在考核评价机制实施过程中,监狱需始终坚持客观公正的原则,按制度规定、工作标准检查,好的坚持,不好的立即纠正;切实防止和纠正讲感情、讲关系,不敢抓、不敢管的不良现象,确保机制在设定的轨道上正常运行。

三、教育改造促稳机制应用于罪犯改造实践的重要价值

第一,建立教育改造促稳机制是更好地实现监狱自身惩罚与改造功能的坚实基础。监狱要实现好自身的本质功能,需要有安全稳定的监管改造秩序。构建教育改造促稳机制并实现优质高效运转,可以促使罪犯在安定有序的环境中放弃消极抗改或再犯罪的想法与做法,并深挖犯罪根源,以积极向上的状态投入改造生活。从某种意义上说,建立完善教育改造促稳机制实际上是在为罪犯营造一个安定的、有利于改造自身主观世界、提高综合素质的精神家园,以更好地实现监狱自身惩罚改造罪犯的本质功能。

第二,建立教育改造促稳机制是切实提升改造质量的必然要求。在新的形势下,确保监管安全,必须实现由被动防范向积极进攻转变,实现由依靠经验、依靠严防死守向教育攻心促稳、提高罪犯改造质量上转变。这是因为只有充分发挥教育维安促稳和攻心治本作用,才能化解和消除狱内不稳定因素,减少违反监规纪律问题的发生,并在不断提高罪犯个体素质的基础上,从根本上保障监狱的安全稳定。因此,必须始终紧紧围绕“以改造人为中心,全面提高罪犯改造质量”中心任务,切实改变重标轻本、重管轻教的倾向,积极探索新形势下罪犯改造的内在规律,不断创新手段和方法,努力运用现代改造手段,切实增强教育的针对性和有效性,从而提高罪犯认知水平与心理调节能力,学会与他人的和谐相处,养成良好的行为习惯,为监管安全奠定坚实的基础。

第三,建立教育改造促稳机制是建设法治监狱的内在需要。公平正义和安定有序是社会主义法治社会的基本特征,作为法治社会的组成部分,法治监狱应

当是有序安全稳定、法治统一规范、科学文明理性、公开公平公正、共生共融共赢的现代监狱。

时代的发展对改造工作提出了新的要求,而建立完善教育改造促稳机制是其中基础而又重要的一环。经过多年的探索与实践,浙江省第二监狱初步形成了以一般罪犯教育为基础,以特殊罪犯管控为重点,融教于管、管教结合、组织控制、预先防范、惩罚打击为一体的安全改造体系。随着罪犯构成的变化,影响监管安全的因素不断增多。把确保监狱场所的安全稳定,放在维护安全有序的社会、政治、经济局面的大框架下考量,构建教育改造促稳机制的重要性便会凸显其重要意义。

第二章　监狱教育改造促稳机制概述

在前一章中,我们把监管安全长效机制划分为防御性机制、进攻性机制、推动性机制、补救性机制和惩戒性机制五类。已经提出或正在建设的安全防控、犯情研判、隐患整治机制属于防御性机制,即为及时发现、处置、防止安全事故发生而建设的机制;应急处置机制属于补救性机制,即在安全工作出了问题时才启动运行的机制;责任追究机制则属于惩戒性机制,即对相关责任人员采取处罚性措施起到警示性作用的机制。从确保监狱长期安全稳定的机制化体系建设的角度看,以上这些机制仍是残缺的、不完整的。在长期的改造工作实践中,监狱安全稳定长效机制体系还应当包括主动进攻性的机制,即以促进罪犯个体稳定为主要功能的教育改造促稳机制。在严密的防范工作条件下监狱所展现的是暂时的安全、表象的稳定,而在罪犯个体稳定条件下所出现的稳定则是本质上的稳定,是监狱长期的可持续的稳定。只有将教育改造促稳的进攻性机制与现有的机制融为一体,相互配合,互为补充,才能构建监管安全科学完整的机制体系。

第一节　监狱教育改造促稳机制的概念

一、监狱教育改造促稳机制的定义

在研究教育改造促稳机制的定义时,我们应先对促稳与治本的定义及相互关系作简单描述,以便深入讨论教育改造促稳机制的内涵和外延。

（一）促稳与治本

在以往的实践中,我们讲教育,往往都是与罪犯的改造挂钩的,强调教育改造对于罪犯恶习的矫治,心灵的重塑,世界观、人生观、价值观的改造。也就是说,强调教育改造的治本功能比较多。而对于安全稳定则是提"向教育要安全",

乍一听,安全稳定对于教育改造来说,是额外的,是外加的,不是教育改造的本来功能,最起码不是教育改造的主要功能。在实践中,我们经常可以看到,我们的一些监狱工作者一讲到安全稳定,就想到防范,而对于教育只字不提。这是对于教育改造功能理解偏差的典型现象。在理论上理清教育改造促稳与教育改造治本的关系,对于自觉运用教育手段,维护监狱安全稳定,促进改造质量提升具有重要的意义。

教育改造促稳就是监狱运用各种教育改造形式、方法、手段来实现和促进罪犯个体稳定。教育改造治本是指教育在罪犯恶习矫治、人格重塑、融入社会技能培育和正确世界观、人生观、价值观的确立上所发挥的效能、功用。促稳是治本的前提与基础,促稳为治本目的的实现创造条件。没有罪犯的思想、心理稳定,罪犯无法达到静心改造,要想完成矫治的任务是不可能的。促稳也是保护监狱民警个体及群体利益提出的必然要求。治本是监狱追求的根本目标任务,是罪犯思想、心理稳定后的发展方向,是促稳目标实现后提出的更高要求,也是监狱肩负的社会责任与历史责任。

教育改造促稳与教育改造治本在实践中又是相对独立的,它们都有各自不同的要求。教育改造促稳强调的是对罪犯不良情绪的疏解,对各类矛盾的化解和现实问题的处理,使罪犯个体逐步走向稳定。而教育改造治本则是着眼于罪犯世界观、人生观、价值观的重塑,强调恶习的矫治,使之成为守法公民。教育改造促稳在结果上注重的是即时利益、现实利益、眼前利益,以解决问题、确保稳定为原则;教育改造治本更多地着眼于长期利益、社会利益。在教育手段的运用上,教育改造促稳通常采取因人施教,"一把钥匙开一把锁",强调教育工作的针对性、灵活性、有效性;而教育改造治本注意教育的系统性、基础性,强调循序渐进和教育效果的不断积累。

教育改造促稳与教育改造治本从根本上说是统一的。促稳与治本都关系改造罪犯的全局,是监狱必须完成的两大基本任务,任何一项都不能忽视。教育改造促稳与教育改造治本两者又是紧密联系,相互依存的。促稳是治本的前提条件,它为治本创造稳定的改造环境,使罪犯在一个健康、积极的环境中接受改造。促稳又是检验治本成效的重要标准。罪犯安心改造,遵纪守法,本身就是检验罪犯本质改造的基本标准。促稳离开了治本,仅仅局限于稳定,在稳定的基础上,不再提出更高的治本要求,那就会降低教育改造的功能,削弱教育改造的作用,也就不可能完成改造罪犯成为守法公民的任务。在梳理罪犯情绪,处理罪犯的各类矛盾、问题时,我们要把治本的要求贯穿其中,坚持以"大道理"来管"小情绪",把"大道理"融入"小事务"之中,把促稳的现实要求与矫正罪犯恶习的治本要求紧密结合,在解决罪犯实际问题,维护与促进稳定的同时,推动治本要求的逐步实现。我们提出教育改造促稳的要求和任务,其基本目的就是为治本提供条件,创造环境。

教育改造促稳与教育改造治本既是相互联系、相互作用的,又是相互区别、相对独立的。在实际工作中,我们必须正确把握和处理教育改造的两大辩证关系,在两者的相互联系中,注意它们间的区别,在不同的时间、条件下,正确把握工作重点,按照长短期不同的目标,采取不同的措施,以取得更好的教育效果;在两者的区别中,注意它们间的联系,在促进稳定的同时,把握治本的总体要求,从日常行为的点滴矫正开始,努力实现改造罪犯成为守法公民的目的。那种把教育改造促稳与教育改造治本对立起来的观点,那种强调治本而忽视促稳功能,或者强调促稳而忘记治本功能的观点和倾向,都是错误的。

(二)教育改造促稳机制的定义

教育改造促稳机制,就是以持续促进罪犯个体稳定为基本目标,实现罪犯世界观、人生观、价值观的重塑,根除恶习的根本目标,以疏解罪犯不良情绪、化解罪犯心理矛盾、人际矛盾,解决罪犯实际困难、问题为立足点,以注重教育的系统性、基础性,强调循序渐进,教育效果的不断累积为主线,以个别教育为主要手段,其他多种教育形式方法相配合、相融合,以定期的考核评价与严格的责任追究为动力和保障的运行系统及内部各组成部分之间相互作用的过程和方式。其基本内涵表述如下。

第一,教育改造促稳机制的基本目标是持续促进罪犯个体稳定,最终目标是实现罪犯世界观、人生观、价值观的重塑,根除恶习。这里要强调的是"持续"和"重塑"。持续,既不是一段时间,更不是一阵子,而是要不间断地长期坚持,使罪犯在民警的关心、帮助和教育疏导下,顺利度过每一个心理波动期,克服因各种内外因素诱发的心理危机。在实践中,教育改造促稳的过程,实际上是一个罪犯不良情绪不断减少、减轻、缓和、消解,积极、健康情绪不断培育、增加的过程。而且,这样的过程往往不是一次就能完成的,而是要经历不稳定—稳定—新的不稳定—新的稳定,不断地循环往复的过程。重塑,即在维护罪犯心理稳定的基础上,不断铲除罪犯原有的错误观念和犯罪思想,矫正其恶劣的生活习惯,使罪犯的思想重归社会主流价值。重塑的过程就是通过对罪犯教育实现"破旧立新"的过程,是反社会思想消除和健全人格培植的结合,比一般的教育过程要复杂得多,艰巨得多。

第二,教育改造促稳的立足点是疏解罪犯不良情绪,化解罪犯心理矛盾、人际矛盾,解决罪犯实际困难、问题,强调循序渐进和教育效果的不断累积。心理矛盾,如积极改造的愿望与刑期漫长的现实之间的矛盾;想获得奖励又怕吃苦,

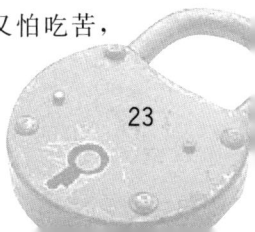

付出太多的矛盾;改造要求高与竞争能力弱的矛盾;担心父母、妻儿,担心与他犯发生矛盾、纠纷,更担心警官不理解、有成见等等。人际矛盾就是罪犯与他犯发生摩擦、纠纷、利益冲突,双方处于紧张或比较紧张的状态。不良情绪,如因挫折、欲望未满足、利益受损、家庭变故、身体多病或有病久治不愈,以及对改造前途产生动摇等引起的抑郁、苦闷、焦虑、烦躁、失望、悲伤、痛苦等负面情绪。教育的基础性、渐进性、累积性体现在通过系统的教育方法和手段,使罪犯充分地接受认罪服法教育、身份意识教育、监规纪律教育、法制教育、文化和技术等教育,使罪犯认识到犯法必受惩罚;自觉进行改造;依靠法律维护权利;勇于同违法违纪行为做斗争,进而帮助罪犯树立正确的世界观、人生观、价值观、荣辱观,回归正常人的生活方式和思想状态。

第三,教育改造促稳使用的方法是个别教育和心理疏导,特别是个别谈话教育,教育改造治本主要使用的方法是民警传授和罪犯自主学习知识与技能,同时辅之以其他如点名教育、监区文化熏陶、心理咨询与矫治、社会帮教、亲情帮教等教育形式、方法与手段。

第四,教育改造促稳机制的正常运行以定期的考核评价和严格的责任追究为动力和保障。这是机制赖以正常运行的来自于动力、压力两大方面的推动力量。这种推动力量是非常必要的;因为教育改造促稳机制的运用是要监狱自上而下的众多民警付出更多的精力、心血、时间,而人具有天然的惰性,需要压力的推动和内在动力的不断激励。

二、监狱教育改造促稳机制的基本特征

(一)动态性

人的行为可以受到限制,而人的思想则每时每刻处于动态变化之中。因而,及时掌握罪犯的思想动态,就能及时把握监管工作中的不稳定因素,进而对症下药,将问题解决在萌芽状态,达到事半功倍的效果。对罪犯的日谈话日分析工作正是一种体现教育改造促稳机制动态性的经典手段。通过对罪犯的分级分类,开展日谈话日分析工作,及时实施个别教育,因材施教。与此同时,得益于动态信息的及时掌控,监狱应急事件处置能力显著提升。教育改造促稳动态性另一方面的体现则在于和管控机制作用与地位的相辅相成。现实问题的处理以管控为主,教育为辅,第一时间控制局面,处理问题,使得负面效应最小化。对隐藏问题、潜在问题等处于动态发展中的不确定性情况的应对,则以教育为主,管理为辅,第一时间了解思想,稳定情绪,可以确保监管工作的安全稳定。这也是教育改造促稳机制动态性特征具有代表性的一方面。

（二）层次性

监狱教育改造促稳机制的层次性主要可理解为教育改造促稳机制在罪犯层面上的攻心治本，在提升监狱人民警察职业素养层面上的源头活水，在确保监狱长期稳定发展层面上的百年根基。教育改造促稳机制对罪犯的作用，最为直观的层面是罪犯入狱前文化程度普遍较低，对于道德、法律、知识技能的认识比较薄弱，知识价值观偏离，谋生能力和自我约束能力缺乏，这是走上犯罪道路的根源之一。用教育的手段根治罪犯的心灵顽疾，引导罪犯进行本质改造，使其能够逐渐改变人生观、价值观，从危害社会变为有益于社会，这也是监狱工作的核心任务。教育改造促稳机制为监狱人民警察的职业素养提升提供了机遇和平台。监狱民警由于自身学识以及阅历等条件的限制，在日常监管工作中时常会遇到学识比自己高、经验比自己老道的罪犯，这就需要民警在做好管理工作的同时，不断提高自身的综合素养，去应对教育这类罪犯时所遇到的困难。要做好人类灵魂的工程师，首先自身某些方面的素养至少要能达到引导罪犯的水平。教育改造促稳机制通过民警在教育改造罪犯过程中与他们思想、学识、技能上的碰撞，促使民警不断提高自身的综合素养，以满足不断变化的改造罪犯的职业需求。

（三）递进性

监狱教育改造促稳机制的递进性主要体现在其以人为本的思想、教育为本的理论、攻心治本的策略和质量为本的观念这四个方面。以人为本的教育思想：教育是教育者与受教育者两个主体协同配合的过程，罪犯的教育需要监狱民警与罪犯的协同配合。教育为本的理论即指孔子强调人性在后天的可塑性，以及马克思主义对人性的可改变性的深刻阐述都强有力地证明了自古以来人就是可以改变的。通过教育帮助罪犯提升人格需要层次，着力塑造"公民人格"，使其重新得到社会的承认、尊重和接受是罪犯重获新生的最主要标准。攻心治本的策略是当前监管形势的发展对监狱工作的客观要求，必须以个别教育为突破口来发挥教育的攻心治本作用，改造罪犯扭曲的人生观、价值观、道德观。针对罪犯的个体改造需要，采取思想影响、行为模式引导、困难帮助、心理疏导等方式，消除危险因素，稳定监管秩序。这正是教育改造促稳机制最强有力的关键策略。质量为本的观念指为了达到教育改造质量，必须强调遵循教育改造的内化规律和循序渐进规律，尽快建立起以施教者与受教者心理相容、情感相通为基础，以反映罪犯的价值取向和长远利益为核心，以实现促进心理思想转变与治本改造相结合的教育机制。这也是教育改造促稳机制能够长期发展的核心观念。

三、监狱教育改造促稳机制的功能

（一）协调与整合作用

日常的教育改造措施和策略应当随着监管要求的改变而及时地做出阶段性调整，以适应当下的监管要求和实际监管情况，否则过时的教育措施与策略会影响到教育改造工作的实际成效。通俗点说，恰如其分的教育措施与策略可以成倍提升罪犯的教育改造效果，而不合时宜的措施与策略会使得改造工作犹如逆水行舟。教育改造促稳机制依靠其动态性特征，在日常监管工作中就完成了信息反馈与相应的动态微调，使得日常政策措施的实际执行有及时的情况反馈，便于及时做出合理范围内有针对性的各项调整。监狱教育改造促稳机制本身就是通过其运行达到促进监狱监管稳定的一项机制。因而在机制运行的同时有其一定的规范流程，即教育秩序在逐步建立与完善。其动态性、层次性、递进性、约束性四大特征在充分发挥的同时，教育责任、计划、执行、检查、评价、改善的流程化同步得以实现。

（二）提升民警自身综合素质

监狱在教育信息的整合过程中，需要依照上级各部门的一系列标准进行人工主观的筛选整合工作，作为实施主体的监狱民警需要相应的学识能力才能胜任。正是这样的教育信息整合过程促使民警在从事教育改造工作之时必须不断主动进行自我综合素质的提升，以确保刑罚执行的顺利实施和监管稳定的持久续航。教育改造工作是一种通过思想、学识相互碰撞、相互推动的灵魂重塑工程。民警在教育罪犯的过程中，会遇到种种困难和矛盾。正是在思想、学识的矛盾碰撞中，罪犯的灵魂得以慢慢净化，而管教民警的思想也愈发成熟，学识更加精进，自身的综合素质亦在不知不觉中得到了进步，最为直观的表现就是从警经验的增加，工作越来越得心应手。

（三）提升教育效率和促进警力资源平衡

监狱教育改造促稳机制的动态性特征是一个非常核心的特征。我们可以利用教育改造促稳机制的动态性特征，通过动态对比对教育改造工作进行全方位的适度调整。我们先要明白动态对比是一个通过对罪犯一定时间段内实际改造情况变化的监测，结合现行民警教育角度、方式、力度等进行全方位的对比工作。其包括罪犯教育前后实际改造情况的纵向对比，民警教育角度、方式、力度等先后变化所获得实际情况的纵向对比，不同罪犯间同样教育所获得不同效果的横向对比,同样罪犯不同民警所采取同样的教育角度、方式、力度等所获得实际情况的横向对比。

第二节 建立教育改造促稳机制的必要性和可行性

一、建立教育改造促稳机制的必要性

（一）建立完善教育改造促稳机制是监狱从传统安全模式向现代安全机制转变的切入点

传统监狱安全模式主要是以人防、物防、技防为主。在向现代监狱安全机制转变过程中,罪犯教育起到了作为切入点的关键作用。传统监狱安全中,防范措施具有被动和静态的缺点,往往在危及监狱安全事件发生后才进行控制与处置,具有很大的滞后性。人防、物防、技防主要从静态角度对可能出现的危机事件进行防范,缺少灵活性。罪犯教育具有主动进攻、积极防御的治本性特点。罪犯实施犯罪本源上是由罪犯犯罪意识决定的。事物的变化是由内因决定的,内因是变化的根据。罪犯教育抓住引起犯罪内因这一根本点,教育促使罪犯从根本上放弃错误的世界观、人生观和价值观,接受并养成符合社会基本价值取向的世界观、人生观和价值观,使罪犯根本上得到矫治和改造,消除其人身危险性,彻底放弃原有的犯罪意识和犯罪心理,转化为一个对社会国家有用的新人,从根本上保障了监狱的安全稳定。

（二）教育改造促稳机制体现了刑罚的基本理性

首先,通过罪犯教育来维安促稳和攻心治本体现了我国刑罚的直接目的。我国刑罚的直接目的是预防犯罪,实现监狱、社会的安全稳定。预防犯罪包括一般预防和特殊预防,显然教育改造促稳与治本体现了刑罚的特殊预防目的。罪犯教育的目标是把罪犯改造成为不再危害社会的守法公民,本身蕴含的重要职责就是提高罪犯的各种素质,包括思想素质、道德素质、文化素质、劳动技术素质等。通过罪犯各种素质的提高,从而使罪犯远离犯罪,成为奉公守法、自食其力的社会新人。

其次,罪犯教育本身也体现了对报应刑的修正。报应刑认为刑罚的本质就是报应,是罪犯对自身犯罪行为必须付出的代价。随着刑罚的社会责任论的确立,从观念上带来了对罪犯评价的变革。刑罚被称为处遇措施,刑罚的人道性、

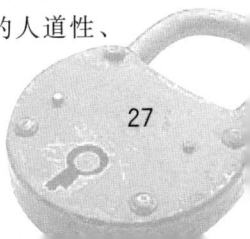

宽容性受到了极大的重视。以教育主导监狱安全正是适应了刑罚的发展潮流，实现了对绝对报应刑的修正。罪犯通过接受教育，由犯罪人转变为社会人，不仅体现了刑罚的人道性，也维护了监狱、社会的安全稳定。

（三）罪犯教育主导监狱安全体现了我国对罪犯人权的保障

罪犯人权是公民人权的一类特例，它既有人权的本质属性，又归于罪犯的特殊身份，是一种特殊主体的人权。我国监狱对罪犯的教育就集中体现了对罪犯人权的尊重和保障。罪犯教育本身就是罪犯的一项基本权利，而且成为其他权利实现的一个重要途径。如对罪犯的三课教育、心理矫治、开展社会帮教活动、实行社区矫正制度等，不仅维护和实现了罪犯在监狱的合法权益，更重要的是维护和保障了罪犯回归社会后的生存权和发展权，为罪犯回归社会、重新融入社会打下了坚实的基础，也有利于监狱稳定和社会和谐。

二、建立罪犯教育改造促稳机制的可行性

（一）监狱体制改革为罪犯教育主导监狱安全提供了物质基础

监狱体制改革前，监狱经费不能从国家财政得到保障。这导致经费紧张，监狱不得不自行筹措资金，只好从监狱企业赢利去弥补。这造成监狱民警工资常被拖欠，民警对罪犯教育改造的积极性不高，影响罪犯教育质量。2008年6月，司法部决定在全国推广监狱体制改革，改革的重点是建立"全额保障、监企分开、收支分开、规范运行"为主要内容的新的监狱体制。监狱体制改革彻底解决了监狱经费得不到保障的难题，实现了监狱企业受益与民警福利脱钩，从而使监狱重新回归到了罪犯教育这一基础性工作上来，为罪犯教育工作顺利开展奠定了坚实的物质基础。

（二）马克思主义哲学为罪犯教育主导监狱安全提供了理论基础

马克思主义认为世界上万事万物都充满了矛盾，世界无时无刻不处于运动、变化和发展之中。人的思想是社会存在的反映，随着社会存在、社会环境的变化，指导人实践的思想意识也会随之发生改变。人的本质不是主要靠先天遗传得来的，而是在后天长期实践中受主观因素综合作用逐步发展而来的。一定条件下人可以为善，另一种条件下人可以为恶。社会教育、家庭教育、后天实践对人的本质的形成具有重要影响。既然人的思想、人的本质不是与生俱来、凝固不变的，那么就说明人具有很强的可塑性，通过一定的世界观、人生观、价值观教育，可以引导受教育者朝着教育者所期望的方向发展。唯物辩证法认为，一切事物的发展是内

因和外因共同作用的结果。内因是事物发展变化的根据,是第一位原因,内因规定着事物发展的基本方向。罪犯教育着力于罪犯的行为内心起因,通过转变罪犯的思想,进而实现罪犯行为的转变,就是运用了马克思主义的基本理论。

（三）相关学科的发展为建立完善的教育改造促稳机制提供了思想原料

罪犯教育既是一项监狱执行刑罚的实践活动,又是一门新兴交叉学科。这门学科在发展过程中借鉴吸收了教育学、监狱学、心理学、管理学、社会学等学科的一些理论研究成果。这些学科的发展为罪犯教育理论研究提供了思想原料,推动罪犯教育工作不断向前发展。如教育学中的建构主义理论、人本主义理论、内化—外化理论、教育过程双主体论;心理学的需求理论、危机干预理论;社会学的社会化、再社会化理论等等。这些理论成果应用到罪犯教育,起到了很好的效果,大大提高了罪犯教育质量,促进了监狱安全稳定。

第三节　教育改造促稳机制的建构原则

一、攻防结合、攻心为上的原则

（一）变被动防御为主动进攻

实现监狱安全稳定,使罪犯由"不能跑"转变为"不想跑",在指导思想上必须变被动防御为主动进攻,由传统的消极被动防御转变到对罪犯积极主动进行教育,实现罪犯由内而外彻底转变,最终达到改造人的目标。罪犯"想跑而不能跑",从一个侧面反映了监管安全工作的成效,但转换一个角度来看,则暴露了监管工作的粗放性。从"不能跑"向"不想跑"的转变,是监狱安防思想的一次质的飞跃。只有解决罪犯"不想跑"的问题,才真正切中了监狱安全工作的要害,要实现这一飞跃,关键在于强化对罪犯的教育,通过对罪犯进行积极主动的教育,化被动为主动,才能从根本上保障监狱的安全稳定。

（二）攻防结合

坚持教育的进攻性,是在严密监管条件下进行的,是同严格的防御紧密结合的。攻心治本不是要代替防御,而是要弥补单纯防御的不足。因此,必须坚持攻防平衡,以防保攻,以攻促防,攻心治本,永保稳定。

二、提高罪犯改造质量的原则

（一）以罪犯为中心

明确以罪犯为中心，实质上就是肯定罪犯在教育中的主体地位。这一点对于确立罪犯教育工作思路有着至关重要的指导意义，从而为按照客观规律开展罪犯教育工作奠定基础。强调以罪犯为中心，就是要把罪犯的主观能动性充分发挥出来，在整个教育过程中，罪犯是接受教育的主体，是信息加工的主体，是积极意义的主动建构者。民警只是充任教育的管理者、组织者、指导者、帮助者和促进者的角色。以罪犯为中心，充分调动罪犯主体接受教育的积极性，实现罪犯教育的双向互动，进而不断提高罪犯教育的质量。

（二）注重提高质量

在建立和完善教育改造促稳机制过程中，不仅要考虑是否有利于监管安全，也要考虑是否从根本上有利于提高罪犯改造质量。如果单纯为了保障监管安全而忽视教育的根本性、长远性作用，就称不上是完善的教育改造促稳机制。应当以根除罪犯恶习，重塑罪犯人格为根本、长远的目标，以持续促进罪犯心理稳定为基本、短期的目标，才能有机统一教育改造促稳工作，才能真正提高罪犯改造质量。事实上，基于系统性、全面的罪犯教育，必然会反作用于罪犯稳定，它会使罪犯心理、情绪稳定更加持久、更加自制。注重罪犯改造质量，不断完善教育改造促稳机制，既是实现中心任务的需要，也有利于从根本上维护监管安全。

（三）强制与自愿学习相结合

罪犯教育是执行刑罚的表现，故具有强制性，这从我国《监狱教育改造工作规定》第二十六条的规定中可以明显看出。但只强调强制性就势必会降低罪犯教育质量。罪犯教育归根到底还是要遵循一般的教育规律，罪犯教育效果好坏与罪犯接受教育的主观愿望有着密切的关系。学习很大程度上是自愿性的主动过程，强制有时候会适得其反。不管是文化、思想还是技术教育，都应充分发挥罪犯自身的积极性，这是教育的内在规律。为此，可以考虑对罪犯采取鼓励的态度，以促使罪犯自觉自愿接受教育。如罪犯的学习态度、学习成绩和学习时间可以和罪犯奖惩直接联系起来，对积极参加三课学习并且学习表现较好的罪犯，不但可以与平时计分考核联系在一起，而且还可以作为减刑、假释的依据之一。

（四）区别对待，因人施教

我国监狱在教育改造罪犯实践中，摸索出一套分押分管、分级处遇教育管理模式，这实际上就是区别对待、因人施教原则的具体体现。但是在具体罪犯教育中，同一分监区罪犯的年龄、经历、犯罪类型、恶习程度、文化水平、个人能力等方面还是或多或少存在差异。罪犯个体本身具有相对独特的个性，要求对罪犯教育在遵循教育共性的同时也要根据罪犯已有的个性特征，制定与之相适应的教育措施，区别对待，因人施教，以更好地促进罪犯的教育改造，实现监狱的安全稳定。

三、以稳定为基础的原则

教育改造促稳机制的建设以安全稳定作为出发点，以治本塑人为最终的落脚点，在各类问题的处理过程中，坚持以安全稳定为基础原则，将稳定罪犯思想、化解各类矛盾，促使罪犯安心改造纳入系统性、制度化工作轨道，为实现监狱的安全稳定服务，并通过近期、中期、长远目标的实现来体现教育改造的功能与价值。治本是从根本上解决问题，就是最终帮助罪犯树立正确的"三观"，因此它是比促稳更高发展阶段的产物，当然它必须以维护罪犯思想、心理与情绪稳定为前提条件和基础保障。坚持以稳定为基础的原则，就是要求监狱民警在罪犯的教育与管理过程中，只要是利于安全，利于促进稳定的，同现行法律、政策不矛盾，同教育改造治本目标不抵触的，就积极去做，去落实。只有在解决了罪犯的思想、心理问题，使罪犯在一定时期内保持稳定状态的前提下，才能深入有效地开展各类教育活动，使罪犯知法、懂法、守法，树立正确的世界观、人生观、价值观，逐渐消除其反社会思想，培育健全人格，重塑正常人的生活方式和思想状态。坚持以稳定为基础的原则，以实现眼前、短期的安全稳定为出发点，以实现攻心治本、重塑新人为长远的落脚点，理清治本与促稳的相互关系，使两者紧紧统一到改造罪犯成为守法公民的共同目标上来。

四、硬化指标、定期考核的原则

将促进稳定与治本塑人的教育工作要求，分别列入监狱的重要工作目标，根据促进稳定和治本塑人的不同需要，分类设定工作标准，提出明确的各项工作任务指标。在此基础上，按照所设指标的工作周期，及时进行严格的检查考核。

五、内力牵引、外力推动并重的原则

机制所设目标,在内部运行中,因荣誉和工作惯性而对单位、个人产生一种推力,我们称之为内力。而对于通过系统以外对机制施加的影响,我们称之为外力。要坚持内、外力并重,不断对机制运行施加影响,推动机制的高效运行。

六、机制化运作、稳定运行的原则

机制化运作强调的是按照一定的模式运行,不受其他人为因素的干扰影响,避免工作推进过程的高低起伏不确定状态的出现。机制运行,贵在稳定,要做到不因领导人的调整而改变,不因领导者注意力的改变而发生变化。

第四节 监狱教育改造促稳机制的体系架构

一、监狱教育改造促稳机制的组成要素与结构特征

(一)组成要素

要素就是一个事物组成的必要的、不可缺少的因素。我们要深入探索监狱教育改造促稳机制的运行规律,发挥机制的应有作用,有必要对机制内部的各要素,以及要素之间的联系方式作一番研究。

监狱教育改造促稳机制的组成要素应包括以下几个部分。

组织系统。教育改造促稳机制应当纳入监狱整个安全稳定系统,并作为监狱安全稳定保障体系的重要部分,确定相应的领导和部门负责。监狱领导和责任部门应根据充分发挥教育改造促稳机制作用,确保监狱安全的原则,建立健全组织网络,制定相关的考核办法,监测并定期评估机制运行的状态,特别是机制的质量与效能,及时研究解决机制运行中的突出问题,确保机制长期处于高效运行状态。

制度系统。它是对机制运行所涉及的工作事项及各个环节做出规范,使各项工作都有可依据的标准,同时也为对机制运行状态的检查考核提供依据。

指标系统。主要包括个别谈话教育指标和其他教育工作指标。个别谈话指标主要包括重点谈指标、"十必谈"指标、月度谈指标、每日谈指标。这些谈话工作都要确定相应的谈话指标列入考核。其他教育工作,如讲评教育、监区文化建

设、社会帮教、心理咨询与矫治等也要有可评价、可考核的量化指标,形成围绕促稳目标的完整的教育工作指标体系。

执行系统。主要是对教育的各项指标和工作任务要求,在组织系统中进行分工实施,责任到人。

考核评价系统。其功能主要是对各单位教育改造促稳工作各项指标完成的质量和数量情况进行考核评价。此项工作一定要及时,并长期坚持。检查要根据指标的设定时间来定。月度指标一般应每月进行检查,日指标最好每日有检查或抽查。评价工作可以以月为单位进行,做得好的表扬鼓励,有问题给予指出,做得不好的严肃批评,督促其立即改正,以此保持机制运行始终处于优质、高效状态。

绩效运用系统。它的主要功能就是将考核的结果运用于各级民警的实绩考评、年终评优、推优评先、职级晋升等,或是对民警进行诫勉谈话、通报批评和职务调整等,以此不断给予机制运行足够的压力和动力。

(二)结构特征

机制的内部结构指的是组成机制内部各要素之间的联系形式。深入观察分析教育改造促稳机制运行过程,其组成要素的内部结构具有下列特点。

它以组织系统为主导。组织系统人员对机制的认识水平高低、重视程度深浅,各项工作措施的运用的强弱和快慢,决定着机制运行的成效高低和整个机制的成败。

它以制度系统为规范。机制运行必须按照一定的轨道运行,而系统的制度就是提供机制运行的轨道。

它以指标系统为导向。教育工作应当按照促稳的特定要求提出一套工作任务指标,包括工作的质量和数量。各单位、个人在追求指标完成的过程中,使促稳的目的自然达成。

它以执行系统为基础。执行是机制作用实现的基本手段,再强的组织系统,再完善的制度系统,再科学的指标系统,再有力的考核评价和绩效运用系统,如果不能执行,都是一句空话。

它以考核评价系统、绩效运用系统为推动。机制的良好运行,需要提供必要的动力和压力。失去"两力"的推动,机制的功能就会逐渐退化,直至最终丧失。

它以安全稳定为基本要求,以攻心治本重塑罪犯人格为最终目的。机制的建设与运行有一个轴心,安全稳定和治本塑人是教育改造促稳机制的两端。教育改造促稳机制为安全稳定而生,为安全稳定而亡。它是检验机制功效、成败的唯一标准。机制的所有组成部分都应围绕着安全稳定这一轴心而最大限度地发挥各自的功效。

综上所述,我们可以清晰地看到,教育改造促稳机制的内部结构就是以组织系统为主导,以制度系统为规范,以指标系统为导向,以执行系统为基础,以考核评价系统、绩效运用系统为推动,以安全稳定为基本要求,以一定时间周期往复循环的运行系统。

二、监狱教育改造促稳机制的运行机理

处于监禁状态的罪犯是一个心理矛盾、问题异常突出、集中的群体。这是由这一群体的特殊性质决定的。罪犯从被投入监狱起,有两个方面因素影响着罪犯的心理变化。一个方面是罪犯个体以外的因素,如家庭发生变故,配偶离异或感情背叛,子女抚养、就学发生困难,个人或家庭财产发生纠纷或被人侵占等等;另一个方面是罪犯个人因素引发的心理变化,如因减刑、假释与考核政策调整,与他犯产生摩擦、矛盾、纠纷,或因与直接管理民警关系出现问题,或因违规违纪受到处罚,或因生产指标完不成、三课考试不合格,或因身体患病无法正常改造,或遭受他犯欺辱,个人人格、尊严遭受侵害,或对改造丧失信心,或难以忍受监禁生活的痛苦等等。上述引起心理变化的种种因素,如不能及时地处理、化解、疏导、消除,任其发展、累积、叠加,就会转变为一种巨大的破坏性能量,随时危及监狱的安全与稳定。这是不以人们的主观意志为转移的客观规律,已经被无数监管实例所证实。

监狱的安全稳定,同监管设施的完备程度和监狱的整体防范工作的严密程度是直接相关的。但是,虽然有监狱的铜墙铁壁,我们仍然无法避免诸如凶杀、自杀等事故的发生。监管工作的实践告诉我们,监狱的安全稳定,归根结底是由罪犯的心理稳定状态决定的。而要实现罪犯的心理稳定,在法律、政策以及各种环境条件不变的条件下,关键取决于我们民警的教育,特别是围绕罪犯心理稳定而展开的心理疏导、调适和针对性教育工作的成效。罪犯这一群体的特殊性决定了他们心理问题特别突出、特别复杂,需要民警给予特别的重视和关怀。在一般情况下,监狱民警的教育工作做得越深越细,越入情入理,罪犯的心理问题会越少越轻,罪犯的心理就会更加趋向于稳定。相反,如果监狱民警的教育工作越简单、越粗糙,罪犯的心理问题累积得越多、越严重,罪犯的心理就会趋向于不稳定。如果罪犯心理稳定的基础脆弱,罪犯的心理问题长期积压囤积,那么,在一定的时间、地点、环境下,因一定不良诱因的诱惑及监狱内各种各样不稳定问题导致发生重大的监管改造事故,就是一个必然的结果。

教育的攻心治本就是重塑罪犯人格,根除罪犯恶习,最终实现把人改造好。它必须在维护监管安全,促进罪犯思想、心理、情绪稳定的基础上,有计划、有组织、有目的地开展"三课"教育和劳动教育活动,以知识改变人、武装人,树立正确

的世界观、人生观,塑造健康的人格,回归正常人的生活方式和思想状态。

监狱教育改造促稳机制就是强调从促进罪犯心理稳定的目的出发,运用个别教育等多种手段,不断地疏解罪犯的不良情绪,及时化解罪犯的心理矛盾和人际矛盾,解决罪犯改造过程中遇到的各种困难、问题,从而为监狱的安全稳定和对罪犯实现治本塑人提供坚实的基础。可以说,在严密的防范工作条件下监狱所展现的是暂时的安全,表象的稳定,而在罪犯心理稳定条件下所出现的稳定则是本质上的稳定,是长期的、可持续的稳定。

三、建立完善教育改造促稳机制应重点把握和解决的几个方面

(一)观念的适应问题

要使教育改造促稳与治本机制始终处于良好的运行状态,首先要解决认识问题,使各级领导和全体民警真正认识到教育对于促进罪犯稳定的重要性、必要性,真正认识到教育作用的无可替代性,从而自觉地做好促稳的各项教育工作。其次,要防止将教育的促稳功能与治本功能对立起来的观点,以治本功能替代或否定促稳功能,从而从源头上否定构建教育改造促稳与治本机制的必要性。再次,要纠正那种强调了教育改造促稳与治本功能,担心降低教育的层次、削弱教育的功能的想法。思想是行动的先导。只有理论的清晰、清醒,才有行动上、工作上的自觉与坚持。只要认识到位了,教育改造促稳与治本机制的建设就有了坚实的思想基础。

(二)教育改造促稳与治本工作指标体系的完善问题

着重要研究建立教育改造促稳与治本工作的科学的指标体系。指标体系包括:一是个别谈话指标。又可细分为"十必谈"指标、每日谈指标、重点谈指标、月度谈指标。二是集体教育指标,主要包括讲评教育指标或专项教育指标。三是专项活动指标,包括监区文化活动指标和社会帮教活动指标。指标体系是按照监狱稳定的要求来设计的。凡是有利于调节罪犯情绪、营造良好气氛、促进罪犯心理稳定的教育工作,都应该包括在指标体系内,列为考核的内容。指标具有很强的导向功能,一旦列入,就会逼迫单位和个人去适应,去达到指标所提出的要求。在此过程中,或许相当多的人并不是一开始就自觉,但是在被迫的工作中完成了指标所指向的工作,也就在一定程度上满足了教育改造促稳与治本的要求。指标体系不仅包括数量要求,更重要的是建立和完善教育工作质量考核标准。使用这样一套标准不断地衡量各单位以及个人已经做过的教育工作,可以指引大家不断地提高教育工作的水平。

(三)考核指标的硬化问题

所谓硬化,就是减少弹性,增加刚性,不论遇到任何情况,考核指标都不走样。在实际工作中,一般认为,监管工作是硬任务、硬指标,而教育工作常常被看作软任务,其工作指标也就作为软指标对待。只要监管不出大问题,教育工作做得多少、好差无足轻重;在考核时,教育指标也是层层打折,标准随意降低。教育改造促稳与治本机制建设任务的提出,必须解决监狱实践中长期存在的教育工作任务、指标软化问题,要使软任务变成硬指标,使教育改造促稳与治本的各项任务、指标,层层落实,不打折,不走样,确保质量。解决指标的软化问题,关键是解决各级民警的思想认识问题。同时,要健全教育工作的质量认定标准,使标准更加明确、具体,减少标准弹性。最后,在考核时,考核人要严格标准,客观公正,不徇私情,确保工作标准不打折,不走样。

(四)机制运行质量的长期稳定问题

教育改造促稳与治本机制的有效性,必须依靠机制运行的稳定性来保证。如何解决好机制运行的稳定性? 一是要解决机制内部目标的牵引问题;二是要解决外部力量的推动问题;三是要建立定期的考核评估制度。教育工作的绩效要同单位领导的政绩,民警的绩效考核挂钩,同民警的荣誉、选拔任用紧密联系。要根据单位、个人教育工作任务指标完成的情况,进行客观公正的评价,并给予必要的奖罚。对教育工作成绩突出的,特别是对转化罪犯思想,化解矛盾,从而预防和制止监管事故和狱内重大案件发生的单位、个人,要给予相应的表彰奖励;对未完成教育工作任务指标,或因教育工作不落实,罪犯思想问题、实际问题未得到及时解决而发生影响安全稳定事件的,要严肃追究有关单位和人员的责任。

(五)教育改造促稳与治本机制与其他机制的协调配合问题

组成监狱安全稳定长效机制体系的各个特定的机制,在保安全促稳定中,都有着特定功能。每一种机制都是机制体系的组成部分,其功能也是其他机制无法替代的。同时,每一种机制都有一定的局限性,它们都不是万能的。因此,在实践中,要注意各机制的配合协调。教育改造促稳与治本机制着眼于解开心结,舒缓情绪。但是,教育效果不是立刻显现的,经常需要开展反复多次、耐心细致的工作。因此,从对罪犯的即时控制来说,仅依靠促稳机制是有极大风险的。对于各类罪犯的稳定工作,必须在防御类机制有效运用的前提下进行。这样,才能防止和避免各种可能发生的风险。

第三章　监狱教育改造促稳的内容设计

世界上任何事物没有无形式的内容,也没有无内容的形式,内容与形式是辩证的统一。教育改造罪犯,促使其情绪稳定,形成积极改造的心理和行为,其内容主要包括思想教育、行为矫正、心理矫治、技能训练、文化教育和适应能力培养,其形式主要表现为不同的教育方法、教育手段、教育时段、教育环境等。

第一节　罪犯思想教育促稳

思想是行为的先导,思想教育对罪犯的改造是有根本性作用的。因为犯罪是人的一种自由意识的活动,也就是说罪犯其所以有犯罪行为是由他的犯罪思想意识支配的。当罪犯完成了思想改造,消除了犯罪意识的时候,也就不会再有犯罪行为。监狱通过各种教育形式、方法、手段,通过对罪犯思想的改造以实现教育改造促稳。

思想教育是我国监狱改造罪犯的传统手段,贯穿于改造罪犯的全过程。它是以转变罪犯思想、矫正犯罪恶习为核心内容,结合文化、技术教育进行有目的、有计划、有组织的系统的影响活动。这正迎合了监狱教育改造促稳的概念,思想支配行为,因此思想教育在教育促稳中有着很大的作用。不少罪犯犯罪,正是因为被其具有的自由意志所操纵,因此改变罪犯错误的人生观、世界观、价值观是实现教育改造促稳的必要手段。

对罪犯进行思想教育是罪犯教育改造的核心内容,也是我国的罪犯教育改造制度与西方罪犯矫正制度相区别的关键所在。在西方看来,对服刑人员进行思想改造是有悖于资产阶级人道观念的。社会只能矫正服刑人员的不良行为,而不能改造服刑人员的思想。而我国却对服刑人员的思想改造极为重视。《监狱法》第三条明确规定:"监狱对罪犯实行惩罚和改造相结合、教育和劳动相结合的原则,将罪犯改造成为守法公民。"第五章单设"对罪犯的教育改造",具体规定

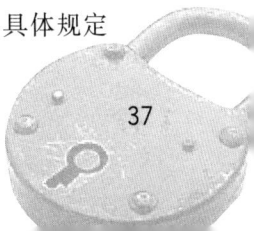

了教育改造的原则、方法、内容等。正确认识我国服刑人员的思想教育,无论是对服刑人员改造理论的发展还是对加强实践中服刑人员的教育改造都有着极其重要的理论和现实意义。

《监狱法》第六十二条明确规定:"监狱应当对罪犯进行法制、道德、形势、政策、前途等内容的思想教育。"但《监狱法》只规定罪犯思想教育的内容,并未对"罪犯思想教育"的含义作准确界定。笔者认为,罪犯思想教育是指:监狱在刑罚执行过程中,对服刑人员依法开展的,以法制教育、公民道德教育、认罪悔罪教育、劳动常识教育、形势政策教育为内容的,意在转化服刑人员个体思想意识和道德品行的一种有计划、有组织的系统影响活动,其最终目的是促使服刑人员个体的再社会化,预防和减少重新犯罪。

一、认罪悔罪教育

认罪悔罪教育,就是要求罪犯承认犯罪事实,认清犯罪危害,对自己的犯罪行为表示悔恨,服从法院的判决,不无理缠诉,遵守规范,认真学习,积极劳动,从思想根源上来充分认识悔罪赎罪的重要性和必要性,联系思想实际,进行自我解剖,以实际行动来彻底与犯罪决裂,重新做人。

(一)首先要知罪

知罪就是认识自己的犯罪行为,承认自己的犯罪事实。犯罪事实是指构成犯罪行为的各种因素的总和,包括犯罪的性质、情节、手段等。承认自己的犯罪事实,必须是承认自己的全部犯罪事实,而不是只承认部分犯罪案件中主要犯罪事实。罪犯对自己所有犯下的罪行,都必须如实地、彻底地予以交代和承认,只有这样才是承认了自己犯罪事实。不少服刑人员千方百计地抵赖自己的罪责,或者降低自己应该负的责任,将犯罪原因推给他人,甚至受害人本身,即便有些受害人已经死亡。这种思想是错误的,它将使服刑人员背上沉重的思想包袱。一方面他要不停地欺骗自己,另一方面又要饱受良心的谴责,久而久之,心态会发生变化,会整天患得患失,忧心忡忡,影响正常的改造。如浙江省某监狱罪犯马某,该犯因故意杀人被判无期徒刑,开始两年该犯改造还比较稳定,在听闻一些冤假错案平反后,开始抱侥幸心理,妄图蒙混过关,着手为自己的案件申诉。该犯犯罪事实是和同犯共同持刀刺死被害人,该犯辩称自己只从被害人后背捅了一刀,不是致命伤,因此自己不应该被判重刑。于是该犯无理缠诉,想用错误的方式来达到目的,如不参加劳动,不服从管理教育,成为监狱顽危犯中的"钉子户",难以再回到正常的改造道路上来。因此知罪是认罪悔罪的前提和要求,只有做到认识自己的犯罪罪行,才能走好悔过自新重塑自我的第一步。

（二）其次要认罪服法

要认清自己的犯罪危害,就是要看到自己的犯罪行为给国家、社会、人民群众及其生命财产所造成的损失和破坏。犯罪危害,概括起来有以下四个方面:一是对人民民主专政的国家政权和社会主义制度的危害,如涉及国家安全的犯罪。二是对社会治安和人民生命财产安全的危害,如盗窃、抢劫、贩毒、杀人越货、拐卖妇女儿童等严重刑事犯罪。三是对国家经济建设顺利进行的危害,如走私、贩私、破坏金融管理秩序等犯罪行为。四是对被害者家庭和自己家庭的危害。服刑人员只有充分意识到自己的犯罪危害的严重性,才能正确对待法院的判决,正确认识自己的罪行,从而产生强烈的心灵震撼,才能产生悔恨心理,从而走上认罪服法的道路。服刑人员要想改造成为新人,就必须充分认识自己的罪行,深挖犯罪根源,消除犯罪思想,铲除犯罪恶习,而要做到这些必须在认罪服法上下功夫。认罪服法实质上是改恶从善,悔过自新的自我斗争过程,也是迈向新生的必由之路。

（三）最后要悔罪

服刑人员要明确自己的罪犯身份,时时刻刻要记住自己是一名正在接受惩罚和改造的罪犯,正确认识自己的罪行,认清自己给社会、给他人带来的危害,深入剖析自己犯罪的原因,找到自己犯罪的根源,深刻反省,反思知悔,才能在内心深处萌生耻辱感、罪责感,产生赎罪意识。悔罪赎罪不能只停留在思想上,要把它变为踏踏实实的赎罪行动,学会感恩、报恩。因此,服刑人员要把赎罪思想落实到行动中去,必须做到严格遵守各项监规,坚决服从民警的管理教育,主动靠拢政府,努力改造犯罪思想,积极参加劳动,用实际的改造表现、踏实的改造行动和优异的改造成绩向党和政府赎罪、向社会赎罪、向受害人赎罪,争取早日回归社会。

二、法制教育

法制教育是我国监狱对罪犯进行的以正面灌输法律知识为主要内容的教育活动。针对罪犯不懂法、不守法、法律知识淡薄等情况,开展法律常识教育,学习宪法、刑法、刑事诉讼法、监狱法等法律知识,使得罪犯掌握基本法律常识,了解公民所享有的权利和应当履行的义务,理解违法犯罪的含义及其法律责任,认识自己犯罪行为给社会带来的危害,引导他们自觉守法。

党的十八届四中全会通过的《中共中央关于全面推进依法治国若干重大问题的决定》(以下简称《决定》),从党和国家事业发展全局的战略高度,对全面推

进依法治国做出一系列新的重大部署。《决定》明确提出,要坚持把全民普法和守法作为依法治国的长期基础性工作,深入开展法治宣传教育。

从我国监狱法制教育的现状来看,对罪犯的法制教育还存在着一些亟待解决的问题。例如,教学往往是针对罪犯服刑期间相关法律的教育,如刑法、监狱法、刑事诉讼法及有关罪犯考核、奖惩的有关法规制度,而没有对我国整个法律体系及罪犯服刑期间及之后密切相关的法律知识教育;教学内容相对陈旧,容易使罪犯产生厌学心理;一些监狱开展法制教育仅是为了回应上级要求,法制教育的务虚化,使罪犯难以学到与自身息息相关的法律法规;法制教育的开展缺少差异性和针对性,忽视了罪犯的文化差异等。因此,探寻切实符合国家建设社会主义法治文化、有效提升罪犯法治观念的教育模式尤为重要。

按照四中全会提高包括罪犯在内的全民法治素养的要求,监狱应当强化对罪犯的法律、法规、制度、道德、政策等内容的法制教育,法制教育应当贯穿罪犯从入监开始到出监为止的整个过程。其内容不仅包括法制教育,也包括道德教育以及其他教育的内容。通过对罪犯全过程法制教育模式的探索和实践,促使罪犯能够明晰角色、积极改造、维护监狱和谐稳定,增强罪犯的法律素养和法治观念,提高罪犯出监后通过法定程序表达利益追求、维护自身合法权益的能力,降低社会重新犯罪率,以提高全民法治素养,推进依法治国方略,确保社会安全稳定。从时间维度上看,根据罪犯在监过程不同阶段的特点,开展不同形式、不同内容的法制教育。在入监阶段,开展有针对性的罪名教育和监狱制度教育。促使罪犯明晰角色、积极面对在监期间的改造,维护监狱和谐稳定。在中期改造阶段,开展相对广泛的普法教育和有针对性的法律咨询活动,增强罪犯的法律素养和法治观念,并帮助罪犯用法律手段维护其未被剥夺的合法权益。在出监阶段,开展就业、创业等针对性的法制教育和社会各行各业普适性的法治理念教育,以提高罪犯出监后通过法定程序表达利益追求、维护自身合法权益的能力,帮助罪犯在社会上立足,降低社会重新犯罪率。从内容维度上看,罪犯法制教育的教学内容和教学方式必须贴近罪犯实际情况,向更加有针对性的、务实的方向发展。根据教学内容针对性的不同,可从罪名教育、普法教育、维权教育和法学基础理论教育等多个方面对罪犯法制教育的教学内容和方式进行研究。从实施维度上看,对罪犯法制教育的实施形式进行研究,采用罪犯接受效率高的形式实施全过程法制教育。采取课堂教学和课外咨询两种形式的教学活动,在通过风险性论证和可行性分析对监管安全进行论证的基础上,探寻适合实施全过程法制教育的形式。

三、道德教育

道德教育是促进罪犯道德发展的教育。做人的标准是以善与恶、美与丑、文明与野蛮、诚实与虚伪、谦虚与骄傲、勇敢与怯懦、勤劳与懒惰、俭朴与奢侈、光荣与耻辱等道德观来表达的。一般认为,一个人犯了罪,往往就是失去了做人的道德,败坏了做人的规矩。有高尚道德信念的人是很少有可能会去犯罪的。因为道德品质高尚的人,具有较强的法律意识和法制观念;反之道德水准低下的人,就有可能做出缺德的事情,也就有可能违法犯罪。一般来说,违法犯罪都是缺乏道德的行为,有的人犯了罪后一点罪责感都没有,总认为是自己运气不好,手段不高才"倒霉"的,对自身犯罪给被害人造成的损害,给国家带来的损失却神情冷漠,不以为然。有的对犯罪不以为耻,以炫耀犯罪丑史为光荣,特别是有的罪犯盗窃成性,不管对象是老弱病残,还是原本就陷入困境的家庭,造成他人走投无路甚至走上绝路,这些罪犯却心安理得地用偷来的钱满足私欲,道德沦丧到了"丧尽天良、毫无人性"的地步。

从目前在押服刑人员的构成来看,绝大多数服刑人员违法犯罪是从道德败坏开始,最后逐步走上犯罪道路的。因此,要想把服刑人员改造成守法公民,必须认真对他们进行道德教育,破除旧的、不合法的道德观念,重塑其人格特征。第一,道德观念教育。重点在于帮助服刑人员确立正确的人生观和价值观,具体包括爱国主义、集体主义以及理想观、幸福观、友谊观、婚恋观、家庭观、美丑观、劳动观等等。通过教育,使服刑人员学会正确处理个人利益与社会利益、集体利益之间的关系,明确个人主义、极端利己主义的危害性,培养热爱国家、热爱集体、大公无私、讲求奉献的思想品德。第二,道德利益教育。主要包括文明礼貌和社会公德教育,使服刑人员明确文明礼貌和社会公德的含义和作用,从思想上划清进步与落后、有德与无德的界限,树立文明新风,遵守社会公德。

从道德教育对罪犯的目的而言,应增设对罪犯实施公民教育的新内容,具体包括:(1)自律。要求罪犯不仅要做自己认为应该做的事,而且要做自己虽不愿意但社会要求做的正当的事。(2)守信。让罪犯心悦诚服地接受,认识到唯有守信,其所作所为才会获得他人的信赖。(3)诚实。在生活和所有的社会活动中,要诚实无欺,说真话。(4)实现最佳自我。有勇气抵制社会、群体的不良风气,不做让自己和他人感到不安的事。(5)利己但不损人。即在追求个体目标的实现时,手段正当,并尊重他人的各项权利。(6)敢于承认错误。及时说出对不起、我错了、请原谅。(7)谦恭礼貌。在人际交往中,要讲究礼节礼仪,在尊重他人的同时获得自尊。(8)角色互换。像希望他人如何对待自己一样对待别人,理解并懂

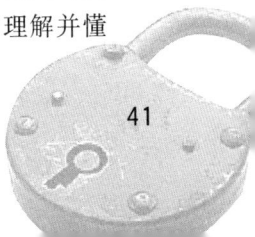

得这一原则适用任何年龄、种族及宗教信仰的人。（9）学会合作。懂得没有一个人是孤立存在的，每个人的社会行为看似纯属个人性质，但常常会影响他人甚至社会。（10）做好本职工作，无论所做的工作是什么。工作没有尊卑，只是社会分工而已，但对待工作的态度却有优劣之分，态度决定成败。（11）养成良好的生活习惯，培养各种有益于身心健康的兴趣、爱好，主动远离、杜绝不良嗜好。同时，在已有的社会主义公德教育的基础上，增设传统道德教育的内容。我国传统的儒家道德理论有许多可贵而且是永恒的规范，这就是每个中国人耳熟能详的"仁、义、礼、智、信"五德。这五德凝练概括，解释时又具有相当大的弹性，容易结合社会、罪犯个体的实际，达到与时俱进，并且中华民族的传统道德与中国文化、礼仪，甚至风俗已融为一体，成为每一个中国人所依赖的精神土壤，所以，在罪犯道德教育中发扬光大中华民族传统道德具有极强的现实性和可行性。

加强道德观念教育，可以帮助罪犯树立正确的人生观和价值观，使罪犯学会正确处理个人利益和社会利益、集体利益的关系，培养热爱祖国、大公无私、讲求奉献的思想品德。使罪犯明确文明礼貌和社会公德的含义和社会作用，从思想上划清文明与野蛮、有德和无德的界限，树立文明新风，遵守社会公德。要对罪犯进行思想道德教育，突出社会主义荣辱观教育、中华传统美德教育、诚信教育、爱国主义教育等内容，使罪犯树立社会主义荣辱观，分清是与非、善与恶、荣与耻、美与丑的界限，诚信改造，为重新做人打下基础。强化罪犯主题思想教育，积极开展感恩祖国、感恩亲人、感恩社会的系列专题教育活动，激发罪犯心中正能量，将被动改造化为主动改造，以感恩赎罪之心去进行教育改造。

四、劳动常识教育

劳动常识教育，主要是指一般劳动知识和劳动技能的教育，劳动心理品质的培养和热爱劳动的思想教育。在我国，服刑人员的教育改造是通过有效的劳动来转换服刑人员的行为，从而达到有效教育的目的。因此，服刑人员的思想教育内容中应包含劳动常识教育。它主要包括三个方面内容：一是马克思主义劳动观的教育；二是矫正恶习、热爱劳动的教育；三是遵守劳动纪律的教育。从培养劳动纪律入手，培养其组织纪律观念，促使其成为有理想、有道德、有文化、守纪律的自食其力的守法公民。

《监狱法》规定："有劳动能力的罪犯，必须参加劳动。"服刑人员参加劳动，是改造思想、矫正恶习的重要手段。劳动，是人类最基本的实践活动，是人类社会赖以生存、延续和发展的前提和基础。对服刑人员来说，积极参加劳动、增强劳动意识有着特殊的意义。

（一）有利于转变劳动观念，消除错误认识

一个思维健全的成年人由于长期的学习和实践，已基本形成了一定的世界观。无论什么样的世界观，都会通过一个人的行为表现出来。服刑人员的犯罪是这样，其改造也是这样。如有的服刑人员犯罪后，经过教育，对所犯的罪行追悔莫及，并痛下决心，彻底悔改，重新做人。这样的服刑人员，表现在劳动上一般态度端正，干劲十足，视劳动为己任，千方百计、保质保量地完成生产任务。而个别拒不认罪、仇视改造的服刑人员，其劳动表现肯定是被动的、后进的。

（二）有利于矫正恶习，养成劳动习惯

有些服刑人员在入监前多多少少存在错误认识，在获取财富的途径上抱有侥幸心理，不愿通过自己辛勤的劳动换取报酬。许多服刑人员走进监狱就是因为不劳而获的思想在作祟，结果导致触犯法律。服刑人员参加劳动，能亲身体会到劳动成果的来之不易，会格外珍惜自己的劳动成果，在劳动中体会到"谁知盘中餐，粒粒皆辛苦"这个古老而又实实在在的道理，才能珍惜他人劳动的成果。只有积极劳动才能创造价值，创造成绩，才能实现用劳动的汗水洗刷心灵的污垢、重新做人的目的。服刑人员入监后，一方面受到规范化的严格管理，另一方面由于生产过程中还有劳动纪律、劳动制度、劳动组织及其各种操作规程的约束，因此生产劳动中的社会性、协调性、纪律性等积极因素会共同、反复、持久地作用于服刑人员的头脑。日积月累，这种劳动会使他们原有的恶习逐渐消退，良好的行为习惯因不断反复强化而逐步养成。形成劳动意识是一个长期的过程，服刑人员必须坚持不懈才能养成爱劳动的习惯。

（三）有利于掌握生产技能，创造就业条件

服刑人员在实际劳动过程中可以学会操作知识、技能。实践出智慧，劳动长技能。劳动过程本身就是一个动脑、动手、克服困难、开发智力的过程。在这个过程中，服刑人员能不断提高劳动技能，变生疏为熟练，成为熟练的操作能手。

（四）有利于身心健康，顺利度过刑期

服刑人员可以把劳动视为服刑改造的调节剂，把劳动视为锤炼自己身心健康的有效手段。每天有规律的作息时间、劳动时间，能够给自己合理制订生产计

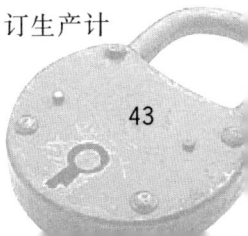

划,和同犯存在一定的良性竞争,拥有这样想法和做法才能愉快而轻松地进行改造。

五、形势、政策和前途教育

形势、政策和前途教育应当以党和国家的重大政策和事件为主要内容,如每天组织罪犯定时收看新闻联播,或者鼓励罪犯订阅时事政策类报纸刊物,使罪犯正确认识国家的政治、经济形势,以及国家改革与发展所处的国际环境、时代背景,正确理解党的基本路线、重大方针和政策,正确分析社会关注的热点问题,激发罪犯的爱国主义热情,增强其民族自信心和社会责任感,把握未来,积极改造,消除疑虑,看到前途。

（一）定义

第一,形势教育。服刑人员形势教育是指监狱通过报纸、广播、电视以及网络等各种形式,让服刑人员了解时事,掌握世界的发展动态,为服刑人员的思想改造创造积极条件,为释放后顺利融入社会打下坚实的基础。

第二,政策和前途教育。党的政策教育是指通过教育使服刑人员了解党的监狱工作方针以及服刑人员刑满释放后有关政策的教育。通过政策教育,使服刑人员明确党的政策的实质及作用,学会运用正确的立场、观点,分析、认识党的政策,加深对党的政策的理解,相信党的政策的正确性,消除思想顾虑,增强改造信心,明确改造前途,加速改造步伐。

（二）作用

形势、政策和前途教育的作用主要体现在以下三个方面:

第一,引导和帮助罪犯掌握认识形势与政策问题的基本理论和基础知识,包括马克思主义的形势与政策观、科学分析形势与政策的方法论、形势发展变化的规律、政策的产生和发展、政策的本质和特征等基础知识。

第二,引导和帮助罪犯掌握党的路线方针政策的基本内容,了解我国改革开放以来形成的一系列政策和建设中国特色社会主义进程中不断完善的政策体系。

第三,培养罪犯掌握正确分析形势和理解政策的能力,特别是对国内外重大事件、敏感问题、社会热点、难点疑点问题的思考、分析和判断能力。

第二节　罪犯行为矫正促稳

罪犯行为矫正促稳是依据条件反射原理和社会学习理论,运用治疗技术与方法对狱内罪犯存在的不良行为习惯或症状本身直接加以矫治,以改变和消除其不良行为习惯,从而达到稳定监管改造秩序的目的。行为矫正是刑事司法系统中惩罚、治疗和改造犯罪人的过程。简单地讲,就是通过治疗学科的理论和方法,矫正罪犯不良行为习惯的技术与方法。心理学家认为:人的行为是通过环境和文化影响而学习到的,不良或不得当的行为既是由学习得来的,就可以通过学习过程加以消除或建立新的良好的行为。目前通过监狱行刑的创新,一系列罪犯行为矫正的方法、手段、措施、内容和项目在实践中得到重视和运用,特别是在罪犯分类、累进处遇、开放式处遇、危险评估、矫正项目实施等方面更是取得了实质性的突破。

一、罪犯行为矫正的理论要点

第一,罪犯行为矫正的主要工作目标是消除罪犯已学到的不良行为,如执拗、多疑、爱偷懒、爱骂脏话、暴力倾向等,在矫正过程中,要将重点放在罪犯的外部行为上,而对行为的历史成因不予探究。

第二,罪犯行为矫正注重个人与环境之间的相互关系,什么样的环境造就什么样的人,很多行为都是通过对周围环境的学习而获得的,包括不良的行为也是学习模仿的结果。因此,它注重研究外部环境对个人行为的影响。

第三,人的行为是由外部刺激而引起的,有什么刺激就有什么反应,因此,治疗的目标就是要矫正不良刺激与反应之间的联系。过程往往采用心理学的原则原理,主要运用奖励与惩罚的原理和交互抑制法去消除不良的行为和建立良好的行为。

第四,在对罪犯进行矫正过程中,对每个问题行为都要设计特有的目标、过程和结果评估,使之具体可行并且可加以验证。

第五,罪犯行为矫正要结合《服刑人员行为规范》,让罪犯熟读、熟记,依据罪犯行为规范,能够有效地规范罪犯的行为养成,提高罪犯矫正的质量,进而能够使罪犯矫正工作更加规范化。服刑人员行为规范为罪犯矫正工作提供了保证,它规定了罪犯矫正工作的核心,规定了矫正工作的组织策略,能够将罪犯矫正工作落到实处,从而能够提高监狱罪犯改造的质量。

二、需要矫正的常见行为

在罪犯服刑和社会生活中,一些不良的行为方式会加剧已经存在的人际冲突,引起严重的危害后果,甚至导致犯罪行为的产生。需要重视的是,一些行为方式本身就会构成违法犯罪行为。

第一,矫正不恰当的言语行为。言语行为是指借助语言传递的活动,也就是通常所说的说话、讲话、谈话等。一般而言,言语就是使用语言的行为,而语言就是由词汇按照一定的规则组成的符号系统。言语行为是最重要的互动方式,生活中大多数的互动都是通过言语行为进行的。例如,艾夫里尔(J. R. Averill)在1983年的研究发现,在感觉愤怒时,只有在10%的情况下有人身攻击行为,在49%的情况下是口头攻击,在41%的情况下是各种无攻击性的指责。不恰当的言语行为往往具有犯因性作用,引起多种矛盾冲突和犯罪行为。人们常说"祸从口出""恶语伤人"等,就表明了不恰当言语行为的犯因性作用。

第二,矫正不恰当的非言语行为。非言语行为是指不使用言语进行信息交流和相互作用的活动。在人际交往过程中,人们既有可能使用言语表达意思和做出反应,也有可能不使用言语进行沟通和做出反应。心理学的研究表明,非言语行为主要包括下列成分:一是面部表情、手势、姿态等身体动作;二是目光接触;三是人际距离,即在与人接触时相互之间的空间距离;四是时间控制,即与人接触的时间长短;五是实物与环境,即相互接触时存在和使用的物品及周围环境;六是辅助语言,包括音量、语气、节奏等。在罪犯与他人的互动中,他们既有可能错误理解别人的非言语行为,也有可能自己进行不恰当的非言语行为,例如,攻击性的身体动作,挑衅性的目光注视,在气氛不和谐的情况下过分靠近别人和手拿可用作武器的物品,使用轻蔑的语气和人讲话等,这些都可能加剧人际冲突并引起违规违纪及犯罪行为。

第三,矫正暴力行为。一般来讲,暴力行为就是使用身体力量和武器进行的攻击行为。暴力行为会加剧人际冲突和情绪对立,从而引起更严重的犯罪行为。同时,暴力行为本身也是重要的犯罪行为方式。暴力行为主要有以下几个特点:一是攻击性。暴力行为是侵害和威胁他人或者其他环境因素的行为,会对受到攻击的一方造成不同程度的危害、破坏等消极后果。二是身体性。暴力行为往往是利用身体力量进行的危害行为。罪犯如果已有使用暴力的经验,很可能就会形成利用暴力行为解决问题的习惯。

第四,矫正欺骗行为。欺骗行为是指利用虚假的言语或行动进行的目的性行为。在进行欺骗行为时,个人为了达到自己的目的,利用虚假的言语或行为欺骗对方,诱使对方暂时同意自己的意见或者自愿地进行所期望的行为,从而牟取利益。这种行为会给对方造成不同程度的损害，从而引起或者加剧人际纠纷，引发严重的危害后果。而且，轻微的欺骗行为可能会向严重的方向发展，多次进行欺骗行为之后，个人会因欺骗思维固化而形成欺骗习惯，从而导致犯罪。

三、罪犯行为矫正的基本方法

第一，先列明需要矫正什么行为和养成什么行为。行为矫正的第一步，首先要确定协助罪犯改变什么不良行为和最终养成什么行为。如矫正罪犯喜欢吵闹、打架的行为，或是矫正罪犯行为养成差等。对列出的最终行为要具体、明确，可以进行观察和分析。

第二，观察、记录不良行为发生的程度和时间。对罪犯一段时间内的行为加以观察、记录和评价，了解他们目前做些什么，这种行为出现的次数多少。观察和分析罪犯行为的方法很多，如可分析他过去的行为记录；通过与其他罪犯交谈，侧面了解该犯情况；运用包夹罪犯代为观察的记录资料；民警参与直接观察。

第三，培养有利的情境。安排表现好、思想素质高的罪犯对其进行包夹管控，陪伴其一起劳动，一起学习，一起生活，给予该犯树立好的模范作用。同时了解罪犯喜好，帮助其培养兴趣爱好，如了解到某罪犯小学时有参加过乒乓球比赛，就可刻意安排其多参与此项活动，找回曾经的兴趣；又或该犯字写得不错，可以多赞扬、鼓励，引导罪犯为分监区出出黑板报、写写稿件等，充实罪犯业余生活，转移注意力，减少和同犯制造摩擦的机会。

第四，逐步养成新行为习惯。通过一段时间的引导，如果某犯能在一段时间内保持好的行为，要及时给予鼓励和奖赏。如该犯通过兴趣培养，参加了监狱或者监区组织的各项文体活动，或者经常出黑板报、写稿件，应给予其一定的分数奖励，让他感受到养成正确的行为习惯带来的好处，激发其改造积极性，从而逐步养成新的良好行为。

第三节　罪犯心理矫治促稳

罪犯心理矫治是运用心理学理论与技术，对罪犯进行教育引导与心理治疗，以配合教育改造，稳定罪犯的心理情绪，消除罪犯的反社会性，医治其心理障碍、人格失调及其他精神疾患，达到恢复心理健康，重塑健康人格的目的。

在严密的防范工作条件下监狱所展现的是暂时的安全、表象的稳定，而在罪犯心理稳定条件下所出现的稳定则是本质上的稳定，是长期的可持续的稳定。

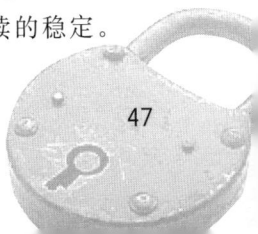

罪犯心理矫治就是帮助罪犯解决心理困惑,消除一些情绪问题,改进适应方式,促进罪犯的自我成长,最终使他们能够自己面对和处理服刑期间及未来社会生活中的各种问题。很多的罪犯并非是天生的犯罪人,而是在后天的成长过程中遇到了心理上的问题,可以通过改变而成为一个守法的公民。监狱对罪犯开展思想教育的同时,积极开展心理矫治活动,这是对传统的教育改造工作在新形势下的深化和拓展。心理矫治运用心理科学的原理和方法,通过罪犯的意识对外界环境、监狱改造等各种客观刺激物的反应,与罪犯原有犯罪心理结构的稳定性、排他性、犯罪群体、环境等多因素的影响来开展心理评估和心理咨询,确定罪犯改造的心理机制,进行心理治疗,达到消除罪犯心理误区,转化罪犯心理的目的。开展罪犯的心理矫治工作,要结合监狱工作的实际情况和现实需要,符合科学性和逻辑性,又便于实际操作,帮助罪犯消除不良心理和心理障碍,维护和恢复心理平衡,保持心理健康,增强对监狱生活的适应性,有利于监管秩序的持续稳定。

一、罪犯心理矫治的工作内容

罪犯心理矫治是一系列工作的总称。根据有关罪犯心理矫治的学术理论以及罪犯心理矫治工作的实践情况可以将其划分为以下几方面内容。

第一,加强罪犯对监狱环境监禁生活的适应能力。犯罪心理的产生与环境因素有极大的联系,犯罪心理往往是由于长期处于特定的环境下产生的心理扭曲。当罪犯进入监狱后,环境与生活方式发生改变,这时要想对其心理进行矫正,首先就要让罪犯提高监狱生活的适应能力。罪犯如果无法很快地去适应监狱生活,往往会造成心理压力,导致情绪不稳定,这不利于帮助罪犯进行心理矫治,对其进行有效的教育改造。

第二,改变罪犯错误的认知方式。罪犯的犯罪心理来源于不合理的信念和认知的偏差。我国的犯罪心理学观点指出,很多罪犯都存在反社会意识、歪曲的自我认识和不良的认知品质等。因而要及时改变罪犯的这种错误认知方式,对其采取积极引导的方法措施,让其在生活中保持积极向上的态度,能够积极对待所遇到的问题和发生的事情,依靠罪犯心理矫治工作,帮助罪犯改变他们自身的认知结构,增强他们的认知水平和矫治错误的认知方式。

第三,对罪犯的消极情绪进行疏导。在监狱中生活的罪犯,他们大多都有着程度不同的情绪问题,往往表现为沉默少语,情绪浮动较大。这时就需要借助心理矫治及时疏导其负面情绪,并在心理矫治的过程中学会如何调节情绪,最终形成良好的情绪习惯。

第四,从人际关系方面对罪犯进行改造。前面提到了造成罪犯犯罪的两个主要影响因素,即罪犯的心理问题以及罪犯的行为问题。然而除了这两个主要影响因素之外,罪犯的人际关系也是造成其犯罪的因素之一。心理矫治也包括矫治罪犯对人际关系的错误认知这一部分的工作。心理矫治可以帮助罪犯调适正确的人际关系,改善与他人的人际关系,让罪犯今后再面对社会生活中的人际关系挫折时能正确处理。

第五,减轻或消除神经症罪犯的症状。要使用专业的心理治疗手段来减轻或者消除患有神经衰弱、强迫症、焦虑症、恐惧症等神经病症的罪犯的症状。对于一些经鉴定确实患有严重精神病的罪犯,可以将其转到精神病院对其精神问题进行医学上的治疗。

第六,对有心理危机的罪犯进行危机干预。罪犯往往会产生一些心理危机。针对罪犯的心理危机,需要进行及时治疗,及时干预,及时通过心理矫治的方法去缓解罪犯的心理危机,使罪犯心理状态恢复至正常水平,并获得心理问题的自我解决能力,来预防将来可能发生的心理危机。

二、罪犯心理矫治工作的操作体系

我国台湾学者蔡墩铭在《矫治心理学》一书中把基于矫正改造的目的建立起来的心理矫治体系称为“矫治处遇体系”,并且认为可以将其分为教化、作业以及心理治疗三个方面的体系。罪犯心理矫治既要从心理层面对罪犯进行心理治疗,矫正其犯罪心理,对其进行矫正教育;还需要从社会层面上对其进行改造,培养其社会适应能力,让其能够在社会上生存,使其具备一定的职业技能,从而适应社会劳动。

以我国的实际情况以及监狱民警的长期的经验总结为基础,心理矫治主要可分为以下三个方面的体系:一是在日常管教工作中由监狱民警有意识地运用心理学原理进行的罪犯心理矫治,以及在罪犯中开展的心理卫生与心理健康教育。二是专业技术人员(心理医生、社会工作者、经过专业培训的监狱民警)开展的罪犯心理咨询与心理治疗。三是由监狱民警与专业技术人员相结合进行的罪犯心理诊断、矫治质量的心理学评估、再犯罪心理预测等项工作。

结合我国罪犯心理矫治工作的实践状况和现实需求,我国罪犯心理矫治工作以现代心理学理论为指导,在逻辑性以及科学性方面都较为完善,而且具有易于实际操作的特点,通过这一体系对罪犯心理矫治的内容、对象、方法和目的做具体的介绍,详细如表3.1所描述。

表 3.1　罪犯心理矫治的操作体系

项目	对象	方法	目的
罪犯心理评估（入监评估）	新入监的罪犯	心理测量、生活史调查、行为观察、谈话、犯罪事实分析	了解罪犯个性特征、社会心理缺陷及其他心理问题，为建立心理档案和实施矫治提供依据
中期改造评估	服刑中期阶段（或随时需要评估）的罪犯	心理测验、考核评定、调查	了解矫治的成效，为改进矫治计划、进行心理预测提供依据
释前改造评估	即将刑满释放的罪犯	心理测验、考核评定、调查	了解矫治的成效，为刑释后再犯罪可能提供参考依据
心理健康教育	全体罪犯	利用传播媒介进行宣传、专题讲座、课堂教育等	帮助罪犯发现自身问题，挖掘内在潜力，改变认知与行为，提高对监狱生活的适应性
罪犯心理咨询	心理基本正常或有一定心理问题的罪犯	心理分析法、认识疗法、行为疗法、患者中心疗法、支持疗法等	消除或缓解各种心理障碍，消除不良行为，增强自我控制和社会适应能力，重塑健康人格
心理预测和危机干预	心理预测面向全体罪犯；危机干预面向有心理危机的罪犯	直观测量、量表预测法等	把握罪犯心理发展变化趋势，了解他们心理问题的性质和程度，分析其重新犯罪的可能性，以便进行及时的预防或干预

三、罪犯心理矫治相关配套设施的完善

有了优秀的心理咨询师和经过专业培训合格的监狱民警,对于罪犯的心理防治工作来说还是远远不够的。如果不建立相关的配套设施,心理矫治的功能就不能很好地发挥,会影响对罪犯的心理问题的治疗。从目前我国监狱系统对心理矫治工作的重视程度及相应的配套设施的建立来看,这些措施包括建立倾诉间以及宣泄室、心理沙盘游戏室等,对罪犯心理矫治的工作发挥了很大的作用,缓解了罪犯的心理问题,从而减少了犯罪进一步发展的概率,也为罪犯出狱以后的生活指出了一条明路。

（一）倾诉间的开放

人有苦闷时需要说出来。说出来,心头就会轻松很多;如果憋住不说,不仅问题解决不了,久而久之,还会憋出病来,产生抑郁、焦虑等症状——罪犯的情况也是如此,他们处在刑罚惩罚和监狱的监管之下,有了苦闷很难与他人进行交流和倾诉,特别是每天还面对和自己同样拥有苦闷与焦虑的心理问题的罪犯,这就需要为他们寻找一个出口进行情感疏导和宣泄。为此我国的一些监狱在心理诊所内设立了倾诉间,为罪犯宣泄消极情绪提供了合适的空间。通过倾诉间,罪犯可以向人诉说自己心里的苦恼与迷茫,发泄自己的情绪。倾听者进行适当的疏导与安慰,消除罪犯的消极心理因素,稳定罪犯的情绪,防止和消除罪犯通过打架斗殴来发泄情绪的情况,维护监狱内的秩序,有利于对罪犯的管理。

（二）宣泄室的建立

宣泄室的功能与倾诉间的功能相同,差异点在于倾诉间是通过向人诉说的方式来宣泄情绪,有人进行相应的疏通及引导,而宣泄室里,罪犯可通过自己的行为发泄情绪,不需要通过对方的帮助。因为罪犯通常会以自己特有的方式来宣泄情绪,也不愿意别人看到自己情绪溃败的模样,所以在宣泄室里,设有一定的保护和隔音装置,情绪烦躁的罪犯可以在这里捶胸顿足,号啕大哭,或者嬉笑怒骂,尽情宣泄,而不至于对自身和他人造成危害。有些罪犯是因为暴力入狱的,在特殊的环境里因消极情绪的积累且不及时宣泄很容易出事,监狱设了宣泄室,罪犯心情烦躁时,不再去寻衅打架,大部分到宣泄室里寻求解脱。尽情宣泄后,罪犯的情绪平复下来,再去找心理矫治工作者进行交谈,通过心理矫治工作者的疏通与引导,获得一种平静心情。实践证明,这种方法对矫治罪犯心理是很有效的,调查发现,因为宣泄室的建立,暴力性攻击事件和因情绪焦虑得不到解脱而自我伤残的事件明显地减少了。

（三）心理沙盘游戏室的建立

沙盘疗法是指在心理咨询师的陪伴下,就医者从玩具架上自由挑选玩具,在盛有细沙的特制箱子里进行自我表现的一种心理疗法。沙盘疗法可以成为心理咨询的一个良好平台,帮助罪犯在简易而丰富的沙盘世界,将自我的心理冲突或矛盾通过这种非语言表达自我的方式进行释放和整理,使无意识意识化,整合自我,从而获得心理问题的解决。沙盘游戏疗法是国际上流行的心理治疗方法,用于心理咨询和治疗一线,通过创造的意想来表达自己,从而可以绕开面对面咨询遇到的阻挠,在自由、安全、保护、共情下交流,获得最佳治疗效果。

第四节 罪犯技能训练促稳

罪犯技能训练是针对罪犯狱内生产劳动项目和回归社会后谋生就业的需要所进行的理论和操作能力的培养,它也是教育改造促稳的一项手段,罪犯学得必要的职业技术能促使他安心改造,不必担心将来如何立足社会谋生,利于罪犯与社会的衔接。对罪犯进行技能训练,可以有力促进罪犯的思想改造,有利于罪犯重新树立正确的劳动观,进而影响其价值观、人生观和世界观。同时,对监狱生产而言,罪犯掌握劳动技术后,在劳动过程中,就会节能降耗,提高产品质量,减少和避免生产安全事故,使生产更加科学,增加效益;对罪犯个人而言,通过技能训练,罪犯掌握生产技术回归社会后,就有了一技之长,也就有了谋生的手段,从而最终成为自食其力的守法公民。

一个时期以来,刑释人员的重新犯罪问题是影响社会治安形势的一个重要因素之一,罪犯之所以犯罪,特别是刑释人员的重新犯罪,具有多种诱发因素,但不具备必要的生存技能是其中的一个重要原因。监狱要对罪犯的改造负责,就要牢牢抓住罪犯整个人生教育过程的改造阶段,充分发挥应有的职能,为罪犯架起一座新生回归的桥梁,授予他们一块安身立命的"敲门砖",交给他们一把自食其力的"钥匙"。特别是在当前社会就业形势日益严峻的现实面前,加强罪犯技能教育,实施刑释就业援助,将极大地有利于帮助罪犯掌握职业技能和求职技巧,增强其回归社会后的竞争能力、适应能力和生存能力,提高其生存发展素质,促进监狱工作最终目标的更好实现,是贯彻监狱改造工作宗旨、巩固改造成效的根本要求。

第一,根据罪犯的愿望和社会的发展需求,开展罪犯技能训练。面对社会主义市场经济的发展和日益激烈的就业竞争,监狱对罪犯的职业技能训练不能单一地以监狱生产为主,必须转向社会,以实用为目的,本着服务于罪犯出狱后就业需求的原则,根据不同罪犯的实际情况来进行。如开设电焊、电工、金工、钳工、维修、烹饪、服装等初、中、高级等可供选择的技能学习项目,有效地满足不同罪犯的职业需求,为他们提供出狱后赖以生存的手段。

第二,注重培养职业技术师。由于监狱工作的相对封闭性,以往的罪犯技能训练都是由监狱民警来完成。同时根据有关规定,也可安排一些有相关职业能力的罪犯来辅助民警完成教学工作。随着社会的发展进步和生产方式的转变,对教育者的职业素质和专业化要求越来越高,这就需要监狱专门对外聘请一些专业技术人才进监给罪犯开展技能培训;或者输送监狱人民警察到外面学习相关技术,考取资格证书再回来做教学工作,又或者向社会招考有相关专业知识能力的技工、教师等加入监狱民警队伍。毕竟在监狱中从事技能培训,既要有职业技术知识,又要有教学能力。

第三,遵循教育教学规律,提高罪犯学习的积极性和主动性。在技能训练过程中要充分尊重罪犯的主体地位,根据罪犯的不同特点因材施教、循序渐进,调动广大罪犯的学习热情。首先,监狱要根据罪犯的年龄、刑期、生活阅历、兴趣趋向、就业期待等对罪犯开展有目的、有计划、有组织的职业技能培训。其次,监狱在开展罪犯技能培训过程中,要紧密结合文化教育和思想教育,因为不少罪犯文化水平偏低。另外,基于罪犯的犯罪恶习,技能训练和监狱其他活动一样,也要以促进罪犯思想改造为出发点和归宿,技能培训的课程设置和教学实施、考核等环节都要充分体现思想教育的内容。

第四,促进罪犯技能训练体制的科学化、规范化、社会化建设。结合当前监狱的实际情况,以监狱教育改造科为基础,设立专门的教学机构,从领导成员到民警师资队伍,完善教学岗位的设置,划定各自工作范围,统筹安排,并落实好监督检查的职责,从机制上保障罪犯技能培训的科学化、规范化。科学化要求监狱工作必须把握教育工作的基本规律,研究和探索技能培训的有效途径、方法,合理配置人力、物力、财力等各种资源,提高罪犯技能培训的针对性和有效性。规范化要求监狱运用法治思维和法治方式,健全完善罪犯教育改造制度,规范技能培训的师资、教学要求、标准和内容等,从制度上保障罪犯技能培训的规范化。社会化要求监狱必须坚持以我为主,充分利用社会资源,调动社会一切积极因素教育改造罪犯,逐步形成以监狱警察为主、专职社会教师为辅、社会志愿者参与的罪犯技术教育培训体系。

加强罪犯技能教育,提高罪犯生存发展素质,长远看有利于罪犯刑释后的就业谋生、融入社会需求和帮助罪犯解决回归社会后生存问题,短期看有利于稳定罪犯思想和心理,是对教育改造罪犯职能的外拓和后延,是丰富和完善监狱教育改造促稳机制的题中之义。

第五节　罪犯文化教育促稳

文化具有改变行为人认知模式的能力。监狱以文化之力,以文化之功来改造罪犯,成为监狱行刑的发展趋势。监狱文化是指监狱在改造罪犯的实践中所建立起来的精神文化、物质文化、人文文化的综合。监狱文化概念的范畴极其宽泛,涉及监狱的物质层面,如监狱建筑、改造设施;涉及监狱的制度层面,如法规制度;涉及监狱的精神层面,如行刑理念、价值取向等。文化改造就是监狱在对罪犯的改造中,用物质文化、制度文化和精神文化之力去改造罪犯、去影响罪犯,如稳定罪犯思想与心理,纠正罪犯错误的认知模式,帮助罪犯树立正确的世界观、人生观与价值观等。

一、运用中华传统文化精华改造罪犯

中华传统文化是中华民族繁衍生息的不竭动力。中华传统文化是中华民族经由几千年发展流传下来的优秀遗产,是中华民族屹立于世界民族之林的精神支柱。"仁义礼智信""温良恭俭让""天行健,君子以自强不息"等都是中华传统文化的精髓。当前,中华传统文化受到西方文化和社会现代亚文化的不良冲击,深刻影响着罪犯的情感理念、行为习惯、信念和信仰。有些罪犯不认为自己的行为是不道德的,这种文化变异与中华传统文化相背离。通过罪犯传统文化教育引导罪犯提高道德修养和道德认知的水平,陶冶情操,转变原有的道德判断。

儒家认为:"礼之用,和为贵。先王之道,斯为美,小大由之。有所不行,知和而和,不以礼节之,亦不可行也。"意思是礼仪制度的应用,要以遇事做到和谐为贵。两千多年以前,古人就用礼仪制度来规范社会秩序而求得社会和谐。近年来,党中央发出"弘扬中华文化,建设中华民族共有精神家园"的号召,提出"大力弘扬爱国主义、集体主义、社会主义思想,以诚信意识为重点,加强社会公德、职业道德、家庭美德、个人品德建设,发挥道德模范榜样作用,引导人们自觉履行法定义务、社会责任、家庭责任"。依托传统文化的力量,继承和发展先进文化理念,促使罪犯形成健全的价值观。罪犯在社会主义核心价值观的指引下,在梳理情绪及处理各类矛盾和问题时,自然而然地就会以和谐的观念引导自身做出正确的选择,以"大道理"来管"小情绪",把"大道理"融入"小事务"之中。另外,有效强化对罪犯中华传统文化的教育,可以稳定社会转型期的监管改造秩序,避免罪犯在改造过程中的不良行为示范现象,通过弘扬先进文化,使罪犯充分认识到人生的价值在于服务他人、奉献社会。

二、促进罪犯文化改造自我教育

监狱教育改造的关键在于服刑人员的自我觉悟,而服刑人员的自我觉悟主要来源于自我教育。自我教育是一项积极主动、潜移默化式的教育方式,其核心是主动反思自己,反思自己不正确的人生观、价值观。加强自我教育是促进罪犯文化改造可持续提升的重要途径,要通过多种有效的自我教育方法、路径,引导服刑人员自主学习、自我反思、自我改造。

自我教育是在监狱教育改造工作实践中探索出来的新的教育形式,相对于传统的常规教育中强制性特点来说,自我教育更注重于受教育者的自觉性、主动性和渗透性,并在监狱民警的监督引导下,通过自学反思、互助启发、自觉渐进,在自我监督的过程中完成再社会化。相对于传统的罪犯强制性被动接受教育,自我教育是监狱主流文化内化为服刑人员的文化自觉。通过营造出一种积极健康向上的监狱文化,大大减少教育改造罪犯的阻力,有利于罪犯之间形成和谐的人际关系,以积极的态度对待改造和家庭中的挫折,合理解决罪犯之间的冲突,从源头上有效地预防和减少狱内犯罪的发生,最终形成文化教育和监狱教育改造促稳的良性互动。

三、以文化教育来提高罪犯学习的动机水平

加强技术教育与文化教育的有机联系,以学习知识的意义来激发动机,向罪犯说明人的知识水平影响着就业的起点,个人的知识结构影响着就业的方向,个人的知识积累影响着工作中的进步,让他们明白学习的意义以及给他们带来的利益,他们就会有学习的积极性。以知识致富激发学习动机,一方面向罪犯宣传当前社会分配不公正的现象在逐步解决,另一方面,还要向罪犯宣传唯有对知识的有效利用,方能促进发展,让罪犯看到知识水平影响收入,有助于提高其学习知识的动力,走知识致富的道路。以暗示方法提高动机水平,通过观察示范者的行为可以形成信心,所以应多让罪犯看到与自己水平相当的人的成功,这样就有一种替代性示范,如去了解刑释回归社会并取得成功或一定事业的回归人员的生活情况,以成功提高动机水平,目标定小一点,成功就多一点,表扬多一点,成功频率就高一点,反馈快一点,表现水平就强一点,同时把成功归因于罪犯的努力与能力,并暗示在以后的时间里还会取得更多相关成功,这会对他争取更大的成功起到巨大的促进作用。

四、把握各个时期文化教育改造罪犯的重点

在入监教育阶段,罪犯对监狱的改造生活有着一种深不可测的感觉,表现出彷徨忧郁,担惊受怕。罪犯最适合在这个时期进行文化重构。罪犯由于在入监前遭受了不良文化的侵袭,人生观、价值观已经扭曲不堪。对罪犯进行文化教育应该以把罪犯改造成社会新人为目标,以体现对罪犯的终极关怀为特色,突出原创性、贴近性和实效性,在包括价值追求、伦理观念、群体意识、生命激情、生活方式和思维方式等更高级层次上,加强对罪犯文化素质的培养和人文精神的重塑。

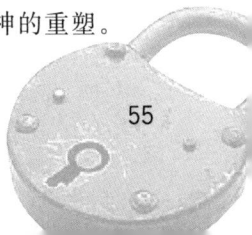

因此,对罪犯进行文化教育必须遵循逐步进行、循序渐进的原则。在入监文化教育阶段,需要有效发挥监狱的政府功能,从而产生引导的作用力。入监时期的罪犯文化教育,要注重针对罪犯入监时期的行为特征,规范文化意识,重点抓好《中华人民共和国监狱法》与《监狱服刑人员行为规范》的学习,要求罪犯形成法律意识、规范意识,对其进行思想教育,有利于正确引导罪犯投入监狱教育改造。通过对罪犯施行思想、文化、职业技术教育,绝大多数罪犯犯罪恶习得以矫正,文化知识水平有所提高,就业技能得以掌握,刑满回归社会后基本上能适应社会主义市场经济要求,从而达到净化心灵、重塑人生的目的,自觉成为守法公民。在出监综合教育阶段,主导这一时段教育的核心理念是让罪犯心中有希望,实现与社会有关方面和有关部门的有效对接,使罪犯生活就业有出路,实现憧憬有希望,未来有保障,重点是做好罪犯出监适应性教育。对罪犯进行职业道德、家庭美德、个人品德教育,主要从生存技能、生活理念、经营技巧、求职经验等方面教给罪犯重新融入社会后的入门之道,协助社区矫正机关鼓励他们融入社会,做好出狱后的衔接帮教工作,强化教育效果。

五、发挥文学艺术的矫治功能

监狱在罪犯中遴选罪犯报道员,开展文学写作交流活动,以板报报纸为载体,宣扬罪犯改造过程中出现的好人好事等先进典型事迹,用优美的文学作品鼓励罪犯走向新生。寓教于乐,丰富罪犯文化娱乐形式。每逢节假日及有特殊教育意义的时期,集中组织文艺会演、演讲比赛、趣味运动比赛等活动,在宣传栏张贴罪犯改造日常行为规范漫画。开展书法、美术作品创作,在开展大众艺术教育的同时,充分开展高端艺术品质教育。建立由监狱民警执导、罪犯参加的"新芽艺术团"或"育新艺术团"到监狱乃至社会上进行巡回演出。同时,利用现代传媒技术,在监狱专门播放监狱新闻和罪犯改造的具体事例,同时开展电视、网络进监舍,利用 DVD 和自摄的宣传片及动漫文化的引进与策划,拓展对罪犯进行文化改造的渠道与路径。

六、打造适宜物质文化

监狱建筑文化实质上是融建筑文化、传统文化精神与社会主义文化为一体的特质文化。监狱通过文化的渗透力借助物质实体辐射至监狱的每一个角落,以影响所有在押罪犯。高度戒备建筑文化体现的是以高戒备、高警戒度管理为主要内容特征的文化模式,低度戒备建筑文化体现的是以低戒备、宽管理为主要内容特征的文化模式。通过不断加大物质文明设施投入,改善监狱文化建设条件,建设生态文明监狱,落实"环境改造人"的改造理念。借助先进的物质文化和科学的行刑理念,使罪犯身心健康有保障,文化教育有载体,充分解决罪犯改造生活的后顾之忧,提升罪犯文化改造积极性。

第六节　罪犯适应社会能力培养促稳

对于从监狱中释放出来的人员来说,重建社会生活是他们面临的最迫切问题。在大量的犯因性因素中,与重建社会生活有关的因素,可能成为影响他们重新犯罪的最重要的犯因性因素。正如《肖申克的救赎》这部电影中摩根·弗里曼说的:"刚入狱的时候,你痛恨周围的高墙。慢慢地,你习惯了生活在其中,最终你会发现自己不得不依靠它而生存,这就叫体制化。"罪犯刑释后回到社会、回到其家庭后,他们非常渴望得到社会成员、家庭成员的认可与接受。但一些单位和个人不能够以平等、信任、关心的态度正确对待他们,而是故意冷淡、疏远、歧视他们,并将他们视为"另类"而避开。可见,如果罪犯释放后不能适应社会和重建社会生活,他们很有可能被社会遗弃,甚至不得不重新犯罪。因此,如何为他们顺利重建释放后的社会生活做准备,如何预防他们重新犯罪,就成为确立罪犯改造中必须认真考虑的一个问题。

我国《监狱法》第六十四条规定:"监狱应当根据监狱生产和罪犯释放后就业的需要,对罪犯进行职业技术教育,经考核合格的,由劳动部门发给相应的技术等级证书。"第六十六条还规定:"罪犯的文化和职业技术教育,应当列入所在地区教育规划。"所以,加大罪犯的职业技术教育力度,有利于三个方面:一是符合监狱的行刑经济化原则。通过罪犯的职业技术改造,创造社会价值。二是培训罪犯掌握职业劳动技术。监狱要主动与当地教育部门和劳动部门取得联系,争取他们的理解和支持,对经过培训考核合格的罪犯,发给国家予以承认的技术等级证书。三是罪犯刑满回归社会后,可以发挥自己在监狱学习到的一技之长,寻找就业机会,为自己谋出路,为社会做贡献。

一、广泛提供社会有用信息

在罪犯日常改造中,监狱应该尽可能地提供信息,如电视、报纸等,使罪犯能够较方便地知晓外界社会的发展变化。有条件的可运用现代科学技术手段,实施电化教育,使罪犯能够和普通公民一样能及时体会到信息社会的变化。一是逐步建立教育改造工作计算机管理网络,对罪犯开展远程多媒体网络教学等。二是大力推行互动化教育模式,引进教育学、心理学的最新研究成果,针对罪犯

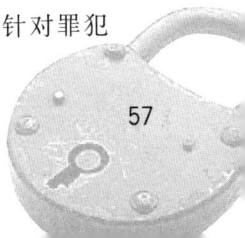

的特点,对罪犯进行教育改造。三是建立罪犯使用的计算机局域网,架设内网,使之成为监狱政策宣传、罪犯求知学技和情感倾诉的载体,有专人实施动态维护及更新。民警还可通过这个局域网,对罪犯进行心理咨询和思想引导,充分实现互动化的思想教育。四是利用虚拟技术进行社会角色学习。VR(虚拟现实)是一项综合集成技术,涉及计算机图形学、人机交互技术、传感技术、人工智能领域。它利用电脑模拟产生一个三度空间的虚拟世界,令使用者产生身临其境之感。监狱可以同科技公司合作,利用 VR 技术,设计研发出一款专门针对罪犯的社会角色学习游戏。例如可以设计一定的社会场景,将正确的价值观融入游戏,然后让罪犯在当中扮演一定的角色,令其在游戏的过程中潜移默化地树立正确的价值观。五是精心设计、拓宽载体,把体育、音乐、美术、书法、棋艺、文学欣赏等引入教育内容。应该采取"请进来,走出去"的办法广泛参与社会性活动,为教育改造罪犯创新方式、方法。如元宵灯展、书画展、服装设计展都可以邀请社会人士进监和罪犯一起交流学习,既帮助罪犯开阔视野,也让社会更加了解监狱的教育成果。

二、开展职业技术教育

在罪犯中广泛开展职业技术教育,提高技能素质。首先要转变劳动改造的观念,客观评价劳动改造的作用。由过去的"技术教育为监狱生产服务"转变成为"监狱生产为技术教育提供载体",监狱在选择确定罪犯劳动项目时,要与社会实际相结合,充分考虑罪犯的技能培训和回归社会的谋生、就业需要。职业技能培训要紧紧围绕具有社会实用性以及罪犯个人实际进行,如计算机操作、服装裁剪与制作、电工、钳工、汽车驾驶与修理、电器维修、医学、烹饪、连锁经营管理、营销等。罪犯如在释放时至少掌握一至二门实用技术,将大大增强回归社会后就业谋生、自食其力的能力。

三、训练罪犯的合作协调能力

现在的社会是一个合作与协调的社会。而大多数犯罪人的思想与社会主流意识格格不入,性格孤僻,缺乏合作与协调的理念与能力。因此,如何使罪犯认识到与他人的合作与协调的重要性,培养他们的这种意识,是衡量监狱的促使罪犯适应社会功能发挥有效与否的标准之一。监狱可通过经常性地组织集体性的体育活动和有益的集体性监区文化活动来培养和增强罪犯的这种合作意识。在组织体育活动时,应多组织需要合作与协调的体育活动,如篮球、足球、拔河比赛等。集体性的体育活动既能增强罪犯体质,又可以促进人与人之间的融合与沟通,消除罪犯与其他人之间的心理隔膜,扫除人与人交往的障碍。如组织监室文化大赛等,这样可以使罪犯通过相关的活动认识到与人合作、协调的重要性。实践证明,健康向上、丰富多彩的监区文化活动,不仅可以冲淡监狱环境对于罪犯的消极影响,并且还有利于减轻他们常年因自由受约束而产生的消极结果,从而可以减轻监狱对于罪犯日常生活的副作用。

四、建立和完善出监监区

监狱应设立出监监区负责即将刑满释放的罪犯适应社会的准备工作。监区制订计划帮助罪犯向社会过渡。过渡计划应包括普遍适用每一个罪犯的一般计划和针对特殊罪犯的个体计划,监狱除了对即将刑满释放的罪犯进行出监教育之外,对无家可归或是夫妻离异的特殊个体要有针对性地进行谈话开导。出监教育要求罪犯做到自我反省,深刻体会学法、知法、守法的重要意义,树立遵纪守法的观念。引导罪犯正确对待社会评价,正确设定期望值,积极转化消极态度,培养抗挫折能力,使罪犯刑释回归后能真正融入社会,成为社会人。

五、建立帮教网络,健全帮教制度

一是做好提前帮教。平时积极主动地向社会宣传监狱的教育改造工作,争取社会对监狱工作的理解、接受和支持,大力宣传监狱工作的方针、政策和改造罪犯取得的成效,大力宣传经过监狱教育改造回归社会后的刑释人员为社会做出的贡献,可通过组织罪犯汇报演出,加大社会影响力。刑释前,监狱联系罪犯所在市、县、镇的司法所,沟通安排好帮教工作。二是对即将回归人员采取"一帮一""多帮一"的谈心教育,给予人文关怀。特别注意"暖心"帮教,对无家可归的临释罪犯,先要使其安心,对入户、分地、生活困难者,注重雪中送炭,逢年过节将其纳入特困范畴予以照顾。三是要拓宽就业安置渠道,推进刑释罪犯就业市场化。通过劳动力市场解决其就业问题,鼓励自主择业、自主创业、自谋职业;制定和实施优惠政策,建立过渡性安置点。鼓励企业吸纳刑释人员就业,并给该企业或税收等优惠政策或给予相应补贴,推动就业市场化。四是开展就业服务,为即将刑释人员提供职业培训、就业指导、职业介绍、举办专场招聘会等就业服务来帮助他们顺利就业,并可延伸到监狱外。

第四章　监狱教育促稳机制的运行

机制是工作程序、规则的有机联系和有效运转。工作机制是一个相辅相成的整体,贯穿于工作的各个环节。首先,它是经过实践检验证明有效的、较为固定的方法,不因工作人员的变动而随意变动。其次,它本身含有制度的因素,并且要求所有相关人员遵守。再次,它是在各种有效方式、方法的基础上总结和提炼的,而方式、方法往往只是做事的一种形式和思路。最后,它一般是依靠多种方式、方法来起作用的,而方式、方法可以是单一起作用的。监狱教育促稳工作要建立和完善其运行机制或建立长效机制,需要具备以下三个核心要素:一是组织机构;二是规章制度;三是人员保障。

第一节　监狱教育促稳机制的组织

教育促稳作为监狱安全稳定保障体系的重要组成部分,应当组建运行机构,明确负责的监狱领导和部门人员。应由监狱牵头组成监狱教育促稳中心,联同基层监区对应民警组成监狱教育促稳队伍。

一、监狱教育促稳中心的职能和工作

监狱教育促稳中心是监狱为促进教育改造质量、实现监狱安全稳定而建立起来的机构。中心由监狱主管领导,教育改造科、狱政管理支队、监狱心理协会等相关部门领导和基层监区(分监区)领导组成监狱教育促稳中心委员会,设思想教育促稳组、行为矫正促稳组、心理教育促稳组。监狱主管领导兼任中心主任,定期召开中心工作会议,主导和掌控教育促稳工作进程;相关科室领导负责教育促稳工作的安排和落实;基层监区(分监区)领导配合抓好具体的教育促稳工作。

（一）监狱教育促稳中心的职能

一是制订监狱一段时间内的教育促稳计划。教育促稳作为监狱长期进行的一项工作,需要进行精心谋划,按计划时间长短,可分为以季、年为单位的短期教育促稳计划与三年、五年的中长期计划。短期计划任务指标包括季（年）度罪犯思想促稳教育课时、行为矫正课时、亲情帮教次数、心理咨询人数和罪犯心理问题矫治成功人数,三年、五年计划任务指标包括罪犯违规违纪百分率对比、罪犯行为养成情况的对比、罪犯心理健康情况的变化等,通过季（年）度计划的逐步实施来完成三（五）年计划,通过三（五）年计划的实施来促进监狱的长期安全稳定。

二是组织领导基层教育促稳工作。教育促稳中心对基层教育促稳工作进行安排,布置具体工作目标,直接领导基层教育促稳工作的开展。根据监狱不同阶段的工作要求,促稳中心要及时制定相关的教育措施并向基层单位安排适时的教育工作,基层教育促稳组织也要及时汇报情况,促稳中心给予基层教育促稳工作上的指导和支持。

三是日常监狱教育促稳信息的收集与处理。任何工作的进行都不会是一帆风顺的,总会遇到困难和问题,促稳中心要安排人员及时向基层了解工作的进行情况,对发现的问题进行归纳总结,制定解决办法。在教育促稳工作中遇到的罪犯教育疑难问题、难以解决的罪犯心理问题等需在中心集体会议上进行研究,安排相关领域的专家进行指导,循证找出最适合的对策措施。

四是相关人员的教育培训。提高民警担任罪犯教师的比例,罪犯思想促稳、心理健康教育的老师必须由民警担任。监狱教育促稳中心要定期对基层教育民警进行思想道德和心理健康教育的技能培训,不断提高民警教师队伍的素质。对基层促稳组织人员也要经常培训,如心理咨询师的培训,基层教育促稳组织中必须有一定比例的心理咨询师,要把罪犯的心理问题在源头进行解决。

五是基础的硬件设施建设。监狱教育促稳中心需要有一个办公室规模的三至五人来进行日常事务的处理。罪犯思想促稳的集体教育课堂应该是先进的数字化教室,可以进行视频教育,可以开展罪犯交互活动,使罪犯能够在一点一滴中学到做人的道理,使罪犯的思想道德在潜移默化中得到提升。社会帮教和亲情帮教活动中心要有一个可以容纳一定人数的多功能厅,既可以让家属与罪犯促膝谈心,也可以安排罪犯进行文艺演出活动等。心理咨询与矫治室应严格按照心理矫治的要求建立,提供较高水平的心理治疗。这些都是教育促稳中心必须具备的硬件设施。

（二）监狱教育促稳中心的日常工作

日常工作事项包括：组织罪犯思想促稳教育、开展社会帮教和亲情帮教活动、定期组织开展个人和团体的心理咨询与辅导。

组织罪犯思想促稳教育：以季（年）度来制订教育计划，安排教育工作。给不同文化程度的罪犯安排不同的教育，对刚脱盲的罪犯进行思想道德教育和文化教育相结合的基本教育；对初中、小学文化程度的罪犯要增加与之相应的政策、形势、前途等教育；对有高中以上文化水平的人就要结合国际国内经济、社会形势开展政策、形势、哲学、法学等内容的教育。对罪犯进行思想促稳教育的主要人员以民警为主，可以招聘社会专门从事相关教育的人员进行集体教育。根据民警的不同学历、不同专业，可以进行分组形成集体教育与特色教育相结合的教育模式，使罪犯可以根据不同的需要选择适合自己的教育方式和自己想要学的内容，也使民警组成的教育队伍能够发挥各自的优势。集体教育模式主要指根据罪犯的不同文化程度，实施以年级分班的教育模式。特色教育模式是根据罪犯各自的性格特征进行分类的教育模式，有利于对罪犯进行有针对性的教育与引导。

开展社会帮教和亲情帮教活动：利用社会资源，建立完善包括亲情帮教、法律服务、困难帮扶、社会助学等内容的社会帮教体系。教育促稳中心也是监狱开展帮教活动的一个对外联系机构，通过与社会组织、罪犯家属的联系使帮教活动能够正常开展，并取得预期的目的。积极主动地走访地方司法机关和社会帮教团体，并签订帮教协议，聘请社会帮教志愿者，开展形式多样、富有成效的帮教活动。监狱应当注重创新社会帮教新路子，除采用常规的每月分类会见、打亲情电话、书信进行亲情帮教外，还可采取"走出去、请进来"的形式，使帮教工作形式多样、内容丰富多彩，帮教功效进一步凸显。通过各种形式使社会帮教活动深入开展，使社会各界人士进一步了解监狱依法、公正、文明执法的良好环境，取得社会各界对监狱工作的关心与支持，有效地实现监地无缝对接，达到监狱主动融入社会综合治理的目标。开展社会帮教与亲情帮教，教育促稳中心需要提供一个场所，并对该场所进行必要的装饰，例如标语、大屏幕、舞台等。

开展个人和团体的心理咨询与辅导，加强罪犯心理健康教育：一是加强心理健康教育，营造氛围。监狱以监区心理辅导站为主体，组织相关心理咨询师对监区罪犯开展相应主题心理健康教育。监狱罪犯心理健康指导中心邀请相应专业心理辅导专家到各监区做相应的心理讲座与团体辅导。进一步取得社会各界对监狱工作的关心与支持，邀请社会相关团体组织来监加强团辅力量。以监狱教育专网、小报为媒介，宣传心理健康知识，为有心理疑问的罪犯答疑解惑。二是开展团体心理咨询,提高效能。团体心理咨询针对性强,咨询效率高,是对各类心理问题倾向罪犯进行心理矫治的首选。首先监狱通过排摸,确立相应类型的罪犯。其次由监区心理辅导站组织开展团体心理咨询,对于疑难问题,监狱教育促稳中心应充分发挥相关专家的作用,开展专业的心理咨询活动,创新团体咨询载体,丰富咨询形式,深化咨询效果。如采用游戏、现场情境模拟等新颖形式,加大参与力度,使罪犯融入咨询氛围。最后应当小结与提高,团体咨询的现场答疑环节最受罪犯喜爱,它既给罪犯创造了一个提出困惑、尽情倾诉的空间,又能让他们带着咨询师的宝贵建议满载而归,但也有不尽如人意的地方,要不断努力汲取经验,创新方法,同时也应当加强与社会力量的配合。三是强化个案心理矫治,攻克"顽石"。个案心理咨询针对的是心理问题突出的罪犯,其一般具有恶习深、犯罪思维固化、改造情绪不稳定的特点,是教育促稳的重点和难点,也是监管安全的极大隐患。对于该类罪犯,首先监狱促稳中心要组建一个心理矫治专家成员团;其次对其进行个别心理危机干预和心理援助,定期心理约谈,并建立《罪犯心理矫治专档》,及时对心理危机干预情况进行记录和总结;最后定期开展会诊与相互交流,以周期性的疗程来总结经验,完善相应规章制度。

二、基层教育促稳组织的构成

基层监区(分监区)作为监狱最小的组成单位,是监狱教育促稳工作具体实施的单位,其教育促稳的质量直接反映了监狱教育改造工作的效果。基层教育促稳工作由监区(分监区)的教导员(指导员)主管,监区(分监区)民警具体做好教育促稳工作。

教导员(指导员)主要开展全体罪犯的点名教育工作和重要罪犯的谈话教育工作,监区(分监区)普通民警主要实施各自包干罪犯的谈话教育和重点包夹罪犯的情况收集与汇报工作。基层教育促稳组织要按时完成教育促稳中心下达的任务,在实施教育促稳中发现的问题要及时总结并向教育促稳中心汇报,以便能让教育促稳中心进行指导解决。

第二节　监狱教育促稳机制的制度建设

制度是对监狱教育促稳机制运行所涉及的工作事项及各个环节做出规范,使教育促稳机制各项工作的开展都有依据的标准,同时也对机制运行状态的检查考核提供依据。我们所建立的制度要具有以下属性:一是指导性和约束性。

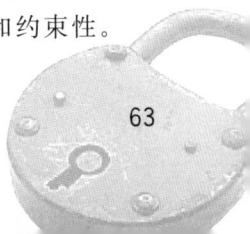

制度对管教民警从事教育促稳哪些工作、如何开展都有一定的提示和指导,同时也明确管教民警不得做些什么,以及违背了会受到什么样的惩罚。二是鞭策性和激励性。制度的制定是为了随时鞭策和激励管教民警从事制度所推崇的教育事务,从而达到教育促稳目标。三是规范性和程序性。制度对实现教育促稳工作程序的规范化、岗位责任的法规化、管理方法的科学化起着重要作用,为教育促稳工作提供可供遵循的依据。

基于制度建设的相关要点,我们认为教育促稳制度建设要基于监狱工作的实际,以提高罪犯教育促稳和本质改造效果为中心,完善教育促稳组织,强化和规范民警对罪犯的教育促稳工作,实现维护监管安全稳定,提升改造罪犯质量的目的。监狱要基于各自的组织框架来建构适合的教育促稳机构,完善专业化管理制度,将基层管教民警按罪犯改造的需要进行合理化分工,提升管教业务部门的组织协调性,发挥教育促稳合力。建议将监狱教育促稳机构进行扁平化设置,在监狱层面设立教育促稳中心,负责制订年度计划,确定相应负责人,每月召开一次会议,讨论教育促稳重要事项,制定对各监区(分监区)教育促稳工作的考核指标。各监区(分监区)成立教育促稳工作小组,落实计划、细化指标,具体完成教育促稳中心下达的各项任务,做好教育促稳工作,维护监管安全稳定。

在完善教育促稳组织的过程中,监狱首先应建立配套的规章制度,例如 XX 监狱关于开展教育促稳建设的计划纲要、XX 监狱关于教育促稳中心机构及人员的规定、XX 监狱关于教育维稳中心人员工作规定等等。其次监狱教育促稳中心要推进相应的工作制度建设,包括工作事项、职位设置及选拔制度、考核内容的制度、培训制度、奖惩制度、文化制度的建设等,这些制度的建设将使监狱教育促稳的制度骨架丰满起来,让它们发挥各自的功能。最后就是协调议事制度及监督和激励制度的建设。当教育促稳机构顺利运转起来的时候,教育促稳的组织制度建设就基本达到要求,而为了让它运转得更有效率,我们还需要从多个方面进行制度补充,具体可分为:一是协调性的议事制度。简言之就是教育促稳会议制度,这项制度可以充分发挥教育促稳民警的主观能动性,协调各方利益,促进教育促稳信息资源上下左右联动,提高工作效率。二是教育促稳的监督制度。为了充分发挥教育促稳作用,就要建立起有效的监督制度,将对人、事的监督统一起来,奖罚分明,提高效率。三是教育促稳的激励制度。激励制度相对于监督制度来讲是从行为人的内心出发达到提升制度效率的目的。每个人都是趋利避害的,要达到制度设计的目的,就必须从发挥制度的引导性,激励他们发挥自己的作用,包括表扬、物质奖励、晋升奖励等等。四是具体教育促稳制度。包括罪犯个别教育、点评教育、专题教育、社会帮教、亲情帮教等教育促稳制度。

一、协调性的议事制度

一是负责对监狱教育促稳工作中的重大问题以及重要决策事务进行研究；二是对涉及多方利益的矛盾与有关方面进行协调。

二、教育促稳的监督制度

一是民主集中制。对教育促稳工作的开展和重要决策的实行需要开会征求各方面意见，表决后再决定是否实施。

二是重大事项报告制度。各监区（分监区）开展的重要教育促稳工作、遇到的问题等应及时向监狱、教育促稳中心领导和相关管教业务科室进行汇报。

三是对教育促稳工作的考核制度。建立健全教育促稳工作考核指标体系，将教育促稳工作提升到制度化、规范化的范畴。

三、教育促稳的激励制度

主要是对从事教育促稳工作的民警进行激励，可以实行物质奖励、政治荣誉奖励和精神奖励，以形成良好的教育促稳工作氛围和合理的人才管理梯队。

四、具体教育促稳制度

（一）个别教育制度

个别教育是为解决罪犯个别的具体、特殊问题而采取的单独教育，是实践中教育转化罪犯思想，贯彻因人施教的主要方法，是我国教育改造罪犯的"传家宝"。个别教育时民警直接与罪犯接触，面对面地开展教育转化，因此它是促进罪犯教育改造的主要载体，是教育促稳和教育治本的主要手段。

个别教育是教育改造的基础工作，是解决罪犯个体具体问题的主要手段。通过对罪犯的个别谈话教育，了解罪犯改造的具体问题，针对性地开展教育引导，进而转化罪犯的不良思想，帮助树立正确的世界观、人生观、价值观。长期的个别教育会深刻地影响罪犯的思想和性格特征，有利于罪犯向积极的改造方向转化，产生良好的教育效果，提高罪犯的改造质量。

个别教育需要建立完善的制度体系，需要对民警开展个别教育情况进行严格的日常考核，通过制度约束来保证个别教育落到实处。

首先要建立个别谈话的指标体系。指标体系具有很强的导向作用，在指标体系的倒逼机制下，使其从制度上保障个别谈话教育落到实处。个别谈话指标主要就是"十必谈"指标。罪犯有下列十种情形的，包干民警应当及时对其进行个别谈话教育：一是新入监或者服刑监狱、监区、分监区变更时；二是处遇变更或者劳动岗位调换时；三是受到奖励或者惩处时；四是罪犯之间产生矛盾或者发生冲突时；五是离监探亲前后或者家庭出现变故时；六是无人会见或者家人长时间不与其联络时；七是行为反常、情绪异常时；八是主动要求谈话时；九是暂予监外执行、假释或者刑满释放出监前；十是其他需要进行个别谈话教育的。

其次要健全考核约束制度。前述已经讲到"十必谈"制度，罪犯有十种情况时，民警应当找罪犯谈话教育，但做到这点不够，还应当"月度谈""重点谈"。"月度谈"即包干民警每月必须找每名罪犯谈话教育一次以上。"重点谈"即对具有逃脱、行凶、自杀等顽危性质的罪犯（入监评估时列为高等级别的罪犯应当列为顽危犯），邪教类罪犯，涉黑、涉恶类罪犯，事务犯，具有军警、建筑、爆破、汽修等特殊技能的罪犯，"三假"罪犯以及近期情绪不稳定的罪犯，要重点开展好谈话教育工作。只作数量上的规定，而不作质量上的要求，这样的制度是不完整的，还必须明确谈话的质量要求，形成对民警个别教育完整的考核约束制度。对罪犯的谈话教育效果，要根据谈话教育后一段时期罪犯改造的现实表现，特别是当月、当季的改造成绩、遵守监规纪律程度等改造质量进行细化评估，从而确定民警个别教育的成绩，进而纳入民警的实效考核范畴。

（二）点评教育制度

点评教育是以分监区（监区）为单位，针对当天或一段时间罪犯改造实际情况进行的一种集体教育的形式。点评教育可以解决罪犯群体存在的普遍性、共同性的问题，有利于稳定罪犯的思想，营造积极良好的罪犯改造氛围。

点评教育是不同于个别教育的谈话教育形式。一方面由于点评教育的形式是集体教育，影响面广，可以节省大量的时间，相对高效。另一方面由于罪犯容易受到群体性的思想、文化、舆论氛围的影响，就会产生群体效应，在改造过程中的罪犯问题也具有群体性。若少数几个罪犯改造积极性下降，就会传递、影响到一部分罪犯群体，乃至罪犯整体的改造积极性。通过经常性的点评教育，引导罪犯形成较好的群体性特征，营造出良好的改造氛围，进而会促进罪犯个体的改造行为。同时，点评教育应和个别教育相结合，以达到较好的教育改造效果。点评教育旨在对罪犯群体性问题进行点评。而要了解罪犯的群体性问题就要在点评教育前通过大量的个别教育了解、掌握一段时间以来罪犯群体中存在的共性、倾向性问题。通过耐心、细致的个别教育，了解问题的起因、罪犯的表现形式和问题的症结。通过点评教育能够一针见血地对共性问题进行点评，给出解决措施，触发罪犯对个人改造问题进行思考并指引改正。当然，点评教育后仍然需通过个别教育对问题罪犯进行跟踪、反馈,既解决罪犯个体的问题,又解决群体性的罪犯改造问题。

点评教育制度一般有日点评、周点评和月讲评几种形式。

一是日点评教育制度。分监区(监区)日点评应对当日罪犯学习、劳动和改造过程中的现实事例进行分析,及时表扬好的现象,批评不良的倾向,进而明确提出对明日或今后罪犯改造的要求。日点评一般安排在傍晚或晚上时间,采用面对面的形式进行,队前日讲评一般在每天罪犯劳动收工后进行。

二是周点评教育制度。周点评应总结一周内罪犯的改造情况,肯定和表扬罪犯中积极改造的人和事;批评消极改造的人和事,以及罪犯中存在的不良思想,剖析原因和危害;布置下一步的改造任务,提出相应的改造要求;对罪犯普遍关注的形势政策和热点问题等进行答疑解惑、教育引导等。在周点评教育前主讲民警要事先了解一周内罪犯改造的基本情况和突出问题,特别是了解罪犯在劳动、学习、纪律、卫生等方面的情况。在点评教育时也要对罪犯改造的各个方面进行逐一点评,对罪犯一周内的热点问题进行重点点评。在点评完后,要组织罪犯学习点评教育内容,写思想汇报。分监区周点评一般安排在每周的最后一天进行(一般安排在周日晚上),采用面对面的形式讲评。

三是月讲评教育制度。月讲评应针对罪犯在一个月内纪律、劳动、学习、生活等方面的思想倾向、改造表现、群体性问题和具有典型性的个体问题等进行引导性教育。一般针对所管辖罪犯的犯情分析情况,并结合当今社会、政治、经济、文化发展形势,围绕监狱开展的教育改造工作任务展开,也可以结合监狱形势教育会、总结表彰会、减刑大会、社会帮教大会等进行。月讲评一般安排在当月月末进行,采取大会、广播等形式进行。

在点评前,监狱民警整队,服刑人员应队列整齐、秩序良好,民警警容严整、举止端庄、语言规范。在点评教育中,表扬和批评要客观公正,避免空谈、上纲上线的做法,并讲究教育策略,根据不同情况分别就现象、事由、本质开展正面的思想教育和斗争,并施之必要的教育攻势。对涉法问题、政策性问题一定要事先研究透彻,防止出现偏差。并与罪犯自我教育积极性结合起来,注意发挥事务性罪犯、积极改造罪犯的相互教育、相互帮助的作用,提高教育效果。在点评后,及时搜集罪犯中的反映,对罪犯反映出来的不理解或模糊认识进一步做好教育引导。对受到批评,思想有波动的罪犯,及时加强个别教育力度;思想波动较大、有危险的落实包夹包控工作。对接受批评、积极改造的罪犯要及时予以肯定和鼓励。通过点评教育,使罪犯明确提倡什么,反对什么;保护、鼓励和激发服刑人员中的积极力量和因素;遏制乃至消除服刑人员中的不良思想倾向和消极言行;调动罪犯的改造积极性。

点评教育不仅仅是监狱民警作点评的过程,还包括点评教育实施前的准备过程、组织过程以及点评结束后的学习巩固过程。民警要在前期准备上面下功夫,全面收集与点评教育相关的犯情动态。在点评结束后期的学习巩固过程则要注重教育反馈信息的收集。同时,要注重点评方式方法和内容的创新。点评的方式和内容直接关系到罪犯对点评教育的参与度,影响到点评教育的效果。好的点评教育是一场民警对罪犯的思想引导和教与学的互动交流。民警在点评时要基于双向互动式的理念,在点评技巧和语言方式上更加注重沟通交流方式方法的应用,在点评内容上要实事求是,符合罪犯改造实际,既能从正面鼓舞、激励罪犯,又能使"挨批"的罪犯心悦诚服地接受批评。点评教育不仅要求民警掌握许多教育技能,而且要求掌握各方面的知识,包括社会学、心理学、教育学、演讲学等。一方面要通过脱产专门培训、专业学习等方式积累民警的点评教育技能储备;另一方面要通过点评教育大比武等方式进行点评教育的实践演练,并邀请专家进行点评指导,提高民警的点评技能和经验。

(三)专题教育制度

专题教育是民警对罪犯改造过程中某一倾向性较强的问题专门采取的针对性教育,目的是强化罪犯对某一问题的认识。专题教育是罪犯教育促稳中的一种重要方法,罪犯在改造过程中伴随着许多的心理矛盾,而这些矛盾与问题存在一定的共同性、倾向性,可通过及时有效的专题教育使这些群体性问题得以解决,这有利于罪犯积极的自主改造,有利于监狱形成良好的改造环境。

罪犯专题教育是教育改造工作的重要组成部分。结合罪犯改造实际,开展主题鲜明的专题教育活动,如形势政策教育、心理健康教育、传统文化教育、感恩教育、悔罪教育、前途教育,这些专题教育活动有利于引导罪犯主动接受教育感化,使罪犯能够正确面对自己的改造实际;能够对罪犯改造中的一些重大问题和关切做出回应,使罪犯能够在改造中不迷失方向;有利于引导罪犯明辨是非、善恶、美丑,树立正确的改造观,提高罪犯改造的质量。特别是在罪犯中开展罪犯专题教育,要提高罪犯的参与性,使对罪犯的专题教育成果转化为罪犯的实际改造成效。要使罪犯的改造受益于罪犯专题教育,使罪犯专题教育能够指导罪犯的日常改造,能够打开罪犯的心扉,使罪犯从内心认同改造对自己的重要意义。要在专题教育的内容上和形式上体现罪犯改造的需求,使罪犯从被动接受教育、被动接受改造向主动改造转变。要使对罪犯的专题教育能够更有利于罪犯的实际改造,从而调动罪犯改造的积极性,提高罪犯主动改造的意识和行为。

专题教育制度主要包括以下几方面内容:

一是专题教育应当密切结合罪犯的改造实际。专题教育必须着眼于罪犯的改造实际。罪犯在改造过程中会遇到各种形形色色的问题与困难,如果没有很好的引导,就容易迷失改造的方向,丧失改造的积极性。开展专题教育就是要结合实际,回应罪犯对改造的重大关切,使罪犯在改造遇到问题时不气馁,不放弃,给罪犯改造指明方向,如开展形势政策的专题教育,就是让罪犯了解政府决策的背景与初衷,从而依照政策调适自己改造的努力方向。

二是专题教育应当与监狱重大活动结合。专题教育是对所管辖罪犯改造中的共性现象和突出问题进行讲评教育,目的是纠正、减少不良现象和防范某类问题。分监区(监区)专题教育可按照监狱部署的专项教育活动进行宣传、发动、布置。如监狱开展反逃跑教育活动时,分监区(监区)应适时开展反逃跑专题讲评,民警通过专题教育对罪犯进行深入细致、触及内心的讲解,帮助罪犯认清脱逃犯罪的危害,并重点对罪犯进行法律法规、政策形势、监规纪律、认罪悔罪等方面的教育,使罪犯清醒地认识到脱逃无出路,脱逃犯罪只会加重刑期、加重罪恶、加重亲人怨恨,只会让自己走上"不归路"。在讲评教育后要营造强烈的氛围,使罪犯深刻认识到实施脱逃行为的危害性,放弃错误思想,端正改造态度,自觉认罪悔罪,积极投入改造。再如监狱开展调犯活动时的专题教育,分监区(监区)通过专题教育传达监狱关于本次调遣改造罪犯的精神,使罪犯对调遣改造有正确的认识,并做好充分的心理准备。

三是专题教育应当和个别教育相结合。个别教育是了解、掌握犯情的有效手段,开展专题教育前首先应充分了解犯情,明晰罪犯最担忧什么,最关心什么,使后续专题教育有的放矢,深入罪犯内心。要通过个别教育等手段,了解罪犯在改造中面临着哪些问题,哪些方面是罪犯最关注的热点、焦点问题,再针对这些问题有针对性地开展教育,引导、帮助罪犯解决困难、问题。在专题教育后,仍然需要对一些重点人员开展个别教育,进一步巩固专题教育的成果,帮助罪犯理解、消化专题教育的相关内容,同时也为下一次专题教育了解犯情和积累经验。适时的专题教育是对罪犯诉求和呼声的及时回应,体现出政府对罪犯的人文关怀,有利于调动罪犯改造的积极性,营造罪犯改造的良好氛围,稳定监狱的改造秩序。

四是专题教育需要与监区文化建设相结合。监区文化对罪犯的影响具有渗透性和长期性,因此专题教育应和监区文化结合起来,通过有目的、有主题地推进监区文化建设,使专题教育不是对罪犯一时的教育,而是通过耳濡目染的文化影响对罪犯产生广泛、持久的作用。在某个时间段开展什么主题的专题教育,就要配套营造什么主题的监区文化,提高专题教育的影响力和持续性。

（四）社会帮教和亲情帮教制度

1.社会帮教

社会帮教是指监狱民警利用监狱以外的社会力量对罪犯进行教育改造的辅助教育活动。它通过社会教育资源的整合来实现教育改造的个别化、社会化，是监管改造机关普遍采用的一种行之有效的基本教育手段。它的作用在于能够使罪犯体悟到国家和社会、家庭的温暖，增强罪犯改造信心，鼓励罪犯在希望中改造；能够使罪犯感受到犯罪行为对受害者的伤害，正确认识量刑，促进罪犯责己思过、认罪服法；能够使罪犯及时感受到时代信息，开阔罪犯的眼界，调节罪犯狱内单一生活节奏，丰富罪犯的精神生活，促进罪犯的再社会化进程。

社会帮教是推进监狱工作社会化、行刑社会化的重要途径。司法部提出监狱工作的社会化要求，而社会帮教就是借助社会力量对罪犯进行教育改造。通过社会帮教，罪犯能够更多了解社会发展的信息要求，有利于罪犯接触社会环境，接受社会发展的价值理念、行为规范，促进罪犯转化，有利于罪犯刑满释放后更好地融入社会，降低罪犯刑释后的重新犯罪率，是罪犯再社会化的重要途径。我们应当加强对社会帮教的思想认识，提高开展社会帮教工作的积极性和主动性。本着以改造人为根本宗旨的理念对待社会帮教，发挥社会帮教在教育改造罪犯方面的重要作用。它既是对罪犯的人文关怀，也是教育感化罪犯、促进罪犯本质改造的重要手段。

社会帮教制度主要包括以下内容：

一是统筹社会帮教各方力量，形成社会帮教的合力。罪犯社会帮教是个系统的工程，监狱作为教育改造罪犯的主体，需要充分发挥主导作用，对内要健全社会帮教的协调机构，对外要负责对接政府相关部门、社会团体和帮教志愿者。按照"监狱主导、多方合作、整体推进"的要求，注重社会帮教的协调性、整体性，使社会帮教能够最大程度上整合社会资源。积极与地方政府、社区矫正部门及社区联系，组织、安排各批次社会帮教活动。通过媒体等方式开展社会宣传，广泛邀请社会各界加入社会帮教的队伍，使社会帮教能够集聚各方力量，把社会资源最大程度引入罪犯帮教工作。

二是加强社会帮教的整体规划，注重社会帮教的长期效果。建立社会帮教的长效机制，把社会帮教纳入教育改造罪犯整体规划中来，使社会帮教能够在人员、时机上契合其他教育改造行为，发挥社会帮教的综合效益。要在罪犯的改造实效上"做足文章"，使社会帮教切切实实转化为帮助罪犯改造成为合格公民、降低罪犯刑释后重新犯罪率的现实成果。

三是要创新社会帮教的内容和形式，提高社会帮教的实际教育作用。按照

"大教育观"的要求,把社会帮教与个别教育等教育改造罪犯的手段相结合,注重罪犯的改造实际,加强对罪犯的法制教育、道德教育、文化教育、职业技术教育,发挥社会帮教的教育效果最优化。如可以邀请公、检、法相关部门人员对罪犯开展法制教育,为罪犯的改造提供法律咨询和法律援助,解决罪犯的实际困难。又如可以邀请社会企事业单位相关人员担任罪犯的职业技术老师,为罪犯讲授职业技术知识,使罪犯能够学到一些职业技能,为罪犯获得新生打下职业技术基础。

2.亲情帮教

罪犯的亲情帮教是监狱对罪犯的教育改造中,通过罪犯家属对罪犯的亲情感化,促使罪犯在体验亲情中改造自己的思想、端正自己的行为的教育形式。亲情帮教是特殊的社会帮教,是社会帮教工作的重要组成部分。它借助罪犯的社会支持系统,以亲情感化为主要手段,促进罪犯的自我反省和自我教育,在罪犯教育转化过程中起到"四两拨千斤"的作用。

首先,亲情帮教可以稳定罪犯思想。监狱环境封闭,罪犯在监内的改造没有社会生活多姿多彩,心理极易压抑。重刑犯的服刑刑期长,改造过程中会遇到不顺和困难,心理波动大,包袱重。开展亲情帮教,通过亲情的感化使罪犯放下内心包袱,安心改造。同时亲情是罪犯除了自身改造以外最为关切的因素。在亲情帮教中,罪犯通过与其亲属的交流,寄托他们对亲人的感情,因此亲情帮教能够稳定罪犯的思想,坚定罪犯克服困难的信心和决心。其次,亲情帮教可以增强改造的动力。罪犯在监内改造过程中,亲情是罪犯的情感依托,也是罪犯改造前进的"不竭动力"。罪犯在认罪悔罪中,除了深刻认识反省到自己的罪行对社会和被害人造成的严重危害,同样对未能承担家庭责任感到愧疚。亲人的平安幸福是罪犯在监狱最为挂念的事。亲情帮教能够使罪犯在改造中感到有盼头,有念想,化对亲人的关心为改造的动力,保持长期的改造积极性。再次,亲情帮教体现政府对罪犯的人文关怀。监狱是惩罚和改造罪犯的场所,除了让罪犯感受到法律的威严外,通过亲情帮教,使其感受到亲情的温暖。这彰显我国"教育人、挽救人"改造政策的正确性,保障了罪犯的基本权利,充分体现出我国法律的人性化。

亲情电话和亲情会见是亲情帮教的两种常见形式。电话是罪犯与亲属联系交流最为方便的手段之一。通过亲情电话,罪犯可以与亲属交流感情、沟通信息,体会到亲情的温暖。亲情会见是罪犯和家属在监狱会见室面对面交流的一种形式。通过面对面的交流,罪犯的思亲之情得到纾解。罪犯可以向家属当面倾诉自己在监狱的改造生活,表达对亲属的思念之情;也可了解自己家庭目前的状况,消解疑虑,鼓励自己在监狱中安心改造。

开展亲情帮教的形式多种多样,但必须在法规制度的允许范围之内进行。亲情电话需由专职民警负责管理,通话内容受到监听记录。民警通过监听了解掌握罪犯在打亲情电话后的情绪变化,便于民警引导教育罪犯下一阶段的改造。如果监听了解到罪犯的家庭变故,必须及时找罪犯进行个别谈话教育,引导罪犯的思想,稳定罪犯的心理情绪。亲情会见必须按规定办理,按制度不符会见要求的不得会见。

制度建设是一项烦琐的系统性工程,不可能毕其功于一役,需要不断修改完善。要发挥教育促稳制度的作用,设计十分重要。当然在制度执行之中,路径依赖、思维固化、制度僵化也是十分危险的,这就需要民主科学的制度设计。所有这些都充分考验着制度的建设者们。

第三节　监狱民警的教育改造促稳能力建设

一、牢固树立正确的教育改造理念

教育改造是监狱工作的中心任务,提高教育改造质量是监狱一切工作的出发点和落脚点。教育改造是"一把手"工程,主要领导的主要精力、主要时间都应放在抓好教育改造工作上,监狱各项工作都要着眼于促进和提高教育改造质量来开展。安全稳定是监狱工作的前提,是做好教育改造工作的基础保障,但教育又是确保安全的攻心治本之策。"人防、物防、技防"是确保安全的重要手段,管理、教育、劳动都是改造的重要手段,但能从源头上稳定罪犯思想,稳定罪犯心理的还是教育。

各级领导和广大民警要真正树立"向教育要安全、要成绩、要效益"的工作理念,摒弃和改变那些认为教育是软任务,搞教育难出成绩、难有作为的错误认识。做好罪犯教育要正确处理好改造和生产的关系、管理和教育的关系、教育主体和客体的关系、继承和创新的关系、安全与发展的关系、监狱和社会的关系,使教育改造工作贯穿于监狱工作全过程,真正构建出大教育格局,打造出内涵丰富、特色鲜明的浙江教育模式。

二、不断推进教育改造的创新发展

创新是教育的源泉,是教育发展的动力,浙江教育模式的打造必须继续在创新上下功夫。针对当前占罪犯主体的"80"后罪犯、外省籍罪犯、短刑犯、限减犯的改造状况和改造需求,要以调查研究为前提,以罪犯改造需求的调控、引导和实现为切入点,进一步创新教育改造方法、内容和手段。要以方法创新为基础,不断增强教育改造工作的时代气息。遵循互动、认同、内化的教育规律,结合形势发展、监狱实际和罪犯思想水平、认知能力,改变以"我说你听""我教你学"等单向强制灌输为主的教育方式,积极借鉴和运用现代人际沟通理论和现代教育手段,增强罪犯自我改造和选择性教育的程度,实现教育方法由静态性向动态性转变、由单向性向互动性转变、由说教式向讲理式转变。要充分发挥现代媒体、信息网络技术的作用,创建教育改造专网、在线点播系统,使教育形式更富时代感,具有多样性。要以内容创新为重点,不断提高教育改造工作的内涵。内容创新要立足罪犯改造期限,基本上以三年为一个基本阶段,在内容选择、设置上分层分级,体现教育的递进式发展。思想教育突出现代公民基本素质的培养,教育罪犯树立以守法立足社会的观念,着重开展传统道德教育、现代公民道德规范教育、法律常识教育、权利义务教育和形势教育。行为养成教育要突出遵守监规纪律的要求和自我约束的要求。技术教育应突出社会发展对人的适应性要求,着重开展实用性职业技能培训。要以手段创新为支撑,不断丰富教育改造工作的针对性。注重文化对人的熏陶作用,坚持"体现监狱功能、突出改造主题、承载人文精神"的文化建设思路,开展系列监区文化活动,提高监区文化建设的品位和影响力。发挥心理矫治手段的作用,提升心理矫治工作水平,使心理矫治成为基础性、常态化工作;注重监狱系统教育资源的整合,提高教育工作实效;积极借助社会力量,发挥社会教育资源的作用,实现监狱与社会教育资源的有机整合。

三、强化教育改造队伍的专业化建设

教育改造队伍专业化、职业化建设是加强教育改造能力、提高教育改造质量的核心问题。从源头上提升民警的专业素质只是基础,关键还是入门后如何培养的问题:

一是在建立健全民警职业教育训练科学机制上下功夫,要开展形式多样的教育培养活动,定期开展继续教育、专项培训活动,建立教育改造专家培养库,积极培养教育改造工作骨干,构建"分监区有能手、监区有行家、监狱有专家"的人才格局。积极实行骨干人才充实一线措施,在基层一线培养专家,让专家在一线"沉淀"。在基层一线的专职民警,每年都有一定的课题任务,把民警日常教育改造工作与课题研究结合起来,将罪犯教育转化作为循证矫正课题对待,提高训练的针对性和科学性,推进罪犯教育团队的专业化程度。

二是要在积极建立不同等级类型的教育改造民警体系上下功夫。监狱改造工作的精细化,关键是民警教育管理工作的精细化。要逐步形成在专家带领下

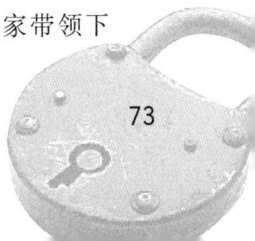

的职业化教育团队,建立数量合理、人员稳定、业务精干的民警专职教师队伍、心理咨询师队伍、个别教育专家队伍,建立规模一定、乐于教育的民警兼职队伍。对于监狱教育专职民警,要分类分级开展培训,心理咨询师必须持证上岗,民警专职教师要逐步推行持证上岗。要深入挖掘监狱内部教育资源,聘请有教学特长、热心教育工作的民警担任专兼职教师,选拔各业务线的骨干民警组建讲师团,充分发挥女民警优势,有针对性地开展辅助教育。

三是要在打造热爱教育、努力学习的民警队伍上下功夫。教育是一门学问,是一门艺术,但不能因此而产生畏难情绪,要坚定信心,努力加强学习。教育改造线上的每位民警,都要重视学习和坚持终身学习。学习是工作的迫切需要。只有学习才能应对新情况,完成新任务;只有努力学习,才能精通业务、提高能力,工作才能做出成绩。人与人之间能力和水平的差距主要在于学习上的差距。学习是一个人的终身之事,不学习就会落后,就会被社会淘汰。学习应当成为一种习惯,是人生、生命的组成部分。要通过完善体制机制,加强理想信念教育,引导广大民警热爱教育事业。

四是培育基层教育促稳队伍。针对当前基层民警教育改造能力不足的突出问题,要不断推进基层民警专业化建设。积极完善教育改造民警的选拔和培养机制,建立不同等级、类型的教育改造民警体系,包括民警教师、心理咨询师、个别教育民警队伍,建立数量合理、人员稳定的罪犯教育团队。要充分发挥女民警优势,成立女警讲师团、心理咨询团等。要充分借助社会资源,加强民警的职业教育和在职训练。进一步探索和创新激励机制、民警教师课酬制,鼓励广大民警把做好教育改造工作作为基本责任和法定义务,作为展示才能、成就自我、不断成才的重要舞台。

第五章　监狱教育改造促稳的方法创新

依法对罪犯实施教育改造是新中国监狱工作的一大特色。随着监狱布局调整和"5＋1＋1"改造模式的推行，罪犯教育改造工作得到了进一步加强。特别是把教育改造作为监狱工作的中心任务以及循证矫正、修心教育的提出，使罪犯教育资源得到扩充，方法和手段不断创新，教育改造质量不断提高，为维护监狱安全和社会稳定做出了贡献。但是，在看到巨大成绩的同时，也必须清醒地认识到，我们对教育的认识还不够全面，传统的教育改造方法还存在一些问题，没有建立稳定的教育促稳与治本长效机制，亟须通过体制机制、手段方法及内容的创新来解决。

第一节　传统教育改造的方法

一、传统教育改造方法概述

教育改造方法是指监狱以教育改造罪犯为目的，在实现教育转化罪犯的活动过程中所运用的方式、程序、手段和技术等一系列行为模式的总称。教育改造方法是教育改造工作原则和客观规律的体现及具体反映，正确运用各种教育改造方法，对提高教育改造质量、实现改造人的目标、完成教育改造工作任务具有重要的意义。

新中国监狱教育改造坚持惩罚与改造相结合，以改造人为根本宗旨，成功探索出系统性的教育改造罪犯的方式方法。教育改造罪犯实行因人施教、分类教育、以理服人的原则，采取集体教育与个别教育相结合、狱内教育与社会教育相结合的方法。监狱对罪犯的集体教育包括法制、道德、形势、政策、前途等方面的内容。以满足罪犯改造情感需求为目的，对罪犯进行亲情帮教、社会帮教。推行监区文化建设，满足罪犯改造的文化需求。在罪犯中开展主题鲜明、导向明确的专项教育活动。在个别教育中贯彻因人施教的原则,根据不同的罪犯制定个性化的教育矫正方案。民警对所包干罪犯要求熟悉"四知道",即知道罪犯的基本情况,包括罪犯的姓名、年龄、特征、文化程度、捕前职业;知道罪犯的犯罪情况,包括犯罪性质、原判刑种、刑期、释放日期、犯罪案情;知道罪犯的家庭和社会关系情况,包括籍贯、亲属、主要社会关系;知道罪犯的改造表现情况,包括认罪态度、行为表现、奖惩情况等。"四知道"方法的重要意义在于对所包干罪犯的情况要深入认识和全面掌握,这是对罪犯进行个别教育的前提条件。没有对罪犯深入的认识,就无法熟知罪犯的基本特点,就不能做到"对症下药",也就无法对罪犯开展有效的教育改造活动。传统的认识罪犯是在"四知道"的基础上发展而来的,通过了解罪犯的家庭背景、文化程度、生活经历、犯罪详细过程、改造表现等信息,进而把握罪犯的认罪服法态度和行为规范养成,这些是对罪犯开展教育与管理活动的基础和前提。

老一辈民警对罪犯改造的成功经验总结和对改造的规律认识是我们教育改造罪犯的"传家宝"。在新时期,继承和发扬传统的教育改造经验和方法,并不意味着对传统教育方法的机械套用,而是要在继承的基础上大胆创新、科学创新。当前,监狱在押犯的构成日益复杂,重大刑事犯、暴力犯、涉黑涉毒犯等罪犯数量不断增多,改造与反改造斗争日益尖锐,滋生和诱发犯罪的消极因素增多,改造罪犯的难度加大。面对新时期改造罪犯出现的新问题、新特点,如果只是照搬传统教育改造方法中针对过去罪犯的一些做法而不结合当前实际,就无法实现传统教育改造方法在当前改造工作中的成功应用,也就不能有效地对罪犯进行科学、全面的改造。因此,在新时期坚持、继承发展传统教育改造方法,必须对传统教育改造方法进行完善与创新。如传统的罪犯"四知道"的信息更多的是在描述罪犯过去的经历,不能显示罪犯在漫长的改造过程中的动态变化,更无法科学地对罪犯改造出现的新问题进行预警。因此在应对日趋复杂的犯群结构和日益复杂的狱内犯情,就必须在掌握罪犯"四知道"信息的基础上,纳入新技术、新方法,如心理矫治就是针对罪犯的心理动态变化,根据罪犯的个性特点和心理特征实施的个性化的矫治方案,帮助罪犯度过每一个心理波动期,从而实现对罪犯的稳定改造。

2008年6月,监狱主管部门提出:"监管场所要把改造人放在第一位,通过创新教育改造方法,强化心理矫治,提高罪犯改造质量,真正使他们痛改前非、重新做人。"教育改造是监狱中心工作观点的提出,凸显了教育改造工作的重要性,也对创新教育改造工作方式方法提出了更高的要求。传统教育改造方法的完善必须以维护监管安全稳定为首要政治任务,坚持以人为本的原则,紧紧围绕提高教育改造质量这个中心,更加注重教育改造罪犯中实施差别化教育,更加注重罪犯改造的思想和心理，更加注重教育改造的实效性，从而实现罪犯在监狱的长期稳定改造，最终实现罪犯向合格守法公民转变。

二、传统教育改造方法的发展

（一）个别教育

个别教育是为解决罪犯个别的具体、特殊问题而采取的单独教育，是贯彻因人施教，在实际教育中转化罪犯思想的主要方法。个别教育是监狱民警对罪犯开展的面对面教育，是最直接的思想交锋和情感交流。一方面，通过面对面的教育，对罪犯的正确思想给予表扬鼓励，对错误的思想给予批评帮助，并循循善诱地进行教育引导，使罪犯的思想得到转化。另一方面，通过面对面交流，关注罪犯的内心世界，缩小双方的心理距离，引导罪犯解决改造中的实际问题，这有利于促进罪犯的自我改造。由于罪犯的个体特征、犯罪原因、改造难度等不同，需要民警因人施教，"一把钥匙开一把锁"，采取适当的方式对罪犯进行谈话教育。在罪犯遇到改造困难时，要循循善诱地进行引导、帮助，在罪犯违规违纪时要给予严厉的批评教育和妥当的处理，要寻求对罪犯教育的最佳方式，把握转变罪犯思想的最好时机，掌握对罪犯处理的尺度，努力争取最好的教育效果。况且，罪犯的思想是动态的，是不断变化着的。现在的思想稳定不代表以后一段时间的思想稳定，一时的思想稳定也不代表较长时间的思想稳定。要确保罪犯长期的思想稳定，就必须做好罪犯思想波动期的稳定工作。个别教育就是要根据罪犯的思想变化、情绪变化，针对性地开展教育引导，帮助罪犯解决改造中的各种问题，从而稳定罪犯的思想。

当然，个别教育在当前对教育改造质量要求提高及罪犯改造多元化的大背景下存在着内容空泛、手段单一、功能弱化等问题。解决这些问题必须着眼于个别教育的内容提升、方式创新、制度保障。

一是要引入心理学等学科理论。传统的个别教育多是基于民警管教罪犯的经验和管教业务知识。然而，仅仅依靠这些难以适应新时期多元化社会下罪犯千差万别的个性特点和多元的犯因性问题。因此，在个别教育中必须引入现代管理学、统计学、犯罪学、教育技术、信息技术、心理咨询和矫治技术等作为研究罪犯教育改造的理论基础和技术支撑，特别是强化心理咨询和矫治技术在个别教育中的应用具有十分重要的意义。罪犯的心理稳定是罪犯稳定改造的基础。如果罪犯的心理出现不稳定，即罪犯为心理问题和不良情绪所困扰，将丧失积极改造的精神状态，提高改造的质量就无从谈起。而长期的心理问题和不良情绪积累容易使罪犯丧失理性，走向极端，一些监管安全事故也由此引发，因此对罪

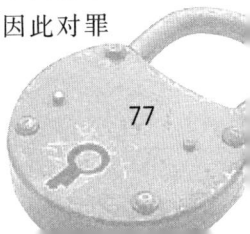

犯的个别教育需从与罪犯的心灵沟通开始。在对罪犯的个别教育中要充分应用心理咨询和矫治技术,在耐心倾听中深入挖掘罪犯出现心理不稳定的深层次原因,如家庭思想负担较重、人际关系紧张、改造成绩压力等等。通过心理咨询帮助罪犯分析问题,克服情绪困扰,找出自我解脱和治疗的方法。通过长期的心理矫治,对罪犯的残缺性心理和人格进行矫正。

二是方法创新。传统的个别教育模式是一对一的教育模式,即对于一名罪犯的教育转化主要由一名民警负责。一对一的教育模式优点在于民警能对特定罪犯教育改造的主体负责,有利于民警对特定罪犯的全面了解和掌握,便于民警集中精力对特定罪犯进行个案矫治。不足之处则是教育改造效果受制于民警的个人素质和管教能力。在个别教育方法中可以引入多对一的模式,即成立对罪犯的个案矫治小组:一名民警对一名罪犯主要负责,同时,搭配其他几名不同年龄、经历、个性结构的民警共同参与,团队运行模式有利于对罪犯进行多角度、全方位的把握,群策群力制定出完善的罪犯个别化矫治方案。对罪犯的个别教育还可以采取多部门联合攻坚的模式。这种团队模式优点在于实现个别教育的精细化和专业化,特别是针对教育改造难度较大的罪犯有较强的效果。其运行模式是建立罪犯矫治团队,包括牵头负责的监狱领导、资深管教部门专家级民警、心理矫治民警、确立对罪犯负责的监区领导、分监区包教民警等。通过各个部门的联动,整合监狱各有关部门的资源,使罪犯改造能够得到民警的全面指导,做到民警的教育改造和罪犯的自身改造无缝对接。又如对罪犯的个别教育中可以引入女民警资源,通过网络等手段实现对罪犯的心理咨询和个别教育。

三是规范个别教育的制度体系。要使罪犯个别教育达到规范的要求,必须以制度来保障。完善个别教育制度,就要建立个别谈话的指标体系、考核约束制度和功能强化机制。指标体系具有导向作用,在指标体系的指引下实现对罪犯个别谈话教育的科学化和规范化。考核约束制度则是通过制度对个别教育进行倒逼,使个别谈话教育的实施情况得到制度保障。对于罪犯的转化效果,要根据教育转化后一段时期罪犯改造的现实表现,特别是当年的改造成绩、遵守监规纪律程度等改造质量进行细化评估,从而确定民警教育转化罪犯的成绩,进而纳入民警的绩效考核中。功能强化机制则是通过对民警的一系列培训,提高民警的个别谈话教育能力,强化个别谈话教育的实效。工作目标的落实,人才是关键。针对这几年新招录的青年民警较多且处于教育改造一线的实际,要着重加强对青年民警的"传帮带"。通过脱产培训、专业学习等方式提高青年民警的个别教育能力,特别是加强青年民警对社会学、教育学、心理学知识的掌握,从而有利于更高层次个别化教育的开展。

（二）监区文化建设

监区文化指监狱在长期的监管改造活动中逐步培育并为罪犯所认同、吸纳、遵循,且带有本监狱特色的监区环境、改造目标、价值取向、行为方式、道德规范等构成的行刑风尚和改造氛围的总和。监区文化是传统教育改造方法的重要组成部分,是监狱教育改造理念的体现。

良好的监区文化能够渗入罪犯的生活,提高罪犯的文明素质,激励罪犯的自主改造。但部分监狱民警在监区文化建设上的认识仍然停留在传统的文体活动本身,对监区文化影响罪犯改造的功能和价值认识不深。在监区文化建设上存在着形式主义,没有达到纳入罪犯改造整体规划的高度。解决这些问题必须从认识、方法、体系上加以推进。

一是监区文化建设必须解决观念适应问题。监区文化建设作为教育改造罪犯的手段对罪犯的影响具有长期性和潜在性。罪犯在监狱长期改造过程中必然受到所接触的监区文化的影响。如从罪犯入监开始就通过入监教育所形成的认罪悔罪文化使罪犯深刻认识到自己所犯的罪恶,进而在监狱自我改造,脱胎换骨,重新做人。正是监区文化对罪犯的潜移默化的文化改造,才能够把改造的触角伸入罪犯改造的每一个环节,融入生活的方方面面,深入罪犯的思想和心灵,使罪犯能幡然醒悟,痛改前非,重新做人。积极健康的监区文化能够调动罪犯改造的积极性,不断矫治自身的恶习,提高改造的质量。

二是监区文化建设必须体现政府对罪犯的人文关怀。先进的文化具有很强的向心力。罪犯在融入群体中时,必然会产生具有向心力的监区主流文化。监区文化对罪犯的改造具有潜在性和非强制性,容易使罪犯体会到政府对自己的教育挽救,激发自身改造积极性,加快自身改造步伐,进而早获新生。另一方面,罪犯在服刑前普遍素质不高,缺乏法制观念、是非观念、道德观念。而在监区主流文化中融入社会主义核心价值观教育和八荣八耻教育等主题教育,能够提高罪犯的法律意识,促使罪犯形成正确的是非观念和道德观念,对罪犯的缺失人格做一些弥补,有利于罪犯在思想上、行为上的深层次的转变。

三是监区文化建设必须贯穿罪犯改造的整个过程。监狱工作应当服务于罪犯的改造,监区文化建设同样也要服务于罪犯改造。监区文化必须融入罪犯改造的各个环节,使监区文化全天候服务于罪犯的改造工作。必须改变文化改造罪犯的孤立手段,把监区文化建设渗透到罪犯教育改造、劳动改造、监管改造的全过程,融入罪犯改造生活的每个角落,纳入监狱改造工作规划的高度,使监区文化对罪犯的改造无处不在,无时不在,使监区文化建设的效果通过罪犯改造的实际质量得以检验。在每名罪犯改造中能够伴有监区文化的作用,监区文化渗

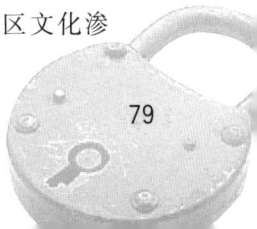

透到教育改造、劳动改造、监管改造中的任一环节。

监区文化对罪犯的改造作用是潜在的和隐性的,通过文化环境的熏陶,使罪犯融入监区文化,并使监区主流文化中的优秀价值和先进理念内化为罪犯的精神财富。教育改造是直接的、显性的,通过对罪犯的教育,使罪犯接受正确的思想观念,规范自己的言行。而监区文化渗透到罪犯的改造与生活中,通过"润物细无声"的影响方式长期作用于罪犯,不仅能够巩固对罪犯教育改造的效果,而且能够内化于心,外化于行,使罪犯的恶习得以矫正。在某种意义上说,监区文化和教育改造是相辅相成的。

监区文化主要包括以下三方面:

1. 法治文化

在罪犯的管理中强调法制观念,逐步培养罪犯的法律意识,不仅是教育改造的重要内容,也是罪犯改造的客观需求。罪犯在犯罪前,由于法律意识的淡薄,因而失去了预防犯罪的最后一个关口。罪犯入监后,经过深入的认罪悔罪后,对于自己因不懂法、不知法、不守法而失足犯罪体会较深,因而对法律的认知需求较为强烈。如果民警因势利导,在教育改造中强调法律意识对罪犯改造的极端重要性,能够在监区文化中形成强烈的法治文化,则有利于罪犯在法治文化中得到熏陶,逐步培养知法、懂法、守法的意识,有利于他们深刻认识犯罪根源,促使自己痛改前非,重新做人,有利于培育守法的新的合格公民,降低重新犯罪率。

2. 道德文化

在罪犯的成长过程中,道德的缺失是人格不完整的重要体现,也是他们走上犯罪道路的重要诱因。在罪犯改造中播撒道德的种子,触及罪犯的灵魂,使罪犯深刻认识到自己的罪恶,从而深刻认罪悔罪,用自己的改造成绩来感恩政府的挽救。因此,监区文化中的道德文化使罪犯能够感受到道德的魅力,形成核心价值观、思想观、生命观,使罪犯能够明辨是非,促进罪犯道德品质的升华。从罪犯服刑前不守道德,到入监后能处处看到罪犯礼让、互督互帮这些基本的道德理念在罪犯身上体现,这一可喜变化显明地体现了监区道德文化的"春风化雨"。

3. 传统文化

5000 年的中华文化是我国最宝贵的财富。中华文化中强调的爱国、利他等价值观念至今在现代社会仍然"熠熠生辉"。让罪犯接受我国传统文化的洗礼是充分调动罪犯改造积极性的有益因子。传统文化的熏陶,促使罪犯成为有文化底蕴的人,这也是文化改造罪犯的有益途径。

在监区文化建设的实践上,没有固定的模式和方法,只要有益于罪犯思想与心理的稳定,有益于促进罪犯改造,各种方法都可以大胆探索与尝试。如浙江省某监狱通过心灵讲坛等形式推进罪犯心理健康文化建设。监狱常年开设心灵讲坛,民警讲授心理学知识,以及讲解心灵规范。几年坚持下来,现在心灵讲坛已成为罪犯的一道精神盛宴,许多罪犯在听了心灵讲坛后受到启发和鼓舞,心灵得到了净化,许多一直困扰着他们的心理烦恼得到了化解。同时心灵规范也深深地影响到罪犯的改造上,他们的精神面貌为之一振,改造的自信心和积极性提高了,行为养成改善了。心灵讲坛的开设在罪犯中兴起心理健康热,营造出人人关注心理健康,人人追求心理健康的文化氛围。

监区文化建设是系统性工程,应该纳入整个监狱工作的规划来谋划。优秀的监区文化需要经过一代代人的努力培养才能形成。对已形成的健康向上的监区文化要倍加珍惜,加以传承和保护,使监区文化能够引导罪犯主动改造,满足罪犯的实际需求。注重文化的生活化,开展文化创新,创新使监区文化更有活力。

(三)点评教育

点评教育是以分监区(监区)为单位,民警针对当天或一段时间或专题针对罪犯实际情况进行的一种集体教育的形式。罪犯作为在监狱服刑改造的特殊群体,在改造生活上有着许多共同性的问题。如关心国家的刑事政策,关心自己的改造前途,关心自己如何更好地取得改造成绩等等。对于这些群体性、共同性的问题,罪犯有着相同的思想倾向。通过对罪犯群体的点评教育为他们指明改造的方向,提出改造的要求,有利于稳定罪犯的思想,营造积极的罪犯改造思想氛围。一方面,由于点评教育的形式是集体教育,影响面广,可以节省大量的人力物力,效率高。另一方面,由于监狱关押的罪犯人数多,容易产生罪犯的群体效应。罪犯往往会受到群体性的思想、文化、舆论氛围的影响,因此罪犯的改造问题也具有群体性。部分罪犯改造积极性下降,就会影响到整个罪犯群体的改造积极性。通过点评教育的形式,使整个罪犯群体得到教育,有利于培养良好的改造群体,从而影响罪犯的改造个体。

开展点评教育要充分掌握犯情。点评教育要解决罪犯群体性的思想问题,首先必须充分了解一段时间内罪犯群体共同的思想问题、热议的话题、关注的焦点问题,做到有的放矢。在内容上要密切联系罪犯改造的实际,体现点评教育的针对性。同时,对罪犯的关切要做出相应的回应,对罪犯普遍性的改造问题提出引导和教育的要求与措施。通过点评教育,引起罪犯的共鸣,有助于化解罪犯共同性的思想问题,也能积极引导罪犯自主解决自身的改造问题,有利于提高罪犯自主改造的积极性。

点评教育要积极营造强大的舆论氛围。通过点评教育,积极引导罪犯的舆

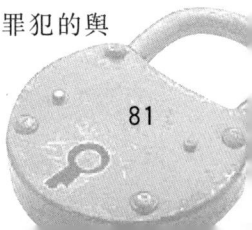

论氛围,使罪犯个体受到强大舆论氛围的影响,从而使罪犯调整自己的改造行为,使自己的行为符合行为规范和教育要求。点评教育后,通过宣传点评教育的内容,落实点评教育提出的措施,使点评教育的效果得到持续巩固,有利于良好改造风气的形成。

点评教育要和个别教育相结合。点评教育旨在对罪犯群体性问题进行点评,而要了解罪犯的群体性问题,就要在点评教育前通过大量的个别教育了解最近一段时间在罪犯群体中大量存在的问题。通过耐心、细致的个别教育,了解问题的起因、问题在各个罪犯身上的表现形式、问题的症结和本质。然后在点评教育时就能够一针见血地对问题进行点评,提出措施,促使罪犯对个人改造问题进行思考并进行改正。在点评教育后仍然要通过个别教育对问题进行跟踪、反馈,既解决罪犯个体的改造问题,又可以了解群体性的改造问题是否得到解决。

点评教育要注重对教育的过程控制。点评教育的过程不仅仅是民警作点评过程,还包括点评教育实施前的准备过程、组织过程以及点评结束后的学习巩固过程。要在前期准备上多下功夫,多收集相关的犯情动态。在点评结束后期的学习巩固过程,则要注重教育反馈信息的收集,落实对应的措施。

(四)专题教育

专题教育是对罪犯改造过程中某一倾向性较强的问题采取的针对性专项教育,目的是强化罪犯对某一问题的认识。结合罪犯改造实际,开展主题鲜明的专题教育活动,能够对罪犯改造中的一些重大问题和关切做出回应,使罪犯能够在改造中不迷失方向,有利于引导罪犯明辨是非、善恶、美丑,有利于提高罪犯的改造质量。如某分监区开展反脱逃专题教育,在专题教育会上进行深入细致的、触及内心的讲解,帮助罪犯认清脱逃犯罪的危害,并重点对罪犯进行法律法规、政策形势、监规纪律、认罪悔罪等方面的教育,使罪犯清醒地认识到脱逃无出路,脱逃加重刑期、加重罪恶、加重亲人的怨恨,只会使刑期越逃越长。要营造强烈的氛围,使罪犯深刻认识到实施脱逃行为的危害性,放弃错误思想,端正改造态度,自觉认罪悔罪,积极投入改造。点评教育也可按照监狱部署的专项教育活动进行宣传、发动、布置。例如监狱开展调遣改造专题的点评教育,分监区要在点评教育会上传达监狱关于本次调遣改造的精神,使罪犯对本次调遣改造有充分的认识,并且做好心理准备。

开展罪犯专题教育一是要提高罪犯的参与性,把对罪犯的专题教育成果转化为罪犯的实际改造成效。要使罪犯的改造受益于罪犯的专题教育,对罪犯的专题教育必须能指导罪犯的日常改造,能够打开罪犯的心扉,使罪犯从内心认同改造对自己的重要意义。要从专题教育的内容和形式上体现罪犯改造的需求,使罪犯从被动接受教育、被动接受改造向罪犯主动改造转变,能够更有利于罪犯的实际改造,从而调动罪犯改造的积极性,提高罪犯主动改造的意识和行为。二是着眼于改造实际。罪犯在改造过程中经常会面临一些困难,碰到困难时如果得不到及时的引导,容易迷失改造的方向,丧失改造的积极性。开展专题教育就是要结合罪犯改造的实际问题,回应罪犯的重大关切,给罪犯的改造指明方向,使罪犯在改造遇到问题时不气馁,不放弃。如开展形势政策的专题教育,使罪犯了解政府的改造政策,从而依照政府的政策,确定自己努力的方向。三是专题教育要与个别教育相结合。个别教育是掌握犯情的主要手段之一,开展专题教育前要充分掌握犯情,使专题教育能够深入罪犯改造实际。要在日常的罪犯个别教育中了解罪犯改造面临哪些问题,哪些方面是罪犯最关注的热点问题,然后再针对这些问题有的放矢地开展教育,引导罪犯解决困难、问题。在专题教育后,仍然需要进一步地开展个别教育,进一步巩固专题教育的成果,帮助罪犯把专题教育的学习实践应用到日常的改造上来。四是专题教育要与监区文化相结合。监区文化对罪犯的影响是长期的、渗透性的,专题教育和监区文化结合,使专题教育不是对罪犯一时的教育,而是对罪犯的持续教育。开展什么样的专题教育,就要营造什么样的监区文化,提高专题教育的影响力和持续性。同样,需要什么样的监区文化,就要有针对性地开展什么样的专题教育活动。

第二节 现代教育改造方法的探索

在教育改造工作的发展中,多家监狱结合罪犯改造实际,探索和实践了不少教育改造的新方法、新方式,如罪犯危险性评估技术、罪犯激励奖惩制度等。这些现代方法的探索和应用,是对传统教育改造方法的继承和发展,是创新现代监狱教育改造工作的必由之路。

一、罪犯危险性评估技术

监管安全是监狱工作的底线,监管安全要求对各种狱内案件进行成功的预防和处置。监狱各类安全事件的发生,与罪犯日常改造中呈现的一些危险性特征密切相关。如果能科学地对罪犯的危险性做出准确的评估,就能对监狱危险性隐患进行有效的防范、整改和处置,可以有效避免、杜绝各类监管安全事故的发生。

（一）对罪犯的危险性评估技术

对罪犯的危险性评估技术就是在罪犯改造的各个阶段，通过对罪犯日常改造的各类信息的收集，运用科学的方法进行分析，对存在的危险因素进行全面排查，从而对罪犯的危险的类型、特征、程度进行研判和预测，提出罪犯改造的各种科学防范措施。应用危险性评估技术能够对罪犯的人身危险性、改造难易度进行客观评价，有针对性地制定教育改造方案，确保罪犯稳定改造，维护监管改造秩序。

第一，危险性评估是对罪犯的科学认识。对罪犯的教育改造首先要对教育改造主体即罪犯有一个全面、科学、客观的认识。只有对罪犯有了准确的认识，才能针对性实施相关教育改造措施。对罪犯的危险性评估是对罪犯个体科学全面的认识过程。它是基于对罪犯个人信息的全面梳理和综合分析，包括罪犯的年龄、心理生理状况、个人气质、经历、道德观念、受教育程度、犯罪前的表现、犯罪后的个人态度等一系列情况，又通过心理测量技术，对罪犯的性格进行分析，因此对罪犯后续的教育改造具有重要意义。

第二，危险性评估是对罪犯危险性因素的全面排查。有效的罪犯危险性评估能够找出罪犯存在或者潜在的危险性因素，分析罪犯危险性因素产生的原因、危害性，预测危险性因素可能带来的后果。

第三，危险性评估可以有效防范罪犯的现实危险。监狱可以依据罪犯的危险性评估情况，针对危险性因素做出相应的防范措施，如可以根据罪犯危险性因素的程度、种类、数量等要素对罪犯进行分类管控，同时结合罪犯的危险性因素制定针对性的教育改造方案。

（二）罪犯危险性评估的基本方法

1. 对罪犯各类信息的梳理和分析

通过查阅相关档案、民警进行直接教育、观察罪犯在三大现场的表现、对罪犯进行心理测试等多种方式，获取罪犯的各类信息。对照罪犯危险性评估的指标着重在以下方面进行分析。

第一，罪犯的个人基本信息分析。从罪犯的个人信息的梳理，可以对罪犯的危险性因素进行分析、排查、归纳。个人信息包括罪犯的性别：不同性别有着犯罪的不同性别特征。年龄：年龄越小，对客观世界的认识越简单，做事易冲动，不计后果，犯罪手段更为凶残和暴力；年龄越大，各种犯罪的手段越隐蔽，危险性因素更不易转化。文化程度：文化程度越低，法制观念越淡薄，做事缺乏理性特征；文化程度越高，危险性因素越隐蔽。

第二，罪犯犯罪事实分析。认真查阅罪犯的判决书和起诉意见书，掌握罪犯犯罪的起因、经过、手段和危害，分析罪犯犯罪的类型、罪犯犯罪的诱导因素、罪犯犯罪的实施手段和方式等，从而对可能发生的狱内案件进行预测和防范。如暴力犯犯罪的恶习较深，性格也较常人暴躁、易怒，危险性大。

第三，罪犯的改造表现分析。包括罪犯的认罪服法态度、日常和同犯的关系、改造的积极性和自信心。认罪服法包括罪犯是否认罪服从法院的判决，是否在监狱真心改造。改造的积极性包括对监狱的环境是否适应，是否有为早获新生积极改造等。

第四，罪犯的心理测试。对罪犯的心理测试就是通过心理科学方法和手段，对反映在罪犯的行为活动中的心理特征，依据确定的原则进行推论和量化分析，并给予相应的科学指导。广泛应用的对罪犯心理测试测量量表包括人格测量量表、心理健康测量量表。人格测量量表侧重了解罪犯的人格特征，能够为罪犯的教育改造方案提供反映罪犯个性化的基础数据。具体主要量表包括卡特尔16项个性因素测试（16PF）、气质测试、性向测试、明尼苏达多项人格测试（MMPI）、心境投射测验等。心理健康测量量表则侧重反映罪犯的心理健康状况，检测罪犯是否存在心理异常，对罪犯心理健康特征进行危险性因素的排查。心理健康测量量表主要包括抑郁状态量表、康奈尔医学指数（CMI）、焦虑自评量表、简明精神病量表、社会功能缺陷评定量表等。

第五，罪犯的社会关系。罪犯的家庭因素往往是影响罪犯改造的重要因素。如家庭经济好的罪犯往往有好逸恶劳的恶习，对劳动改造的态度较为消极。家庭经济差的罪犯则自尊心强，一旦认为被人看不起，就会产生报复的欲望。家庭的亲情因素往往是影响罪犯自主改造最重要的因素。亲情是罪犯在监狱改造的最重要的动力来源，家庭关系良好的罪犯觉得对家庭有所愧疚，往往会对家庭的状况产生担忧；家庭关系差的罪犯，则会产生悲观厌世的念头。

2.罪犯危险性评估

根据上述情形进行评分。如果我们把以上数值定在0～100分，那么危险度最大值是100分。我们可以看出危险度在20分以下的罪犯不易发生问题，危险度越接近100分，危险性越大。凡得分超过75分的被测者，基本上都具有极高或高危险程度，这部分罪犯需要加以重点控制；凡得分在25分至75分之间的被测者，基本上存在高度危险或者一定程度上的危险性，这部分罪犯需要重点控制或者加强控制；得分在20分到25分之间的被测者，一部分存在一定程度的危险，大部分危险程度较低，这部分罪犯一般只需加强控制或是一般控制即可；而得分在20分以下的被测者，基本上能适应监内改造生活，有着明确的改造目标，危险程度相对较小，只需做一般控制即可。

3.对罪犯进行分类管理

对罪犯进行评估可以为罪犯的改造难易程度做出评价。可根据危险性评分,分为容易、较易、一般、较难、难五个等级。同时对罪犯危险性程度提出关押等级,分别为低等、较低等、中等、较高等、高等。对较高等危险罪犯建议设为顽危犯,要研究制定顽危犯转化方案。

罪犯人身危险性评估的程序:在罪犯入监教育以及整个改造期间,对罪犯人身危险性的评估主要是采取监区包干民警初评与监狱评估小组集体评估结合的方式。下面以罪犯入监评估为例介绍罪犯评估的程序。

一是罪犯个体信息的采集。一开始是包干民警对罪犯进行结构性面谈。罪犯入监后前三天,主评人(通常为包干民警)通过多次谈话了解罪犯的性格特征,收集罪犯的成长史、家族史、犯罪史等情况。然后监狱对罪犯进行心理测试。监狱对评估对象进行以心理测试量表和人身危险性检测表等量表为主要工具的心理测试,为评估工作提供科学依据。最后建立完善的罪犯个体信息采集专档。通过前期的面谈、查阅档案,后期的改造表现、侧面观察了解等,全面收集罪犯信息,并予以及时记录,建立随时更新、较为全面的罪犯个体信息采集专档。

二是监区包干民警对罪犯进行初评。罪犯入监一个月左右,包干民警根据罪犯专档收录的信息,结合现实改造表现,进行综合分析研判,对罪犯的人身危险性和改造难易度进行初评。

三是监狱召开集体评估会。监狱成立新入监罪犯评估小组,由教育促稳中心牵头,管教部门和心理健康指导中心的相关人员为成员。评估小组每周定期召开一次以上的集体评估会,对每名新入监罪犯逐一进行集体评估研判,对信息收集不全面、初评不到位的退回重评。对通过入监评估的罪犯形成入监评估报告。监狱设专人负责评估报告的整理,经评估小组集体评议后,确定罪犯人身危险性和改造难易度等级,分析罪犯心理特性,提出分押、分管、分教针对性建议,并形成书面的罪犯入监评估报告,录入罪犯副档。

四是后期跟踪。监狱根据评估结果,结合监管实际,对罪犯进行科学分配。新犯分配监区以后,监狱定期对罪犯(尤其评估为高危等级的罪犯)的管理教育情况进行跟踪了解,促使防范到位,降低监管安全事件的发生。

(三)危险性评估机制的建立

1.犯情收集

通过民警直接深入罪犯三大现场,找罪犯进行个别谈话教育,会见、亲情电话监听,以及耳目、罪犯信息员等多种渠道全面、准确、及时、有效地收集罪犯的各类信息,特别是罪犯异常信息。实现对罪犯异常信息的日收日解,使罪犯的犯情、危险隐患不过夜,达到评估预防的目的。

2.机构设立

监狱各级组织要建立健全危险性评估机构。监狱成立危险性评估会议机制,由教育促稳中心牵头,管教业务科室和监区评估小组共同进行评估。同时,监区也要成立专门的危险性评估小组,负责危险性评估的初评工作,从而形成健全的罪犯危险性评估组织体系。

3.标准设定

一是有以下数种情形之一的,可确定为重大脱逃危险分子:有脱逃或组织脱逃迹象的;有意打听周边地形、交通的;私藏现金、证件,着装异常,有意摆脱监管,有窥测、探索地形地貌行为的;出收工队列中经常东张西望,或掉在队列后面、行为异常的;留恋狱外生活,表示对监狱生活不满或有脱逃言语流露的;私藏铁钩、绳索、锯条、刀片、便服等违禁品,或故意擦洗囚服标志的;捕前系流窜犯罪、惯犯或在审查、拘押、服刑期间曾有脱逃经历,现仍被列为危险分子的;曾发生躲藏或预谋脱逃的;脱逃活动被揭露后,思想抵触,仍有继续脱逃可能的;有其他脱逃迹象的。

二是有下列数种表现之一的,可确定为重大自杀危险分子:行动上准备自杀工具、药品、遗书等物品的;感情脆弱、流露悲观言论,或有较强悲观厌世心理的;病残严重、久治不愈或长期受到病痛折磨,失去生活信心的;家庭发生变故或因婚姻、感情等问题思想压力大,失去生活勇气的;有重大余罪,或服刑期间重新犯罪,自知罪责难逃,畏罪心理强烈的;羞耻心强、悔罪心重,自觉出狱后无脸见人的;害怕劳动或劳动任务重,难以忍受的;经常受到他犯打骂欺凌或受冤枉的;有其他自杀迹象的。罪犯自杀的主要手段是自缢、割手腕和动脉管、吞食有毒物品或者利器、触电、撞车、跳楼等。

三是有下列数种表现之一的,可确定为重大行凶危险分子:有企图行凶迹象的;制造或者藏匿凶器的;仇视、对抗民警的,有图谋报复行凶的;与他犯发生矛盾后,蓄意或扬言行凶报复的;有其他行凶报复迹象的。

二、罪犯激励惩戒措施

行为科学认为,人的动机来自需要,由需要确定人们的行为目标,激励则作用于人的内心活动,激发、驱动和强化人的行为。合理、多元化的激励惩戒措施有利于提高罪犯改造的积极性,促进罪犯的稳定改造和本质改造,是提高罪犯改造质量的重要牵引力。

（一）激励惩戒措施概述

对罪犯的激励惩戒措施主要包括罪犯的奖惩措施。毋庸置疑，正面奖励能够充分发挥激励重要作用，强化罪犯的正面行为。同样地，惩戒也是对罪犯的一种激励，是一种负强化，惩戒那些不符合监狱矫正目标的行为，直到这些行为消失，对罪犯起到惩前毖后的作用，使之不再犯类似的错误。

激励惩戒的价值主要体现在：首先，对罪犯的激励是罪犯改造的重要导向。对罪犯的激励奖惩有利于罪犯根据监狱的奖惩政策、制度合理调整自己的行为，使自己的行为符合监狱对罪犯的改造矫正行为。其次，对罪犯的激励是对罪犯的人文关怀。通过对罪犯奖励的引导，使罪犯的改造目标同奖励目标紧密联系，使罪犯的付出得到回报，这有利于实现罪犯的需求满足感，让罪犯实现改造目标，体验成功的喜悦。再次，对罪犯的激励是罪犯获得新生的希望。罪犯通过监狱的奖惩制度来制订自己的改造规划，而早日获得新生是罪犯改造的希望所在。所以每一次奖励都是罪犯实现目标的一个促进，使其在希望中改造。

（二）奖惩原则

对罪犯的奖惩是刑罚执行过程中的一项重要活动，应当做到实事求是、公正及时，奖惩有据、以理服人，奖惩适度、促进改造。罪犯奖惩应服务于对罪犯的改造，立足于调动大多数罪犯的改造积极性，做到是非分明，又体现以奖为主、以罚为辅的精神。在程序上做到合法、适时，要求严格依法办事，否则就会失去奖惩的意义。必须坚持的原则：

一是实事求是原则。罪犯的改造表现是一种客观存在的事实，监狱民警对罪犯的考核要深入实际调查研究，真正做到考核"有方"。对罪犯进行奖惩要以事实为依据，恰如其分，把握好尺度，否则就会使奖惩失去意义。

二是公正的原则。严防偏听偏信、主观臆断，随意扩大或缩小事实。进行奖惩时，对所有罪犯都应掌握同一个标准。只有这样，才会让罪犯服气，不至于产生不公平感。

三是合法、及时原则。考核要依法办事，按计划及时进行，以日常考核为主。当罪犯出现某种良好表现或不良表现后，应及时给予奖惩。因为奖惩及时，才能起到"趁热打铁"的作用，否则将降低奖惩的效果。

四是结合原则。要把激励深入罪犯改造的方方面面，同罪犯的学习、劳动、生活、遵守监规纪律等结合起来，使对罪犯的有效激励成为罪犯的改造方向。

五是惩恶扬善原则。激励要起到引导被激励者自觉发扬好的行为，放弃不好的行为的作用。因此，激励机制必须做到正激励与负激励相结合。对罪犯符合目标的期望行为进行奖励,而对罪犯违背目标的非期望行为进行惩罚。

(三)奖惩措施

监狱对罪犯的奖惩应包括罪犯的刑事奖惩、日常计分考核、行政奖惩等措施,囊括罪犯的分级处遇、劳动报酬、物质奖励等内容。

1.刑事奖惩

它是指根据罪犯在服刑改造期间的不同表现,监管单位依照刑事诉讼程序,报请人民法院裁定或者判决后实施的奖励与惩罚。刑事奖励将实际改变罪犯在监狱内服刑的期限,形式有减刑、假释;刑事惩罚的形式主要是对狱内又犯罪的追诉。

对罪犯刑事奖惩,应当作以下改革:(1)制定减刑量刑幅度的细化、量化标准。司法部与最高人民法院可以进行专项联合调查研究,统一一年减刑率、减刑量刑幅度,掌握标准的量化与细化。认真测算出对罪犯考核计分与减刑幅度的基本比率,并对可能影响减刑幅度的因素,规定一些增幅与减幅的标准。要结合老弱病残等弱势服刑群体的改造实际,制定符合他们实际的减刑规范,体现法律对弱势群体考核奖惩的公平性。(2)细化法律关于减刑起始时间的规定。增加减刑起始时间的档次划分,并对每个档次的起始时间加以明确规定;适当缩短减刑的间隔期,同时相应地缩小每次减刑的幅度,避免出现无刑可减的情况,使罪犯特别是短刑期犯始终在希望中改造。(3)建立减刑考验期制度。我国目前减刑只能授予,不能撤销。为消除骗取减刑、舞弊减刑的现象,使已减刑的罪犯不至于放松改造,保持一贯的改造状态,建议借鉴国外经验,建立减刑考验期制度。罪犯在考验期内,如又有违法或者犯罪的,行贿或者舞弊获得减刑的,屡犯监规或者严重违反监规等情形的,撤销其原减刑裁定。撤销减刑由监狱提起建议,人民法院裁定,检察机关监督。(4)提高假释适用力度。将部分余刑较短,符合条件的罪犯尽量予以假释,使罪犯从监狱生活到社会生活有一个逐步适应的过渡阶段,有利于推进监狱行刑的社会化。(5)制定科学合理的加刑制度。与当前减刑制度配套使用,对在监内又违法犯罪的,适当延长刑罚执行期限,通过严厉的刑事处罚手段,在罪犯中保持高压态势。

2.罪犯的日常计分考核

日常计分考核是指监狱在惩罚与改造罪犯的过程中,依照一定的标准和程序,对罪犯在一定时期内的改造表现的综合考察与评定。应当结合罪犯改造质量评估,从认罪服法、服从管理、行为养成、接受思想教育改造、接受劳动改造5个方面实施,采取日记录、月公布、年终评定的工作程序和逐月进档考核,并建立

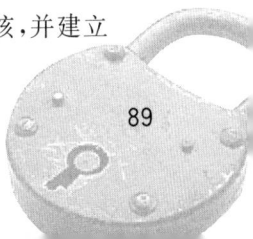

罪犯改造考核台账。

一是认罪服法、悔过自新的情况。包括罪犯承认犯罪事实,认识犯罪危害,认罪悔罪,服从法院判决,真诚悔罪自新,深挖犯罪根源;如实向民警汇报思想,坦白交代余罪和揭发检举他人违法犯罪行为的情况等方面。

二是服从管理、遵守监规的情况。包括罪犯知法守法,自觉遵守监规纪律,有较强的身份意识,尊重警察,自觉服从管教,敢于同违法违纪行为做斗争等方面。

三是行为养成的情况。包括罪犯树立正确的行为养成意识,遵守基本行为规范;在日常生产、生活中做到"六同""四固定""四互相";讲究文明礼貌,遵守社会公德和公共秩序,爱护公共设施;养成良好的卫生习惯,个人卫生和公共卫生达到基本标准等方面。

四是接受思想教育改造的情况。包括罪犯对学习目的明确,学习态度端正,积极参加"三课"学习以及各类教育、文体活动;学习时按时出勤,遵守课堂、考场纪律,保持学习场所卫生整洁,尊师重教,礼貌待人,服从教员的学习安排;按要求完成学习任务,考试成绩合格并获得相应的结业或毕业证书;积极参加思想教育,养成健康心理等方面。

五是接受劳动改造的情况。包括罪犯劳动态度端正,服从劳动安排;掌握基本生产技能,按要求完成生产任务;认真履行岗位职责,重视劳动质量,遵守操作规程和安全生产规定,未发生生产事故;爱护劳动工具,保持劳动现场环境整洁卫生等方面。

3. 行政奖惩

它是指监狱根据监狱法律法规直接实施的属于行政性质的奖励和处罚。介于日常计分考核与刑事奖惩之间,是联系二者的桥梁和纽带。奖励的形式有表扬、嘉奖、记功、劳动报酬和物质奖励、准予离监探亲、授予改造积极分子或劳动能手称号等。

要科学、有效地发挥行政奖惩的作用,罪犯考核奖罚制度需具备以下几点:(1)统一完善和制定行政奖惩种类和标准,准确清晰地划分各类奖惩的具体情形,以法律为准绳建立统一的惩处条例,消除缺乏规范、执行随意、严而无度的传统弊病,以发挥足够有效的威慑和惩戒力度。(2)主动与计分考核挂钩,将监狱对罪犯行政奖惩的依据予以量化,建立统一的罪犯计分考核评估体系来达到行政奖惩的统一性和及时性。(3)紧密与刑事奖惩挂钩,统一每个行政奖惩在兑现刑事奖惩中所体现的价值。消除如同样一个奖励情况在有的省市监狱可减刑三个月,在有的省市监狱则可减刑六个月之类的现象,制定"以分计奖,以奖减刑"的统一规范。(4)紧密与物质奖励结合。物质奖励能从主观意识上调动罪犯的改造积极性,要使其更好地发挥作用:一是要推广实行罪犯工资制。按照罪犯从事劳动的强度高低、技术水平高低、贡献大小及改造表现好坏评定罪犯的薪酬,按月发放,以激励罪犯劳动改造。二是要与其他考核奖惩机制配套使用。如在各项专项活动中评出优胜个人,在给予行政奖励的同时,给予一定的物质奖励,综合运用多种奖励手段,发挥改造罪犯的综合效应。三是要与罪犯检举、揭发行为密切联系。制定与罪犯检举揭发相应的物质奖励标准,调动罪犯靠拢政府的积极性和主动性,弥补其他奖励手段存在的弊端。(5)建立多层次的行刑惩戒结构。可参照国外监狱成熟的经验,建立如下惩戒层次和类型:一是一般性惩戒,如训斥、口头警告、静坐反省、面壁思过等。二是制裁性惩戒,如短期或某段时间内停止会见、通信、亲情电话,降低处遇等级,改变劳动工种,取消劳动报酬,取消物质奖励等。三是约束性惩戒,如加戴戒具、严管、单独监禁、禁闭等。

　　行政奖惩与刑事奖惩的区别在于:首先,适用条件不同。刑事奖惩的适用条件比行政奖惩的适用条件更严厉。其次,奖惩结果不同。行政奖惩的结果只涉及罪犯在狱内的待遇,不改变原判刑罚;刑事奖惩将实际改变罪犯在狱内服刑的时间。再次,适用程序不同。行政奖惩权由监狱行使;刑事奖惩权则由监狱依照刑事诉讼程序报请人民法院依照法定程序实施。

　　对罪犯的激励惩戒措施应该多样化,与罪犯分级处遇制度相结合。罪犯分级处遇标准要有明显的级别差异,体现宽严相济的刑事司法政策,必须依照法律法规、规章制度严格执行。具体标准可以从考核奖罚的起点和优先,呈报减刑、假释的幅度,回家探亲的优待条件,通邮、亲情电话、会见的限制、审查、监听,活动范围和方式,工种和劳动岗位等具体划分,以示处遇的差异所在,激励罪犯积极改造,争取更高处遇。

第三节　现代科技手段在教育改造促稳中的应用

　　当今社会现代科学技术的发展,特别是自然科学和社会科学的新成果应用给教育改造注入了新的活力。监狱教育改造工作需要吸收借鉴人类文明的科技成果,提高教育改造的质量。目前,信息技术、社会学、心理学、管理学等众多学科技术在教育改造工作的各个方面得到广泛的应用。这些新的教育改造技术手段在促进罪犯稳定改造、提高罪犯改造质量、确保监狱监管安全方面起到了重要的支撑作用。本文通过介绍一些具有代表性的教育改造新方法来阐述现代科技手段在教育改造促稳中的应用。

一、信息技术在教育改造促稳中的应用

当代社会信息技术蓬勃发展,给人类的生活带来了深刻变革。同样,信息技术也在监狱现代教育改造方法方式创新中起到重要作用。信息化技术可以通过数据关联和共享的方式使罪犯教育改造的资源得到高效整合。目前,许多监狱在推行罪犯刑罚执行系统、狱情动态分析系统、罪犯教育改造系统、监管改造信息系统等多种系统,实现从刑罚执行、狱政管理、教育改造、生活卫生以及日常考核方面的全程信息化管理,为民警对罪犯的教育改造提供科学依据。民警通过罪犯在监学习、劳动、生活的各方面的信息采集,进行分析研判,有效制定罪犯的个别化矫治方案。信息技术也在内容和形式上极大地丰富了教育改造的方法和手段。如许多监狱通过网络化教育积极引入女民警的教育改造资源,建立罪犯网络心理测试系统和视频心理咨询信息系统、社会帮教远程视频系统等等。

二、心理咨询和矫治技术在教育改造促稳中的应用

罪犯的心理矫治工作是监狱教育改造工作的重要组成部分。目前,我国许多监狱都建立了心理矫治工作体系和组织网络。罪犯在监狱漫长的改造中难免会遇到各种各样的心理问题,解决与消除罪犯的心理问题和情绪困扰,预防和治疗罪犯的心理疾病,维护罪犯的心理健康需要民警大力开展罪犯心理矫治工作。目前,监狱开展的罪犯心理矫治工作包括对罪犯心理健康教育、心理评估、心理咨询与治疗、心理危机干预等等。下面以心理危机干预技术和团体心理辅导技术在罪犯教育改造工作中的应用为例介绍心理学技术在罪犯教育改造中的应用和融合。

(一)心理危机干预技术

心理危机是指由于突然遭受严重灾难、重大生活事件或精神压力,使生活状况发生明显的变化,尤其是出现了以现有的生活条件和经验难以克服的困难,以致当事人陷于痛苦、不安状态,常伴有绝望、麻木不仁、焦虑,以及自主神经症状和行为障碍。心理危机干预是指针对处于心理危机状态的个人及时给予适当的心理援助,使之尽快摆脱困境。

罪犯的心理危机干预是在诊断预测发现罪犯心理危机征兆的基础上所采取的心理诱导、危机调停和劝解等措施,用以缓和罪犯的心理冲突,平息焦虑,防止演变为严重的精神疾病,预防重大事故的发生。

1.罪犯心理危机产生的原因

一是突发事件、重大心理压力事件诱导。突发事件带来的重大心理压力使罪犯心理防线崩溃、情绪波动过大,在情绪和心理异常的情况下,导致认知、行为的偏差,从而带来许多灾难性的后果。特别是当对罪犯影响较大的家庭因素发生危机时,如突然丧失自己的父母、配偶、子女可能会导致罪犯无法面对现实,使其丧失理性,发生自杀、行凶、脱逃等监管安全事故。

二是日常改造精神压力的累积。罪犯在日常改造中面对着各种不同因素的压力,如面对较长刑期的失去自由压力、人际关系紧张的压力等等。罪犯如果长期处于这种压力中而没得到纾解,就有可能精神压力不断累积,在长期的精神压力下,导致心理危机的发生。如某罪犯与他犯相处不好,人际关系紧张,而他在学习、劳动、生活现场又不可避免地与他犯进行接触并发生摩擦。长期的人际关系紧张压力没得到有效排解,就会引发罪犯的心理危机,可能在某个事件上爆发,导致罪犯的情绪失控,进而导致狱内案件的发生。

三是罪犯对改造失去信心和希望。由于罪犯在改造中面对较长刑期的压力,而过去的改造成绩不理想,改造成绩和自己的期望有较大的落差。这种长期的失望,可能导致罪犯心理失衡进而发展成心理危机。一旦罪犯认为自己的改造没有希望,就可能做出破坏改造秩序等危险行为。

四是罪犯的人格特征。人格因素表明,具有个性强、过分的抱负、固执好争辩、急躁、紧张、好冲动、富含敌意、具有攻击性等性格特征的人,容易发生心理危机。在监管改造中,同样的事件对有的罪犯可能影响不大,但对另一部分罪犯可能就会产生心理危机事件,这就是个体特征因素在起作用。

2.罪犯心理危机干预实践

(1)罪犯心理危机干预模式

平衡模式,也称平衡/失衡模式。危机中的罪犯通常处于一种心理或情绪的失衡状态,在这种状态下,原有的应对机制和解决问题的方法已不能满足其需要。平衡模式最适合早期干预,这时个体已经失去了对自己的控制,分不清解决问题的方向,不能做出适当的选择。此时危机干预者主要的精力应该集中在稳定罪犯的心理和情绪上,在重新达到某种程度的稳定之前,不宜贸然地采取其他措施。

认知模式。认知模式是基于这样一种认识:危机起源于对事件的错误思维,而不是事件本身或与事件、境遇有关的事实。该模式的基本原则是通过改变个体思维方式,尤其是通过意识到其认知中的非理性和自我否定部分,重新获得理性和自我肯定,从而使罪犯获得对危机的控制。认知模式最适合于危机稳定下

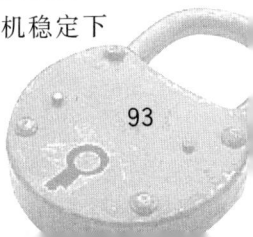

来并接近危机前平衡状态的罪犯。

心理社会转变模式。该模式认为人是遗传和社会环境共同作用的产物。社会环境和社会影响总在不断地变化,人也在不停地变化、发展和成长。因此对危机的考察也应该从个体内部和外部因素着手,除考虑罪犯的心理资源和应对方式外,还要了解罪犯的家庭等社会支持系统对其的影响。危机干预的目的在于把罪犯的内部资源与社会支持、环境资源充分调动和结合起来,从而使求助者有更多的解决问题的方式可以选择。同认知模式一样,心理社会转变模式也适合于达到较稳定状态的罪犯。

(2)对罪犯心理危机干预的具体技术

支持技术。由于罪犯在危机开始阶段焦虑水平比较高,应该尽可能减轻其焦虑,通过疏泄、暗示、保证、改变环境等方法,一方面可以降低罪犯的情感张力,另一方面也有助于建立良好的沟通和合作关系,为以后进一步的干预工作做准备。要注意支持是给予情感支持,而不是支持罪犯错误的观点或行为。

干预技术。危机干预是一种特殊形式的心理咨询和治疗,需要心理咨询的基本技术如倾听技术、提问技术、表达技术和观察技术。简单地说,干预的基本策略为:主动倾听并热情关注,给予心理上的支持;提供疏泄机会,鼓励罪犯把自己的内心情感表达出来;解释危机的发展过程,使罪犯理解目前的处境,理解他人的情感,建立自信;给予罪犯希望,使其保持乐观的态度和心情;培养罪犯的兴趣,鼓励其积极参与正常的改造生活;注意发挥社会支持系统的作用,使罪犯多与家庭亲人接触和联系,提高对罪犯的亲情支持。

(3)心理危机干预的具体步骤

一是通过评估确定对象,可以采用心理测量法、日常观察法、心理咨询法等。

①监狱心理评估机构对全监罪犯进行心理筛查与评估。

②监区每周对罪犯进行针对性排查,重点排查六类人群:因家庭变故、躯体疾病、改造受挫等情形而心理失衡的罪犯;人格缺陷严重,经常处于紧张、焦虑、抑郁状态的罪犯;有严重拘禁反应,人际关系紧张的罪犯;有明显的攻击性行为或暴力倾向,或其他可能对自身、他人、监狱造成危害的罪犯;有明显精神异常的罪犯;有其他心理问题需要危机干预的罪犯。

③对在矫正中发出下列警示信号的罪犯,应作为心理危机的重点监控对象及时进行危机评估与干预:谈论过自杀并考虑过自杀方法,包括在信件、日记、图画或乱涂乱画的只言片语中流露死亡念头的罪犯;不明原因突然给同犯或家人物品、赔礼道歉、述说告别的话等行为明显改变的罪犯;情绪突然明显异常的罪犯,如特别烦躁、高度焦虑、恐惧,或易感情冲动,或情绪异常低落,或情绪突然从低落变为平静,或饮食睡眠受到严重影响等。

二是应用支持技术给予罪犯心理支持。通过与罪犯进行沟通和交流，得到罪犯的完全信任，从而使罪犯相信危机干预能够给予他关心和帮助。

三是应用干预技术对罪犯进行心理干预。包括引导罪犯进行自我干预和对其进行外部干预。自我干预，就是通过心理健康知识教育等方式引导罪犯认识到自己的心理危机障碍，通过自我调节方式正确应对心理危机。外部干预，则通过监狱民警和心理咨询师采用心理技术对罪犯的心理危机进行干预。具体心理学技术包括宣泄、沙盘治疗、音乐治疗等。

四是制订计划。危机干预者要与罪犯共同制订行动计划来矫正求助者情绪的失衡状态。

五是确保罪犯按照制订的计划行事。通过民警日常观察、对罪犯的包夹、互监督帮等手段使罪犯按照制订的心理危机干预计划进行心理治疗。

(二)团体心理辅导技术

1.团体心理辅导

团体心理辅导是在团体的情境下进行的一种心理辅导形式，它是通过团体内人际交互作用，促使个体在交往中观察、学习、体验，认识自我、探索自我、调整改善与他人的关系，学习新的态度与行为方式，以促进良好的适应与发展的助人过程。

监狱中的罪犯是一个特殊的群体。由于监狱具有对外封闭性和群体结构复杂性等特点，罪犯群体中会形成一定的相互关系。如果罪犯之间的人际关系建立不好，就容易对罪犯的人际交往造成负面影响，进而影响罪犯的心理健康。因此，人际关系紧张导致的心理障碍也是导致许多狱内案件的重要诱因。而团体心理辅导可以有效地对罪犯进行心理辅导，通过辅导一方面帮助罪犯掌握有关心理学的知识和技能，学会用有效的、合理的方式满足自己的需要，提高人际交往水平，学习自主地应对由挫折、冲突、压力、焦虑等带来的种种心理困扰，减轻痛苦、不适的体验，防止心理疾患的产生，保持积极改造；另一方面帮助罪犯合理调节情绪，特别是人际交往中的负面情绪，有助于罪犯的心理环境的改善。

罪犯团体心理辅导具有以下特点：

一是影响面广。著名心理学家勒温认为，整体比部分重要，群体作为一种内在的关系组成的系统，其影响力或作用远大于孤立的个体。个体在群体中生活，不仅取决于个体的个人生活空间，而且也受群体心理场的制约。而罪犯群体的对外封闭性也放大了这种群体影响的作用。对罪犯的团体心理辅导，通过罪犯间信息的传递和互动，使罪犯能够受到群体的正面影响。

二是耗时短，效率高，收效好。在对罪犯实施团体心理辅导过程中，引导罪

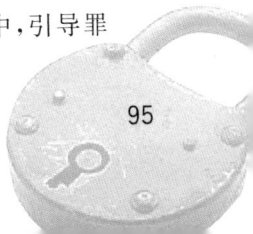

犯通过尝试改变行为,学习新的行为方式,改善人际关系,解决生活中的问题。

三是形式多样,生动有趣,易被罪犯接受。

2.团体心理辅导技术实践

(1)团体心理辅导方案的设计

一是确定团体心理辅导的主题。团体心理辅导的主题要贴近罪犯改造的现实。只有与罪犯改造的实际密切相关才能吸引罪犯积极参加团体心理辅导,才能有效发挥团体心理辅导对罪犯的心理矫治功能。如可以选取沟通、情绪管理等罪犯积极关注和日常生活实用的主题。

二是确定团体心理辅导的对象。根据团体心理辅导的成长性功能和治疗性功能,选取不同类型的罪犯。如成长性功能心理辅导适合一些刑期较长的罪犯,通过团体心理辅导,增强他们对监狱改造的心理适应性。治疗性功能的团体心理辅导可以选取在改造上出现各种不适应状态的罪犯,帮助他们调整好心态和状态。

三是确定团体活动规模、时间、频率及场所。对罪犯进行团体心理辅导的规模、时间、频率,可根据本单位具体实际情况(如咨询师的数量和单位的警力配备)及活动内容来确定,一般只能在监狱内开展团体心理辅导活动。

(2)团体心理辅导的具体实施

一是团体关系的建立。可以先让罪犯进行自我介绍,互相认识。通过一些简单的罪犯间的互动游戏使罪犯团体成员有安全感、肯定感、归属感,做到彼此认同,消除沟通的障碍,引发成员参加团体的兴趣和需要,促进成员参与互动活动。

二是团体活动主题的实施。营造充满理解、关爱、信任的气氛,创设特殊的游戏或讨论情境,使罪犯通过对他人的行为进行观察和模仿来学习和形成一种新的行为方式。罪犯开始融入团体之中,并找到自己在团体中的位置。他们彼此谈论自己或别人共同关注的话题,分享成长体验,争取别人的理解、支持,利用团体互动,增加对自我与他人的觉察力,把团体心理辅导作为练习和改善自己的心理与行为的实验场所,以期能扩展到自己的改造生活中去。每次活动后,团体指导者还应要求罪犯做出反馈,及时地交流种种新的认识及感受。如以人际关系为主题的团体辅导中,通过团体成员间的一系列游戏互动,参与者可以观察、体验人际关系如何形成,人际沟通如何进行以及各种微妙的人际反应,学习人际交往的技巧,建立与增进良好的人际关系。在游戏中体会互助互利的积极人生经验,罪犯不仅可以在团体中充分感受,而且还会把这种感受扩展到他们今后的生活中,使他们的责任感和助人的行为继续下去。

三是团体活动的结束。经过多次的成功团体心理辅导之后,罪犯对团体心理辅导的结束可能会感觉依依不舍,有的还可能有强烈的情绪反应,因此系列团体辅导要提前几次预告团体活动的结束。要处理可能的依赖焦虑,做好结束活动,这对巩固团体心理辅导的成果是非常重要的一环。我们设计游戏活动的主要目的是为了使罪犯能逐步摆脱对团体的依赖,把团体学习成果应用到日常生活中。成长评价也是团体心理辅导结束阶段的一个重要程序,即让成员填写"成员评量表",交流个人的心理体验和成长经历。

三、医疗技术在教育改造促稳中的应用

在对罪犯的教育改造实践中,国外不少监狱对罪犯的矫治采用了医疗模式,即专业矫治人员以医生和专家的身份将罪犯视为病人,注重对罪犯生理、心理疾病的诊断和分析,并制定治疗方案。罪犯治疗的目标有以下几种。

1. 消除心理症状

罪犯精神不适症状或心理问题的存在,造成了他们心理上的痛苦,严重影响了他们的学习、生活和劳动,因此要通过心理治疗消除罪犯的精神痛苦和解决罪犯内心冲突,恢复其正常的社会功能。

2. 疏导消极情绪

通过治疗,消除罪犯的疑虑、紧张、焦虑、痛苦、悲观、抑郁、绝望、不满、怨恨、敌对等消极情绪,促使罪犯恢复心理平衡,形成良好的情绪反应方式,保持积极的情绪状态。

3. 增强自我控制能力

通过治疗,使罪犯能够主动地、有效地调节情绪与行为,在遭遇强烈的精神刺激时,不至于产生情绪冲动和爆发性行为,尤其要防止激情性犯罪行为的发生。

4. 消除不良行为和建立新的良好行为模式

通过治疗,改变罪犯有害的行为习惯,消除罪犯存在的各种不良行为,培养罪犯形成良好的行为反应模式,增强罪犯对各种情境的行为适应能力。

5. 增强社会适应能力

通过治疗,增强罪犯对环境的耐受力和适应力,改变其不良人际关系,教会他们建立良好的人际关系的各种方法,避免在今后因为人际关系适应不良而产生新的违法犯罪行为。

6. 重建人格系统

通过治疗,帮助罪犯正确了解和认识自己的心理与行为问题及其对社会的

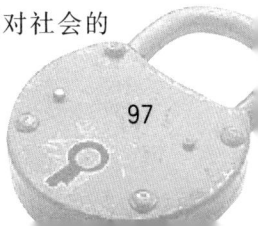

危害和产生的原因,明确对待它们的正确方法,使罪犯重新建立起对自己、对他人、对社会的正确观念,提高罪犯的认识能力,培养罪犯形成正确的思维模式,能正确对待和解决生活中遇到的各种问题,促进人格成熟。

在心理治疗模式中采用了许多医疗治疗技术,如对有强迫性人格障碍的罪犯采用森田疗法,对焦虑症、恐惧症及与精神紧张有关的一些身心疾病的罪犯采用生物反馈疗法等等。罪犯心理矫治又往往与药物治疗相结合。医学心理学认为,人的心理的变化会通过脑神经引起生理的变化,特别是长期的烦躁、忧郁、焦虑不安、苦恼等不良情绪的作用,都可引起一定的精神障碍,严重者会发展为生理疾患。对于这样的罪犯,由于其人格已经严重异化,必须一边进行心理治疗,一边辅以药物治疗,二者缺一不可。对于具有攻击性、狂躁性及极重的抑郁性等病理特征的罪犯,可请精神病院的医生来监狱对罪犯进行治疗,这往往也能取得比较好的效果。应该强调的是罪犯的心理矫治不能依赖药物,药物只能起到基础的治疗作用,要想从根本上治疗这类罪犯必须药物治疗和心理矫治相结合,从而最终解决问题。

第六章　不同阶段的教育改造促稳实践

罪犯因刑期、服刑阶段的不同,表现出不同的思想、心理、行为特征。在分阶段教育方面,根据罪犯在服刑过程中心理、行为特点和需求变化的规律,结合教育促稳和治本阶段性目标的设定,将罪犯服刑改造过程分为初期、中期和后期三个阶段。通过分阶段教育,实现对阶段性教育改造目标的控制和评估,提高教育改造的针对性,确保全程教育质量。由于中期阶段的时间跨度最长,其教育内容、教育手段、教育方法等在各章节中均有所涉及,故中期阶段的教育促稳与治本工作实践本章略写。

第一节　初期阶段的教育改造实践

服刑初期阶段,一般是指刚投入监狱改造生活的三至六个月,有的也将近一年。这是罪犯适应、习惯新的生活条件的时期,虽然有的罪犯在入监前也参加过集体生活,但社会上的集体生活与监狱里的生活是不能相提并论的。首先,在法律上,社会上的人具有完全的人身自由,但在监狱服刑的罪犯是被依法剥夺人身自由的,受到严格的管理和教育。其次,对家人和亲人的思念。来到监狱以后,他们有配偶而不能同居,有父母而不能照顾,年老的不能与家人团聚,年轻的不能谈情说爱,每天面对的是同性、高墙电网以及较严格的监规纪律。再次,刑期长短等因素对罪犯的初期阶段改造也有一定的影响。

初期阶段的教育主要是入监教育。入监教育是在短时期内对罪犯进行法律法规、监规纪律、行为规范、安全操作、队列训练等教育,使罪犯对监狱有一个初步的了解,引导罪犯认罪悔罪,明确改造目标,适应服刑生活。罪犯入监教育作为罪犯进入监狱服刑的"第一课",是影响其整个改造过程的"一课"。让罪犯认识到自己存在错误的思想观念、不良的生活习惯,有意识地进行自我改变,并努力培养健康的思想观念、良好的生活习惯,使"阳光"改造的心态在入监阶段就能形成。因此,入监教育成为教育促稳进行的"第一步",也是重要的"一步"。入监教育效果的好坏对罪犯的整个服刑生涯有着引导性作用,监狱需要把入监教育放在足够重要的位置。

浙江省某监狱在入监教育方面做了很多有益的探索与尝试,取得了一定的效果。2012年,为了提升入监教育工作的水平和成效,该监将入监分监区升格为独立的入监监区,通过二级管理模式提升入监教育的管理级别和监管要求。入监监区根据《浙江省监狱系统罪犯入监教育工作规定(试行)》的总体规范,具体负责入监教育各项工作的组织实施,运用科学手段规范罪犯入监教育和评估工作,做好罪犯的日常管理和入监教育建档、管理工作,并取得了相应的成效。

一是规范新犯收押,确保入监教育的良好开端和稳定基础。入监第一环节是接收罪犯,监区对新入监罪犯开展了包括登记验证、健康体检、移交收押、物品检查、编组管理、通知家属等环节的工作。将新入监的罪犯统一编入特训组进行为期10天的集中行为训练。通过专项集训,使罪犯明确身份意识,为适应监狱环境、接受后续入监教育及自身改造做好基础的准备。

二是学习监规纪律,规范行为养成。对罪犯开展行为规范、心灵规范的养成教育,进行队列训练、内务整理、报告词训练,使新入监罪犯在行为举止、内务整理、队列动作、个人卫生、礼节礼貌及安全生产基础知识等方面形成"规范"的意识。

三是加强队列训练,培养令行禁止意识。通过对罪犯开展立定、行进、整齐报数等队列训练,培养罪犯令行禁止的意识,增强体质体能,为后续入监教育打下基础。监区配备专职队列训练民警,指导开展新犯入监教育队列训练,定期进行队列会操考核。

四是开展技能培训,掌握实用技能。通过对罪犯开展生产技能、技术原理等理论培训,提高罪犯劳动改造意识,使其尽快适应服刑环境;掌握基本知识,为提高生产实践能力打下良好基础。通过对罪犯开展全面质量管理的课堂教育,提高罪犯质量意识,保证产品质量。入监教育阶段通过对罪犯开展实际操作和安全生产的实践培训,帮助罪犯掌握实用技能,增强动手和操作能力,提高安全和质量意识,保证今后参加生产劳动的质量和效率。

五是深化课堂教育,夯实教育改造基础。监区定期开展课堂化集中教育,通过对罪犯开展形势政策、法律知识等课堂教育,提高罪犯关心国家发展、自觉遵纪守法、认清犯罪危害、践行服刑改造价值观的意识。通过对罪犯开展心理健康的课堂教育,促进罪犯自身养成健康心理,保持积极心态,克服困难努力改造。通过对罪犯开展反脱逃、反狱内犯罪行为等课堂教育,提高罪犯认罪服法、自觉遵守监规纪律的意识,坚决与狱内犯罪行为做斗争。

六是开展个别谈话教育,掌握犯情动态,确保监管稳定。监区民警在新犯入监当天就对新犯进行逐个谈话教育,谈话率须达到100%。严格执行"十必谈"的规定,认真开展对罪犯的个别谈话教育并按规定做好记录,确保每名罪犯每月谈话不少于一次。监区民警对有特殊情况的罪犯及时开展个别谈话教育,帮助罪犯解决实际困难,消除思想顾虑,化解各类矛盾,稳定罪犯思想情绪。

七是开展心理工作,促进罪犯养成健康心理,增强改造的适应性和能动性。监区配备专职心理咨询师3名,其中1名为专职的国家二级心理咨询师,对新入监罪犯的心理教育工作进行一线指导。新犯入监后,监区运用技术手段定期开展新犯入监心理测试,将其作为监狱开展新犯入监评估的重要依据,增强评估的科学性。对有问题的罪犯及时开展有针对性的心理矫治或心理危机干预,积极消除心理障碍,使之更好地适应改造生活。

八是开展入监评估工作,建立顽危犯专档,强化评估的实际运用。监区对每一名新入监罪犯建立《个体信息专档》、编制《新犯评估基本要点》,安排民警对每一名新入监罪犯进行包夹跟踪,通过查阅罪犯资料,开展心理测试、个别面谈、行为观察、综合分析等方法,对每一名罪犯的危险程度、顽固程度、改造难易度进行初步评估。评估结果在新犯入监教育阶段结束后作为队别分配的重要参考依据。评估后,对改造难度大、顽危程度高的罪犯进行个别矫治、内控及重点控制、引导和教育。

九是宽严相济,刚柔并济,探索限制减刑类罪犯管理教育新措施。自2012年10月17日监区收押第一例死缓限制减刑类罪犯以来,监区已经收押限制减刑类罪犯47名,深入贯彻落实"宽严相济"的刑事司法方针,推行"解心结,转身份,强引导,养兴趣"等工作思路。通过设立独立联号包夹小组,要求24小时包夹到位加强监管安全;通过个体辅导与团体辅导相结合加强心理干预;通过加强有效沟通和人文关怀稳定改造情绪;通过课堂教育和个别谈话相结合开展教育感化和思想引导;通过丰富多彩的娱乐活动,鼓励培养兴趣爱好,缓解心结,陶冶情操,引导和推动此类罪犯夯实改造基础。

十是规范罪犯档案管理工作,保证罪犯信息真实可靠。监区在入监教育阶段对新犯按要求建立罪犯档案,档案资料包括:《罪犯入监登记表》《罪犯入监评估鉴定》《罪犯自传》《三级安全教育卡片》《社会关系一览表》《罪犯个体信息专档》《入监教育试卷》《入监安全生产教育试卷》《入监教育考核表》《申请会见登记表》《罪犯入监评估报告表》等,在新犯入监教育结束后,将上述档案资料按规定格式装订成册,移交给新犯分配接收单位。

从收押限制减刑罪犯开始,入监监区也在限制减刑罪犯的教育管理方面做了很多努力。针对限减类罪犯缺乏改造信心、缺失生活乐趣、缺少宣泄渠道、心

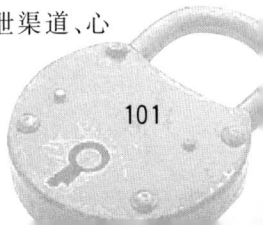

理问题多发的特点,入监监区由监区主要领导牵头,想方设法拓展入监教育模式,精心谋划,在正常入监教育内容的基础上,开展以"六个一"为主要内容的限减类罪犯入监教育新模式。

跳一段舞。借监狱举办广场舞的东风,监区在限减人员中广泛开展集体舞活动。活泼生动的舞蹈不仅舒缓了罪犯的心情,更融洽了罪犯的人际关系,提高了协作意识,培育了团队精神。

做一套操(广播体操)。为了增强罪犯预防疾病的能力,使其拥有健康体魄,监区每日定时开展做广播体操的活动。伸腰踢腿扭胯,转体送髋仰首,罪犯乐在其中。

养一兴趣(爱好)。为增加罪犯生活情趣,丰富业余文化生活,并起到陶冶情操的作用,监区成立了书法、绘画、写作和各种棋类兴趣小组。随着各兴趣小组活动的逐步展开,限减类罪犯情绪越来越稳定,欢笑越来越多。

写一自传。为了进一步增强限减类罪犯认罪服法、积极改造意识,监区要求人人写一份自传,该项活动引导罪犯回顾成长历程和成长经历,剖析自身心理特质,为建立认罪悔罪赎罪意识打下良好基础,也为树立改造目标、建立正确改造价值观夯实了基础。

做一规划。大部分罪犯意识到自己人生失败的原因是缺少目标和一个合理完善的人生规划。为此监区要求人人做一份改造规划,通过规划确立改造目标,坚定改造信心,并以此促使罪犯思考人生,并做出人生规划,为刑释后回归社会、融入社会做好准备。

唱一首歌。"感恩的心,感谢有你,伴我一生,让我有勇气做我自己……"一首《感恩的心》在整齐划一的手语操烘托下,被罪犯演绎得声情并茂,唱出了他们对亲人、政府、社会的感恩之心。

监区通过"六个一"工程的逐步推进和深入,给限减类罪犯正确的改造引导,使其形成良好的改造观,以实现监管安全的一方稳定。

入监教育从不同罪犯入手、从每个罪犯的不同情况入手,细致的工作给监狱的入监教育促稳工作打下了良好的基础,也给今后罪犯的稳定改造打下了坚实的基础。

第二节　中期阶段的教育改造实践

服刑中期阶段,一般是指投入监狱改造半年以后至离刑满释放半年之前的这段时间。这段时期是在长刑期罪犯整个的服刑改造中所占比例最大的时期,是罪犯在监狱民警的教育下,产生、发展和巩固当前生活情趣和学习需要的时期,也是外部影响同自我教育相结合,由强迫改造过渡到半自觉、自觉改造的时期。在这时期大部分罪犯开始逐渐适应监狱的服刑环境,对劳动改造慢慢习惯,思想已有所转变,情绪也相对稳定。他们在监狱民警的教育影响和政府的人文关怀下,对自己的罪行有一定的认识,自尊心和荣誉感也得到相应的恢复,成绩突出的罪犯还产生了争取奖励和减刑的迫切愿望。当然,也有极个别罪犯的情绪还不稳定,对自己的改造目标仍不明确,仍然存在较大的人身危险性。在服刑中期阶段的罪犯,也最容易产生不利于改造的心理因素影响,这个时期不利心理因素的主要诱因有徒刑期限、犯罪性质、社会属性、家庭因素、自身生理心理因素的影响等等。

中期阶段的教育主要是监狱围绕罪犯开展包括思想文化教育、生产劳动、行为养成等重要方面的改造工作,促使罪犯心理稳定,纠正过去错误的认识,树立正确的世界观、人生观、价值观,形成合理的行为习惯,确保监狱监管改造秩序稳定,同时也让少数心理不稳定的罪犯开始改变不良认识、行为与习惯,让改造目标不明确的罪犯能够逐步走上正确改造的道路。会见、帮教、通信是罪犯与外界联系的主要方式,也是监狱实施狱政管理、处遇管理的重要内容,对罪犯的改造稳定发挥着重要的作用与影响。

（一）思想文化教育

《监狱法》规定:监狱要对罪犯进行思想教育和文化教育,通过教育来保证罪犯思想、心理稳定,促进本质改造。第一,思想上重视。监狱民警一定要在思想上高度重视罪犯的思想与文化教育工作。我们只有用正确的世界观、人生观和价值观去引导罪犯的思想,才能将他们改造成守法公民,才能使他们出狱后不再犯罪。第二,行动上践行。思想上重视了,还要有实际的行动。要做好罪犯的思想文化教育工作,需要广大监狱民警的努力。监狱民警的言传身教对罪犯的影响很深,需要不断提高民警的修养和个人素质,用自己的高尚人格去引导罪犯。第三,方式上创新。填鸭式的教育容易让人反感,空洞的说教言语会显得苍白。如何在方法上创新,需要下一番功夫。社会帮教、罪犯互教、民警的言传身教、知识竞赛、电视、板报、健康的文艺活动等等,都是很好的方式。第四,内容上丰富。新的时期会有新的问题,罪犯思想教育也要与时俱进。罪犯的教育并没有标准的模板,灵活机动性大,不但要给罪犯讲法律法规、政策制度、时政要闻,还要讲心理健康知识、为人处事的道理以及开展爱国主义教育等等。古今历史故事、名人轶事、诗词歌赋等都可以拿来增加课堂教学的趣味性,于小故事中讲述人生的大道理,在旁征博引中指引正确的价值取向。

（二）罪犯生产劳动

劳动是人类的主要活动。人的发展源于劳动，人的行为养成离不开劳动，思想和行为的改变需要劳动的长期积淀。《宪法》规定，中国公民有劳动的权利和义务。把劳动改造作为改造罪犯手段之一是符合法律规定和人类发展规律的，是构建我国刑罚执行改造体系的重要内容，是提高改造质量的重要手段和有效方法。我们从法律角度上研究劳动改造，就是为了规范劳动改造活动，使其在法律的指引下充分发挥劳动改造手段的功能作用，防止不当的劳动影响改造效果，杜绝违反劳动规律的现象发生。因此，用法律制度规范和约束劳动改造活动，使其发挥应有的作用，有利于改造目标的实现。近年来，随着监狱企业生产转向服装及劳务加工项目，监区、分监区按照产量、质量对罪犯劳动实行统一考核具有相对的公正公平性，一定程度上激活了罪犯劳动改造的内在动力，调动起罪犯的主动性和积极性，激励罪犯在劳动改造过程中主动地发挥开拓性和创造性，较好完成劳动改造任务。但是，由于罪犯劳动改造岗位和工种不同，很难对比，况且每个罪犯的先天条件与个人能力不一样，建立完全客观公正的评价机制很难。对罪犯实施有效劳动改造的前提和基础是激发罪犯的主观能动性，由"要罪犯劳动"转变为"罪犯想要劳动"。要实现罪犯的这一转变，就必须对罪犯的劳动改造成果有一个客观公正的评价。这个评价现在用"分数"和"劳动报酬"相对公平地体现，通过"多劳多得，少劳少得，不劳无获"的劳动过程，帮助罪犯树立起"爱劳动，懂劳动，能劳动，会劳动"的观念。

（三）罪犯行为养成

罪犯的监内生活时间占了罪犯服刑改造总刑期很大的比例。加强罪犯的日常卫生、娱乐活动的管理，对规范罪犯行为养成，形成正确的生活习惯有着重要的影响。规范行为养成与教育改造、劳动改造一样，同样对罪犯的改造起到相当有效的作用。一是规范日常言行，做到文明礼貌。要求罪犯举止文明，行为符合规范要求。整治日常言语不文明、喊绰号、说脏话、在活动室行为举止不规范、串岗、超范围（区域）活动、擅自脱离互监组、不按规定进出民警办公室等不当行为。二是规范内务卫生，提高卫生意识。环境卫生整洁，物品摆放有序。整治监舍及环境卫生不整洁、摆放不统一、罪犯着装不规范、未按要求佩戴标识、私改（制）囚服、罪犯公共场所乱抛杂物等行为。三是规范队列行进，增强遵规守纪意识。以罪犯队列规范为抓手，要求队列行进做到精神面貌昂扬，队列动作准确整齐，口号响亮有力。整治在队列中打闹、携带物品、动作不规范不准确、进出监舍不规范等行为。四是规范劳动行为，确保生产安全。要求罪犯严格遵守操作规程，遵守劳动纪律,服从生产管理。强化治理将劳动工具和危险品违禁品带进监舍、未向值带班民警汇报、擅离劳动岗位、劳动现场生活物品乱摆、衣物乱挂等行为。

第三节　后期阶段的教育改造实践

改造后期阶段,一般是指罪犯在刑满释放前半年至一年左右的这段时期。这个时期,罪犯容易情绪不稳,是思想活跃的时期,在服刑中期改造表现较好的罪犯,到了这个时候也会产生不利的思想因素。罪犯一进入这个时期,常常会打破中期改造中稳定的思想情绪,主要是因临近刑满释放的因素所引起。无论是在监规纪律上还是在劳动改造上,和中期相比都会有一定的差距。有的只要一报了减刑或假释材料,就对自己的身份意识有所淡化。在劳动生产上,以前为记功减刑时一天就能完成的任务,报了材料后一般要两至三天才能完成。在平时改造较好的罪犯,学到一技之长的罪犯,由于即将刑满释放,对新的生活和自食其力充满憧憬,但有时也会为出监后能否找到合适的工作而担忧。有的罪犯还在出狱一个月甚至几个月前就开始充满各种遐想,经常勾勒出刑释后的生活蓝图,甚至有时想着在回家的路途中会遇到谁,遇到时要怎么和他们打招呼,带点什么东西回家,回家后见面时的第一句话怎么说……都有可能颇费思索。改造成绩不稳定的罪犯,临近释放时以前的不良行为有可能在自己的头脑里不停地闪现,打算"在监狱里面的损失要在出狱后补回来",策划重新犯罪的作案手段,有的甚至策划对以前的"仇人"进行打击报复的手段等等。另外,农村籍罪犯思乡心切,但又怕刑满释放时羞对乡亲和家人。他们临近释放前就沉浸在这种既盼望回家、又害怕回家的思想中。

后期阶段的教育主要是出监教育,指为增强罪犯回归社会后适应社会、就业谋生的能力而重点对罪犯进行形势、政策、前途及遵纪守法等方面的教育,开展各种类型、比较实用的职业技能培训和必要的就业指导活动。

出监教育可以检验、总结改造成绩,巩固改造成果。通过出监教育,可以使罪犯进一步吸取过去犯罪的教训,总结改造成绩,明确今后应该做什么人,走什么路。在出监教育中,应要求罪犯充分珍惜这段时间。在学习过程中,要求紧密联系个人的思想实际,侧重解决好思想认识问题,包括认罪服法、转变人生观、争取光明前途等,以此来检验自身的改造成绩,思考这几年的改造生活:如自己在改造犯罪思想上都解决了哪些认识问题? 收获有多大? 为什么同在一个环境中进行改造,有的人在改造中立功受奖或得到减刑的奖励,而有的人却受到延长刑期等处罚? 这些都需要罪犯结合自己的改造实际,回过头来认真地进行自我反

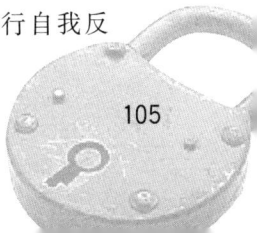

省,从主客观上系统地总结正反两方面的教训,明确今后如何做人,如何做一个能够适应现代化建设需要的新人。出监教育可以进一步增强罪犯的法制观念。罪犯服刑改造期间,首先要解决的是认罪服法问题,法制教育又贯穿于整个改造过程,"法"这个字眼使罪犯有着特殊的感受。它伴随着罪犯度过了整个改造生活,而且还将要伴随罪犯踏上人生新的前程。所以,学法、知法、守法,对罪犯有着更重要的意义。罪犯经过监内改造教育,大多数人都能从过去的违法犯罪中接受教训,并且认识到自己犯罪的原因虽然是多方面的,但缺乏法制观念则是一个重要因素。服刑期间,多数人树立了守法的决心,取得了较好的改造成绩。但还有少数人,嘴上说的和心里想的不一样,甚至有少数罪犯到刑满释放时也不认罪、不服法,企图报复心理和重新犯罪思想如不尽快彻底解决好,那么一旦回到社会,必然会重蹈覆辙,再次受到法律的严肃处理。出监教育可以使罪犯认清前途,增强信心,迎接新的生活。关于罪犯的前途出路问题,每个人都在关心,都在思虑。有的甚至吃不下饭,睡不好觉,这是十分自然的。这种心情也是可以理解的。他们所考虑的问题归纳起来,有三个方面:一是忧虑就业问题;二是担心家庭生活;三是疑惧社会歧视。这三者的核心是前途出路问题。罪犯在监内服刑改造多年,虽然通过报纸杂志、电影电视、网络等信息载体,了解到大墙以外的一些情况,但对整个国家当前的政治、经济和改革的发展形势,还不是十分清楚。因此,也就自然会产生一些顾虑乃至偏见。如果在出监前不能正确地解决对前途出路的认识问题,那么出监后的第一步就会出现偏误,就会失去信心,甚至一蹶不振。大多数罪犯在改造中取得了一些成绩,也有重新做人的决心。回归社会后,许多人是会得到热情教育和帮助的。但同时,也不能排除部分人的不理解和不信任。因为他们过去危害过社会、危害过人民,造成过他人的痛苦。所以,在出监前,要教育罪犯遇到这样的问题时应正确对待,要靠自己的努力,用自己的实际行动,用前进道路上的成果,去改变别人的看法。也就是说,应使罪犯明白,要想改变别人的看法,要想取得社会的信任,首先要改变自己的形象。这其中之关键,还在于自己有没有信心,有没有勇气与自己的过去决裂。

出监教育内容可分为三大部分:一是面向过去罪犯改造生活的总结教育。引导罪犯实事求是全面总结过去改造生活的成绩和存在的问题,拟定出监后工作、生活的规划,组织罪犯从法治素养、思想道德、文化技术、纪律作风四个方面开展自我总结。二是面向罪犯自身素质缺陷的思想、文化、技术的补课教育。针对罪犯存在的各种思想问题和行为态度,对照罪犯改造好的标准,按照"缺什么补什么"的原则,对罪犯进行思想、文化、职业技术等相关内容的补课教育,其重点是政治思想和职业技术补课,侧重讲解刑法、刑事诉讼法、治安处罚法、税收征管法等常用法律法规知识,教育罪犯正确对待和处理可能遇到的原团伙成员拉拢等情况,防止其重新犯罪。职业技术教育突出"短、平、快"特点,使之符合罪犯的创业设计和就业需求。三是面向未来罪犯刑满释放回归社会的适应教育。针对罪犯即将刑满释放而进行的增强罪犯适应社会生活能力的教育,其主要内容包括形势、政策、就业安置、市场经济、心理健康、理想前途等教育。要大力加强对罪犯回归社会前的就业指导,开展实用多样的职业技能培训,增强其回归社会的生存能力;加强创业培训,提升其回归社会的发展能力;开展社会适应训练,增强其回归社会后适应社会心理承受能力。要教育罪犯认识到履行公民义务,遵守道德规范、纪律制度、乡规民约是做好一个合格公民的起码条件;学法守法,吸取犯罪教训,是获得自由和幸福的保障,从而使罪犯时刻警钟长鸣,洁身自好,不再重蹈覆辙。

　　加强出监教育是对罪犯改造的重要一环。通过针对性的教育,通过个别思想教育工作,使罪犯放下思想包袱,消除疑虑,正确对待家庭,正确对待社会,无疑是他们出监后走好人生之路的有力保证。应从以下几个方面着手认真抓好出监教育:一是集体教育和个别教育相结合。集体教育以集中上课为主,由民警亲自授课,主要解决罪犯中的共性问题;个别教育主要针对罪犯特殊思想问题,进行帮教、疏导,使其在出监前去掉思想疙瘩,消除顾虑。这里特别需要强调的是,为了使罪犯的思想问题在出监前得到及时解决,个别教育必须及早进行。二是监内教育同社会帮教相结合。在监内教育的基础上,可以邀请当地公安、劳动和社会保障、民政、工商、税务等部门,向罪犯介绍有关治安、就业、安置、社会保障等方面的政策和情况,教育罪犯做好出监后应对各方面问题的思想准备。安排罪犯家乡所在地政府官员来监狱做报告,宣传社会形势,给罪犯吃"定心丸",还可以请先期出监并在社会上做出成绩的刑释人员来狱现身说法,使他们看到光明前途,找到学习的榜样。三是正规课堂教育同电化教育相结合。监狱可以派人到罪犯家乡去采访,进行录音、录像、拍照,把罪犯家乡物质文明和精神文明建设的成果用音像形式记录下来,组织罪犯收听收看、参观图片,使他们亲自看到家乡的喜人变化,从感情上缩短与家乡亲人间的距离,进一步增强回归社会的勇气。

　　通过出监教育能使罪犯正确对待前途并掌握争取光明前途的方法,使罪犯认识到这样一条道路:出监后遵纪守法,勤劳肯干,积极为社会做贡献,就会得到社会的承认,也一定会有光明的前途。

第七章　罪犯服刑生活的导引

　　罪犯一切活动都是在服刑生活之中,罪犯如何面对被执行刑罚的生活就是服刑生活观,它体现在日常的生活之中。罪犯生活观是罪犯价值观在服刑期间的具体体现,罪犯日常服刑生活的点点滴滴就是罪犯价值观的外在流露,处理好罪犯服刑生活就可以执行好对罪犯的刑罚,正如陶行知所言,"生活即教育"。在希腊人的生活中,道德幸福被看作"是个体对自身人格和道德行为的满足,并因此是对其所行之事的满足"①。可知生活是希腊人道德幸福之本源。罪犯生活事件量大,异常情况触发诱因多种多样,但监狱能把事态控制在初发状态,罪犯生活情绪得到有效控制,罪犯生活价值观得到调适。原因是什么呢?高度警戒?刑事奖惩?考核激励?规范约束?强化劳动?个别教育?是的,答案是同这些原因有一定的关系,但不仅仅是一种因素在起作用。经统计分析,罪犯生活情绪之所以得到有效控制,是因为每个事件诱发后不管状态如何,民警谈话是少不了的。随机调研 824 份要情中有事件 2717 件,实现谈话后罪犯情绪稳定达 1912件,外加 15 件群体事件得到控制,占 70.9%;824 份要情中共有 60026 人次警力投入谈话,涉及罪犯 103823 人次,如此海量地导引罪犯服刑生活细节工作,就是践行刑罚执行精神,对罪犯价值观进行重塑的"一刀一凿"。

第一节　服刑生活观教育与导引罪犯生活

一、罪犯生活观概念

　　价值观是个人或群体的、外显或内隐的、有关什么是"值得"的看法,它影响

---

① 马尔霍兰.康德的权利体系[M].赵明,等译.北京:商务印书馆,2011:169.

着人们的行为选择及判断事物的方式、手段和结果①。个人价值观是个人经由生活经验所建立的比较持久的价值信念②，罪犯价值观就是罪犯被执行刑罚生活经验所建立比较持久的价值信念。而罪犯生活价值观是罪犯如何面对被执行刑罚的生活，即罪犯被执行刑罚过程中的生活行为、生活习性、生活经验方面的价值信念，简称为罪犯生活观。

罪犯生活观原发、外显，与行为表现近，易调适，有利于引导；罪犯价值观内化、持久，基本固定，对事物的选择和判断较稳定，需要一定过程才能重塑。由于罪犯被执行刑罚过程中必须接受刑罚机关的惩罚，罪犯生活观成为罪犯价值观在被执行刑罚生活中的体现，重塑罪犯价值观离不开罪犯服刑生活过程。监狱管控被执行刑罚的罪犯，导引好罪犯生活，促进罪犯生活观的提升，对罪犯价值观重塑的现实路径，也是一种行之有效的方法。

二、罪犯生活观变化的因素分析

理论界对罪犯改造因素即监内教育促进罪犯价值观变化的分析各有各的观点。主要有单因素论、三因素论、七因素论等。从抽样样本事件诱因进行归类统计分析，第一层次为自我内因，主要包括成长经历、犯罪史、服刑心理状态、对待环境心态；第二层次为环境外因，主要包括法律（政策与考核）、监狱、民警、囚因关系；第三层为社会外因，主要包括社区、亲属（来信、电话、会见）、犯罪被害人（见表7.1）。抽样824份要情记载事件，就罪犯个体而言，基层民警通过综合运用监管条件并实质性地分析出主要因素，进行谈话，第一时间控制情绪，有效地导引罪犯服刑生活，促进罪犯生活观调整，起到一个行为强化的过程。

表7.1　罪犯生活观变化相关因素

项　目	因　素
自我内因	成长经历、犯罪史、服刑心理状态、对待环境心态
环境外因	法律（政策与考核）、监狱、民警、囚因关系
社会外因	社区、亲属（来信、电话、会见）、犯罪被害人

① Kluckhohn C. Values and value-orientations in the theory of action: An exploration in definition and classification [M]//Parsons T, Shills E. *Toward a General Theory of Action*. Cambridge, MA: Harvard University Press,1951:99.

② Lusk E J, Oliver B L. Research notes:American manager's personal value systems revisited [J]. *Academy of Management Journal*,1974,17(3):549-554.

三、导引罪犯服刑生活与罪犯生活观教育

（一）导引罪犯服刑生活概念

导引的第一层意思是引导和带领；第二层意思是用仪器指挥运动物体按一定路线运行；第三层意思是古代健身方法中由意念引导动作，配合呼吸，由上而下或由下而上地运气。此处导引偏重于引导，有带领、指导罪犯按照合理的路径运行生活轨迹的含义。

导引罪犯服刑生活指刑罚执行机关引领被执行刑罚的罪犯不断适应被管控生活的过程。导引罪犯服刑生活可以依赖多种监管措施，基于最优控制，以处置准确性和有效情绪控制性为目的，实现对罪犯刑罚的规范执行，促进罪犯生活观的提升。

（二）导引与教育管理措施的关系

第一，导引与高度警戒。导引与高度警戒是相辅相成的关系，导引得当有利于高度警戒的保障功效，高度警戒到位有利于导引的展开。第二，导引与刑事奖惩、考核激励、规范约束、强化劳动、教育改造、生活卫生要求、心理辅导等监管措施。刑事奖惩、考核激励、规范约束、强化劳动、教育改造、生活卫生要求、心理辅导等监管措施执行过程中需要由导引实现"最后一公里"。刑事奖惩、考核激励、规范约束、强化劳动、教育改造、生活卫生要求、心理辅导等监管措施侧重于硬性要求，导引倾向于罪犯对刑事奖惩、考核激励、规范约束、强化劳动、教育改造、生活卫生要求、心理辅导等监管要求的内化，成为服刑生活过程中的自觉行动。第三，导引与"互联网＋"现代科技。二者是相互促进的，同样为了实现监狱改造罪犯的目标，"互联网＋"现代科技在监管改造中的应用越精准，导引就越有效；导引越明确，"互联网＋"现代科技平台作用的发挥就越显现。

（三）导引罪犯服刑生活在罪犯生活观教育调适中的特征

第一，涉及罪犯服刑生活的全过程。罪犯服刑生活从失去自由起至执行完毕止，导引罪犯服刑生活也是伴随着从罪犯失去自由至执行完毕的全过程。抽样统计谈话数据是每个单位每天对事件的处理记录，从第一份至最后一份，全过程没有落下一个单位环节。第二，规范罪犯服刑生活的全方位。罪犯失去自由代表罪犯现实生活全面改变，无法继续自主地决定生活行为，而是要同被监禁的环境相适应。而监禁环境中的罪犯生活需执行机关全方位地统一规范，如作息时间安排、队列行进要求、违规行为规训强化、生产劳动、活动空间等。抽样统计

事件及诱因状态可知监狱对罪犯服刑生活的全方位管控,每日重点监控及回放情况是监狱层面有针对性的重点方位管控。第三,实现罪犯服刑生活现象的全透明。执行机关为了体现司法机构的职能,实现司法机关的职责,要确定自身的监管目标。这就需要在合理的范围内规范罪犯个人行为,以有利于执行机关实现监管目标。特别是现代"互联网+"及监控技术的运用使罪犯个人行为透明度更高,如睡姿朝向不对、躲在棉被里看书、工作场所聊天等小细节,都能监控到并第一时间通知现场民警介入,实现导引罪犯服刑生活行为更具准确性。第四,强化罪犯服刑生活的全定格。监狱罪犯服刑生活长期稳定,生活行为、生活习性、生活经验都容易固化,行为动力趋于定型,生活沉淀趋于定格。这是长期导引罪犯服刑生活等强化行为的结果。

第二节 导引罪犯服刑生活的基本思路

一、导引罪犯服刑生活的实践价值

(一)导引罪犯服刑生活样本的每日要情主要内容

每日要情经当天会议分析研判,汇编成当日简报,包括:日重要狱情汇总、处置意见、个案情况、罪犯反映的热点问题、视频监控检查情况、当日需职能科室解决的问题、民警夜巡情况、日信息收集情况、监狱副总值班情况汇总并分析、监狱总值班点评。

(二)导引罪犯生活样本体现罪犯整体服刑生活的动态稳定性

对 824 份要情中个案情况进行分类统计,共 2717 件,分类初步梳理,按事件性质分:争吵类 240 件,其中事发时可控 213 件,事后经处置可控制 17 件;行凶类 20 件,其中打架 3 件,打人 9 件,用凳子一类随手拿到的物品行凶 8 件;自己明确不想活或暴露自杀倾向或实施自杀行为的事件 34 起;脱逃类为 0 件;对抗类 5 件;暴狱 0 件;劫人 0 件;纵火 0 件;投毒 0 件;群体事件 15 件。

研究 824 份要情中 2717 件个案情况,除 15 件群体事件外,对 2702 件个案做了起因判断。来源于家人诱发 644 件,其中来信诱发 332 件,亲情电话诱发 161 件,会见诱发 151 件;来源于减刑假释诱发 442 件;来源于劳动诱发 252 件;来源于学习诱发 80 件;来源于生活诱发 974 件;来源于法律法规政策、监规及其他因素诱发 310 件,其中刑事法律及政策 257 件,考核监规 53 件。

研究 824 份要情中 2717 件个案情况,除 15 件群体事件外,对 2702 起事件做了情绪可控情况统计。稳定情况为可控,达 1912 件,占 70.76%;波动大及精神异常类为不可控,为 790 件,占 29.24%。其中精神正常不可控为 626 件,精神异常不可控为 164 件。

824 份要情记载 15 起集体事件都是基层单位 3 人以上发烧、3 人以上拉肚子的卫生方面事件,其中 3 人以上发烧 7 起,3 人以上拉肚子 8 起。

824 份要情记载具体事件外,还有每日谈话。谈话事件因得到引导并稳定罪犯生活,不必作为要情事件上报。统计显示 824 天里共有 60026 人次警力投入谈话,涉及罪犯 103823 人次。

从上述统计情况可知,民警深入执法,以谈话为主导引工作实施到位,能促进罪犯服刑生活动态稳定。

(三)导引罪犯服刑生活样本实践价值

第一,大量的导引工作目标明确,有利于促进罪犯行为养成的稳定。导引工作第一目标就是控制事态,控制情绪,使其在分监区、监区解决。司法机关要执行刑罚,罪犯需要适应被执行刑罚的监管生活,是基层导引抛出的第一对矛盾。从统计分析该监狱在样本时期内实现"五无",按一个大事故隐含 10 个中事故,必有 100 个小事故理论倒推,2717 比 103823,该监狱基层基础工作明显扎实多了。从精神正常情绪不可控 626 起事件看,基层单位层面每天平均仅 0.76 人次,导引工作功不可没。[①]

第二,大量的导引工作措施准确,有利于提升罪犯生活意识正能量。基层民警导引过程中需对罪犯情况了如指掌,谈话过程、生产工作安排过程、家庭矛盾处置过程、惩罚接受过程等环节,确保了罪犯在面对现实,适可而止,稳定服刑生活等方面朝正方向发展。每日个案情况汇报中,除 15 起群体事件外,对 2702 事件都有初步的情绪判断。稳定情况为可控,达 1912 件,占 70.7%。

第三,大量的导引工作有效控制罪犯情绪,有利于确保罪犯生活秩序平稳,降低罪犯生活观形成负面刺激。如果说法院改革推进"以庭审为中心的诉讼模式改革",提升案件审判的效率和质量,那监狱运用导引,迅速解决罪犯各类生活问题,就是对行刑个别化和个别矫治方案的迅速推进,加速了现场处置力度和效

---

① 认知失调理论是著名心理学家里昂·费斯廷格提出的一种认知一致理论。认知失调是指由于实施了一种与态度不一致的行为而引发的不愉快感情。为了克服这种不愉快,人们需要采取各种方法减少自己的认知失调。而情绪稳定就是不愉快的感情得到控制,监狱环境中罪犯调整了认知,这也证明了基层工作为什么要把谈话后的情绪作为重要汇报内容的理论依据。

度,使罪犯在事件中的不良情绪得到及时有效控制,确保了监管平稳和罪犯生活的平稳,为罪犯生活观养成良性发展提供必要的生活指导。如统计显示争吵和行凶事件共 260 件,其中争吵达 240 件,可控达 213 件,可控率为 81.9%。

第四,大量的导引工作触动罪犯犯因性自我内因,有利于罪犯对犯罪的自我反思,生活中时不时点拨罪犯的犯罪神经,促进罪犯生活更加敬法畏法守规,强化罪犯守法价值观。导引罪犯服刑生活区别于高度警戒、刑事奖惩、考核激励、规范约束、强化劳动、教育改造、生活卫生要求、心理辅导等工作,在于民警深入分析个案罪犯的犯因性自我内因,能针对性地进行适时、适地、适可引导,提升罪犯行为规范性,会提高罪犯"自我纠错"的能力。

第五,大量的导引工作使环境外因的影响下降到最低,提升罪犯对服刑生活的信心。要情中反映自己明确不想活或暴露自杀倾向或实施自杀行为的事件34 起。34 起中真正实施自杀行为的为罪犯屠某,半夜从床上自然落下,但没成功;后续介入导引工作,对该犯的生活信心有帮助。而 33 起事件得到有效化解,提振罪犯信心,走努力改造下去的道路。如要情记载罪犯罗某(30 岁,故意杀人罪,无期,2014 年入监,严重异常)当日主动找民警谈话,表示不要劳动,不想改造,改造失去信心,对犯罪问题(案情为其妻出轨后将其杀害)没想通,并流露出自杀的想法。基层单位已对该犯进行谈话教育,并向职能部门作专题汇报。为了使环境外因的影响下降到最低,列为高戒备防控类管理。

第六,大量的导引工作使得来源于罪犯社会外因带来的矛盾,得到及时处置,促进罪犯改变对现实世界的认识,强化罪犯被执行刑罚受监管的生活意识,有利于明确自己身份角色定位。统计显示脱逃类为 0 起;对抗类 5 起;暴狱 0起;劫人 0 起;纵火 0 起;投毒 0 起。从一定层面反映罪犯在"高压"政策下,在导引工作面前,接受服刑这一现实。

二、导引罪犯服刑生活的基本思路

(一)执法有力,分工到位

导引服刑生活是一项基础性工作,没有强有力的执法,难于面面俱到,容易漏网或出现短板。而导引工作的分工有包干工作分工、现场管控分工、互联网＋技术运用分工等等,不一而足,分工就是为了实现罪犯服刑生活的全过程、全方位管控,实现罪犯服刑生活方式全定格。824 天里 60026 人次警力与涉及罪犯103823 人次就是分工负责、共同累积的结果。

（二）情况了解，评判准确

研究样本对事件诱因进行归类统计分析，把自我内因作为第一层，统计表格却没显示出来，在于要情记录事件中，会对罪犯的成长经历、犯罪史、服刑心理状态、对待环境心态等罪犯价值观影响因素涵盖进去。如要情记载罪犯周某（抢劫罪，原判 10 年 3 个月，余刑 7 年）在生产车间翻单时指着罪犯周某说"做人不要太装，忍你很久了，信不信弄死你"。民警找该犯谈话，没有发现二犯之间有明显矛盾，分析该犯可能因家庭原因导致精神压力大，经批评教育，并落实包夹，后续进行进一步关注。这个案例涵盖了周犯服刑心理状态、家庭因素、对待同犯的态度三个方面重要可变因素。所以导引工作需要基层民警对罪犯情况了如指掌，对待罪犯的危险性判断精准到位，能初步判断罪犯出现情绪波动因素。

（三）现场管控，介入及时

实现罪犯服刑生活方式全定格需要警力全过程、全方位现场管控。做到这一点方能及时介入，处置各类事件。如要情记载罪犯赵某（53 岁，因故意杀人，原判死缓，余刑 13 年 6 个月）患有高血压及先天性心脏病，入监后于 2007 年做了心脏搭桥手术，手术过后心脏仍旧感觉时不时的阵痛，每个月心脏会发病 1 到 2 次。2014 年以来病情愈加严重，特别是 2014 年 8 月某晚该犯心脏病突发，医务人员立即让该犯服用 4 颗救心丸，然后紧急送往医院进行抢救并让其住院治疗，不久后出院。三天后早上出工时，该犯心脏病突发，服用 3 颗救心丸后，被紧急送往监内医院抢救，并住院治疗，至今未出院。9 月又心脏病、高血压多次发作，发病频率越来越高。如果对赵犯没有及时介入，后果将会非常严重。

（四）措施有力，导引得当

基层管教民警管理过程中会遇到各种情况，如判断不准，措施不力，导引不当，则后患无穷。如要情记载罪犯龚某（抢劫罪，11 年，余刑 3 年 8 个月）上午 10 时左右，在车间突然大吵大闹、情绪失控，强烈要求给家人打电话；经分监区民警谈话了解，该犯因梦到父亲意外去世而情绪失控，分监区民警在与其家人电话联系后，再让该犯拨打亲情电话，在得知家人平安后情绪逐渐稳定，下午出工后正常参加劳动。过几天要情又记载罪犯龚某当天上午打报告给分监区，说自己坐牢是被别人设局陷害的，想马上回去。经谈话了解该犯有晚上失眠的现象且言谈举止中精神疑似有问题。后带该犯去监狱医院就诊，服用安定片后有好转，已经落实包夹管控。过段时间要情又记载罪犯龚某开始出现精神异常，称晚上做梦梦到有亲人过世，后情绪失控，痛哭流涕，民警对该犯进行谈话教育，并安排该犯打亲情电话,了解家庭情况正常,该犯情绪稍微稳定。第二天又反复,到医院治疗,开了安定类药物,晚上服药后仍旧睡不着觉。今日(要情记载日)下午收工时,该犯找警官反映自己只有三个月好活了,心脏只有一半了,在不断滴血,有最后一个愿望想回家一趟,如果回不了家,就要到医院里去。晚上分监区带其去医院,服药后即让其睡觉,现已落实包夹措施并让夜值班犯密切观察。不久以后要情又记载罪犯龚某上午接受心理咨询,发现该犯有强烈的心理抑郁、焦虑、幻想症,下午去监狱医院配了相关的药,情绪比较稳定,已落实包夹。不久要情再记载罪犯龚某今天上午到省某医院精神卫生科就诊。回监民警找该犯谈话,该犯对监狱安排其到外院就诊表示感谢,认为自己比昨天好多了,就是心脏这里还有漏气,同时,很想回到线上劳动。不久要情再记载罪犯龚某今日凌晨 1 点开始失眠,白天在车间安排稍微休息,休息后找其谈话,自诉精神比前两天好点。龚犯属精神异常不可控情况,但基层单位及民警必须分析清楚,到底影响因素处于哪个环节,明白了才能措施有力,导引得当,让龚犯走医疗治疗精神为主的道路。

(五)目标明确,评判情绪

监狱是改造人的场所,行为与态度不一致就会有不愉快是正常的,导引工作要把执行目标认真执行下去,就看罪犯情绪变化,情绪趋稳就是良性的。情绪变化越大,导引越需调整和改变。要情记载罪犯胡某(37 岁,故意杀人罪,原判无期,未减刑)某天早上去医院做好检查回来后情绪波动较大,与同犯发生争吵,不听劝告并有动手现象,经制止后对该犯使用了手铐脚镣戒具约束。目前,情绪一直不稳定,用嘴咬自己的手,有自杀倾向。已落实相关包夹措施,增加人员监控。这名罪犯后续服刑生活靠再导引才走出来。从统计的 1912 件可控情绪看基层导引工作对情绪的关注和对情绪控制的重视。

(六)执法到位,持之以恒

罪犯服刑生活是一个接受惩罚的过程,导引工作必须执法到位,持之以恒。如要情记载罪犯朱某(24 岁,抢劫罪,原判 12 年,余刑 6 年半)上午 7:20 在监舍大厅在没有任何征兆情况下,忽然朝罪犯张某脸上打了一拳,事后现场民警马上控制住朱犯并询问相关情况,了解到该犯认为罪犯张某在暗地里想搞他,在警官面前说他坏话,越想越气,一时冲动而动手。事后调查罪犯张某并无此事,汇报罪犯朱某纯粹是无中生有,是自己妄想。事后经合议决定扣罪犯朱某思想分 2.5 分并送高戒备监区。经分监区处理后两名罪犯都情绪稳定,无异常情况。后要情又记载罪犯朱某情绪波动较大,在反思室里吵闹。后监狱夜巡组及特警队

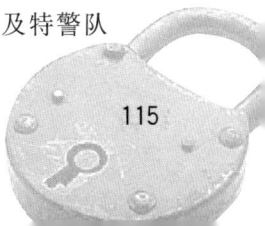

前来处置,该犯情绪仍比较激动,并有对抗举动。当天上午监区民警对其开展谈话教育,该犯表现出思绪混乱,情绪紧张。后终于在戒备区民警不断导引下慢慢走出阴影。

第三节　导引罪犯服刑生活的案例分析

一、以自我内因导引罪犯服刑生活

(一)成长经历

成长经历是一个复杂的因素,成长过程中的家庭、学习、就职以及是否曾有过违法行为等方面都有关联。要情记载中罪犯陈某出生在农民家庭,从小未读过书,自父亲去世后以讨饭为生。性格喜怒无常,比较好动,身体较好,个人生活尚能自理。劳动能力较他人差,好吃懒做,常被别人当傻瓜看待,无特殊兴趣爱好。入狱以来给人的印象是疯疯癫癫,对民警的教育虽能听,但不执行。喜欢开玩笑,可好话坏话听不懂。贪吃,爱占小便宜,给点小东西吃就高兴。言行较古怪,无法交流和沟通:问几岁,只知是小白兔;问判几年,有没有减过刑,均不知道。有时会为一些小事发火,脾气暴躁,常要用无赖的手段针对他人。情感幼稚,行为愚蠢,计算力、理解力、判断力及抽象思维能力不及小学生。基层单位房树人测验提示:情绪低落,留恋过去,自我形象贬低,存在明确的智力问题。精神医学鉴定结论为患轻度精神发育迟滞,其对服刑的法律意义尚有肤浅的了解,故认定有服刑能力。对其的导引工作分以下几步:一是设特教民警,安排懂得陈某老家方言的民警对其进行管教。二是固定场所及包夹人员,选取特别有爱心和耐心的罪犯。三是生活起居和文字识别从零开始教育。四是适度劳动的原则,以在监内做卫生工作为主。从目前情况看,疯疯癫癫次数在减弱,生活起居习惯有明显好转,文字识别能力有一定提高。

(二)犯罪史

对罪犯案情的掌握是导引罪犯生活民警的基本功,犯罪经历蕴含较多的罪犯个人气质。要情记载中罪犯张某,在2009年至2014年间采用爬墙、爬下水管的手段,在某地的多处乡镇政府办公场所,共实施101次夜晚盗窃活动,总计窃得财物计价值人民币21万余元。张犯智商较高,强于心计,借腹中还有一个牙刷头大做文章,希望改变改造环境。介入导引后对其强调劳动的必要性,安排外出做辅助工作,给予适当的定量考核,经一段时间的努力,该犯有一定的改进。

(三)服刑心理状态

要情记载中罪犯孙某在改造中以自我为中心,喜听闲言碎语,钻牛角尖,曾因与蔡某争执被扣思想分 1.5 分,教育收效甚微,仍整天猜疑他人,导致自己的交际圈子越来越小,改造状况令人担忧。监狱心理矫正中心也认真分析并拿出基层包教民警的导引措施,对前期工作做了充分的准备,掌握该犯的性格及心理缺陷,了解到他得了频发室性早搏(病因为病毒性心肌炎),确诊该犯为身体引起的焦虑症,对该犯因焦虑而产生的愤怒情绪进行原因分析,确立把稳定该犯情绪作为该犯日常服刑生活导引目标。据反馈该犯通过找对象将内心纠结倾诉,有烦闷情绪时及时找警官,焦虑症有较大的缓解。

(四)对待环境心态

要情记载中罪犯陈某属监狱导引对象中对待环境心态最"差"的,有"装病、伪病"情况。陈某自我封闭,机关算尽,为了逃避劳动而表现出逆反心理。一贯来劳动表现较差,半年时间内以自身身体仅有的一点附睾炎小题大做,每周一、三、五都要上医院,其中两次到地方人民医院,一次到监狱中心医院,内心对自身的这种表现还很赞同。他这不是心理问题,而是已经发展到心态问题。一天,他自我感觉改变场所的愿望能实现,于是手缠毛巾,边走边向他人打招呼说:"我要走了,再见。"并趁他人不注意,打了两拳。经防控严管处罚后再介入导引,该犯表达了自己心声,表示自己确实"失算了",到不了"老病残"处遇了。而对逆反改造的认识上,通过导引激活报恩及感恩之心,才低头承认自己对不起女儿及父母,对不起自己,对不起他打的人,要珍惜大家努力营造的良好改造氛围。

二、以环境外因导引罪犯服刑生活

(一)法律(政策[①]与考核)

监狱努力推进管理制度的公平性、公正性,公平、公正的实现虽有其困难,但基层单位努力推进就是为了及时有效导引罪犯服刑生活。如罪犯服刑生活中劳动方面因素,科学运用劳动教育,强调劳动手段改造罪犯的有效性、消除"监禁人

---

① 指广义的政策,包括法律、法规、条例、制度、规定等规定下来的执行内容。

格"影响,样本中受影响 252 人次。罪犯参加劳动在国际上得到公认和强调,劳动现场也是民警对罪犯实行导引的主战场。劳动教育的导引,有助于提高劳动教育的效率,加强对罪犯的劳动管理,充分发挥劳动的改造功能,强化罪犯师徒关系、互相监督关系、生产线整体合作竞争关系,从而提高罪犯劳动改造的积极性。在工种岗位的分配上,根据罪犯的生理状况、心理状况、技术水平、文化程度、刑期长短、改造表现等不同的指标,对罪犯进行相应的工种和岗位的划分,特别是多种犯罪类型罪犯、刑期不等罪犯等混编的复杂情况下,导引工作技术含量高,需充分考虑其对回归社会的适应性;而限减类罪犯、涉及邪教顽固类罪犯应把重点放在矫正工作上。如抽样单位中某基层单位有 21 名新"三类"罪犯,新出台的罪犯减刑、假释制度对他们进行从严要求,这部分罪犯从政策出台时起就有一种"每晚都睡不好"的压抑。基层单位为了避免政策影响的恶性传染,一是加强排摸,对每一名谈话一次,了解心态。二是加强劳动技能训练,如春节后对较懒的刘某、张某采取必要措施促其完成教育任务,减少政策影响带来的徘徊心理。三是争取家庭的支持,如罪犯王某对女儿特别牵挂,成为改造的主要动力源。基层单位鼓励王某给其前妻写信,给其父母写信,最终使王某前妻给其女儿寄衣服,父母更好地抚养其孙女,王某心头的石头落了下来,稳定情绪得到了加强。四是基层单位加强心理引导,组织一次新三类罪犯讨论会,促使新三类罪犯对于自己的犯罪行为、价值观有着深入的认识,正确面对现实。

(二)监狱[①]、民警[②]

抽样监狱能充分运用传统经验转化为导引措施。2015 年个别基层单位生活场所进行"翻顶修理",组织了一次"休整时期'四知道全能'竞赛活动",对试验对象进行一次系统减敏,要求罪犯知道自己的过去、知道自己的改造处境、知道自己的改造心态、知道自己的改造方向。以小组为单位参与各类文体活动、叠棉

---

① 美国纽约州立大学刑事司法研究院教授 O'Leary 与 Duffee 于 1971 年提出犯罪矫正政策模式。依据对个人、社区着重程度不同,将犯罪矫正政策分为镇压模式、改善模式、矫治模式和社会复归模式四种。(O'Leary V, Duffee D. Correctional policy: A classification of goals designed for change[J]. *Crime and Delinquency*, 1971, 17(4): 373—386; Duffee D. *Correctional Management: Change and Control in Correctional Organizations*[M]. Prentice Hall Inc., 1980: 89—102)借此说明监狱运行模式对矫治工作是一种导向。

② 监狱民警万金油式的通才要求对矫正工作形成了强烈挑战,2006 年华东地区监狱理论研讨会会议材料中,浙江省监狱学会政治工作学课题组的《行刑专业化进程中监狱警务技术职务制度的构筑》一文较详细地构筑了监狱民警新机制。欧洲将监狱工作人员分为 5 种类型:管理人员、监管人员、治疗人员、负责劳动车间或职业培训的人员、行政人员(吴宗宪. 当代西方监狱学[M]. 北京: 法律出版社, 2005: 582)。

被竞赛、卫生综合评比、队列竞赛、综合考核竞赛。机会均等的考核原则,以及严肃又有娱乐性活动穿插的松弛训练的交互作用,有效消除了以往紧张的改造气氛,减少了冲动行为的发生。

监狱注重监狱主文化宣传。在正当行使行刑权力的同时,充分进行文化宣传,能有效地控制罪犯的次文化。规章制度内化为罪犯的自觉遵从的行为模式需要监狱文化的建设、影响和陶冶。这方面的导引是对建设团队文化,如做横幅标语,进行板报宣传,搞演讲比赛、"向被害人忏悔"活动,编小报等措施的落实。通过监狱及民警的努力,导引工作能增进罪犯团体意识,强化集体荣誉感,更好地强化罪犯身份意识、改造意识、守规意识。

(三)囚囚关系

囚囚关系有时会很紧张,如要情记载某日早上在一个基层单位洗漱间门口,罪犯刘某(故意杀人罪,原判死缓,余刑 12 年 11 个月)与罪犯华某(抢劫罪,原判12 年,余刑 1 个月 20 天)发生争吵。华犯对刘犯进行质问,刘犯比较冲动,欲上前发生肢体冲突,被他犯拉住。事后对两名罪犯进行教育导引,两犯都能够认识到自己的错误并接受扣分处理。囚囚关系越紧张,反映出单位管控越不到位,处置好囚囚关系也是日常导引工作到位程度的显现。

三、以社会外因导引罪犯服刑生活

(一)社区

社区因素会影响改造及罪犯对回归生活的信心,接茬工作、治安情况、人文环境等都有影响,监狱对社区因素需进行提前的考虑和充分的正面引导。要情记载罪犯魏某提起假释,基层单位民警到当地社区进行考察,做好接茬工作。又如 1999 年入监、2014 年释放的罪犯王某向警官咨询,自己的户籍在养父母处,但其养父母已故,且无其他亲人,希望将户籍迁回生父处,不知怎么办理。基层单位将公安部门的户籍政策咨询结果告知其本人,提醒王某如何解决,有效地消除了王某心头一个疙瘩。

(二)亲属

监狱在导引工作过程中对罪犯亲属因素极为重视,统计显示 2717 起事件中有 644 件诱因在亲属,占 23.7%,通过来信、亲情电话、会见三种途径影响。如"五一"打亲情电话过程中,罪犯杨某知父亲已故,内心相当激动,并责问民警其家人写来的信为何被卡。又如罪犯徐某,因妻子提出离婚,当前法院正在审理过

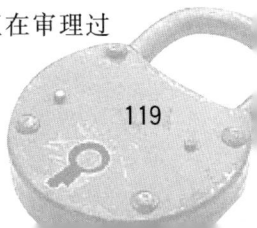

程中,但徐某夫妻俩已为财产处理而闹得不可开交,若法院处理不当,则徐某新生生活也必受影响。还如罪犯任某(抢劫、抢夺罪,原判 13 年,余刑 9 年)收到其在新疆服刑的舅舅来信,信中告知其在老家的父亲过世,该犯在得知消息后,情绪低落,并要求拨打亲情电话了解家里情况。分监区经正面导引,谈话教育后,情绪相对稳定。

(三)犯罪被害人

如罪犯陈某,1990 年因流氓罪被判刑 7 年,得到减刑后于 1994 年释放。陈某未能吸取刑罚惩罚的教训,于 2005 年纠集他人到被害人家,索要"坐牢钱"并持菜刀将被害人之子绑架到山上作为人质,构成敲诈勒索罪而第二次入狱。基层单位针对这一情况,对其进行多次正面导引,提高陈某对所犯罪行危害的认识,对不能假释的认识,对给被害人所造成痛苦的认同。有时组织罪犯"向被害人忏悔"活动,从清算罪恶账、坦白余罪、向被害人写忏悔书到认罪悔罪评估,能有效促进罪犯正能量的积累。

第四节　导引罪犯服刑生活
之行刑及社会政策调适构想

一、稳定减刑假释刑事激励,安顿罪犯服刑生活

国家以法庭审判为中心的诉讼制度改革正在如火如荼地进行,监狱民警也要参与到司法体制改革过程中。当前,监狱职能纯化已基本实现,监狱对假释案件执行的角色也回归到原位。刑八、刑九的出台和新"三类"罪犯的要求等变动给基层导引罪犯服刑生活带来较大难处,实践中减刑假释刑事激励要以平稳为主。当下最高院已出台减刑假释应用法律的规定,正朝着刑事激励稳定的方向发展,待到基层操作成熟,罪犯服刑生活梦想将更确定。

二、减少代币制政策使用,引领罪犯价值观改正

目前司法部新的积分考核措施已出台,虽然也有经济奖励作为补充政策,但代币制同实质性货币制还是有本质不同,特别是在监狱实现对罪犯服刑生活的全过程、全方位管控,生活方式全定格的现状下,以庭审为中心的诉讼制度改革等一系列司法体制改革组合拳出台,完全货币制更有利于基层导引工作。

三、综合运用监狱戒备等级，提升导引罪犯生活成效

从限减类罪犯到邪教类罪犯、职务类罪犯，从新"三类"罪犯、累犯、暴力犯到未成年犯、轻刑偶发初犯，导引服刑生活的内容、方式、要求都大不一样，"混编"改造对导引工作干扰较大。监狱及上级部门应当按照戒备等级对罪犯做好充分分类，有效地支持基层民警导引工作的展开。

四、促进监狱民警队伍专业化，强化导引罪犯生活能力

监狱民警万金油式的通才要求对导引工作形成了强烈挑战，但更专业的问题还是需要更专业的解决方案。导引工作虽已取得明显成效，但随着罪犯构成日益复杂，导引工作难度也在激增。前文曾提到欧洲将监狱工作人员分为5种类型：管理人员、监管人员、治疗人员、负责劳动车间或职业培训的人员、行政人员，这一考虑不无益处，对推进当前监狱民警队伍专业化、职业化无疑具有借鉴意义。

五、建构基本养老及大病保险类制度，完善导引罪犯服刑生活制度

建立包括罪犯在内的全社会基本养老及大病保险等托底政策，是社会公平正义的需要，有助于保障罪犯的基本权利。要情统计显示罪犯生活方面的974起事件中有362起同疾病有关，甚至出现个别伪病案例，监狱医疗资源负荷超重。基层民警导引过程中少了可依照的标准，罪犯成了"必医包医"对象。限减类罪犯不断增加，注定有的罪犯将在监狱度过余生。基本养老制度的建立能有效地缓解罪犯服刑期间过度医疗的需求，从根本上平衡监狱执法与社会福利的关系。

附：

日收日解汇报表

序号	汇报项目	汇报内容
1	基本情况	今日在册 0 名,其中新增 0 名,减少 0 名;在押 0 名;在监 0 名。其中高度戒备管理 0 人,禁闭 0 人,隔离审查 0 人,青春医院借用 0 人,住院 0 人(社会医院 0 人,青春医院 0 人,监内医院 0 人),解回再审 0 人,保外就医 0 人
2	前日处置意见落实情况	已落实
3	收集信息情况	今日 0 名民警共找 0 名信息员了解情况,其中口头了解 0 名,书面汇报 0 名
4	因会见、亲情电话、来信及提审等产生情绪变化的情况	今日会见 0 名,拨打亲情电话 0 名,来信 2 名,发信 0 名,提审 0 名
5	因日常考核、减刑、假释、保外就医、疾病、家庭变故等原因产生情绪变化的情况	无
6	异常言行、消极或抗拒改造等情况	无
7	危险及顽固类重要罪犯情况	正常
8	重点时段的监控回放情况	正常
9	存在囚囚矛盾、警囚矛盾、工囚矛盾、囚亲矛盾、法囚矛盾的情况	无
10	各类违规违纪情况	无
11	管理警戒用具日检查情况	正常
12	消防安全设施日检查情况	正常
13	群体反映的热点问题	无
14	日谈话教育情况	今日共 5 名民警找 8 名罪犯谈话
15	当日需职能科室解决的问题	无
16	其他需要汇报的情况	无

犯情分析会参加人员:

记录人:

2016-3-26

要 情 简 报

年 月 日

签发人： 编

今日重要狱情汇总：

处置意见：

个案情况：

处置意见：

罪犯反映的热点问题：

视频监控检查情况：

当日需职能科室解决的问题：

民警夜巡情况：

日信息收集情况：

监狱副总值班情况汇总并分析：

监狱总值班点评：

送： 发：

审核： 编校：

日要情事件统计表

日期及编号	事件人员编号	争吵		行凶			自杀	脱逃	袭警	暴狱	劫人	纵火	投毒	诱因									情绪（精正顽与非顽）			群体事件
		可控	不可控	有工具打架	无工具打架	打人								家人			涉案	劳动	学习	生活	法律		可控	不可控		
														来信	电话	会见					刑政	考核	精神正常	精神正常	精神异常	
合计	2717	213	17	8	3	9	34	0	5	0	0	0	0	332	161	151	142	252	70	974	257	53	1912	626	164	15

日收日解要情民警谈话参与量与谈话量统计

项目	序号 1	2	3	4	5	6	7	8	9	10	11	12	13	14	15	16	17	18	19	20	21	22	23	24	25	26	27	28	29	30	31	合计
2014年1月	1	2	3	4	5	6	7	8	9	10	11	12	13	14	15	16	17	18	19	20	21	22										
民警参与量	73	73	77	72	69	66	69	73	75	74	69	74	74	77	71	76	71	68	82	71	69	72										1595
谈话量	126	137	105	112	129	87	95	107	117	118	108	96	119	112	127	119	132	132	165	179	120	116										2532
2014年2月	1	2	3	4	5	6	7																									
民警参与量	70	82	87	72	76	68	72																									527
谈话量	116	151	209	155	126	106	141																									888
2014年3月	1	2	3	4	5	6	7	8	9	10	11	12	13	14	15	16	17	18	19													
民警参与量	76	75	69	76	73	76	78	75	76	68	78	79	83	71	74	79	72	74	74													1411
谈话量	138	108	106	101	130	112	133	143	115	110	91	161	238	107	126	163	142	114	117													2317
2014年4月	1	2	3	4	5	6	7	8	9	10	11	12	13	14	15	16	17	18	19	20	21	22	23	24								
民警参与量	79	67	80	78	75	73	72	78	85	84	79	88	77	78	72	81	92	89	78	75	74	74	70	78								1867
谈话量	96	102	148	138	111	118	90	136	159	132	132	139	140	130	120	166	203	228	174	119	110	111	152	153								3211
2014年5月	1	2	3	4	5	6	7	8	9	10	11	12	13	14	15	16	17	18	19	20	21	22	23	24	25	26	27	28	29	30	31	
民警参与量	90	70	78	80	77	76	69	72	77	77	77	72	75	78	78	83	73	73	73	68	75	72	71	71	72	68	70	75	73	70	72	2308
谈话量	162	124	133	139	106	129	108	153	127	125	106	119	129	148	149	166	120	124	110	113	140	150	128	98	106	122	131	106	124	110	99	3696
2014年6月	1	2	3	4	5	6	7	8	9	10	11	12	13	14	15	16	17	18	19	20	21	22	23	24	25	26	27	28	29	30		
民警参与量	69	75	78	76	73	64	67	70	73	56	67	61	73	74	63	66	82	70	72	72	74	76	82	74	82	71	64	69	69	70		2119
谈话量	135	120	124	130	105	121	128	111	112	118	109	104	102	103	128	93	101	111	123	124	135	144	99	117	144	111	99	102	117	128		3314

续表

项目	1	2	3	4	5	6	7	8	9	10	11	12	13	14	15	16	17	18	19	20	21	22	23	24	25	26	27	28	29	30	31	合计
2014年7月（序号）	1	2	3	4	5	6	7	8	9	10	11	12	13	14	15	16	17	18	19	20	21	22	23	24	25	26	27	28	29	30	31	31
民警参与量	69	73	74	66	93	58	70	71	72	62	70	75	68	70	76	71	59	78	67	68	68	74	76	75	71	66	68	68	66	73	70	2185
谈话量	151	129	127	104	132	85	112	124	114	110	114	120	91	86	185	109	97	132	113	103	106	123	136	149	128	111	101	112	105	107	102	3467
2014年8月（序号）	1	2	3	4	5	6	7	8	9	10	11	12	13	14	15	16	17	18	19	20	21	22	23	24	25	26	27	28	29	30	31	31
民警参与量	58	70	67	70	73	72	75	74	74	69	69	69	74	69	73	75	67	69	78	68	83	76	81	67	78	72	73	69	72	75	65	2224
谈话量	90	132	184	116	106	113	119	118	148	116	105	121	97	106	106	122	119	106	144	131	183	175	176	263	116	129	129	130	113	130	104	3957
2014年9月（序号）	1	2	3	4	5	6	7	8	9	10	11	12	13	14	15	16	17	18	19	20	21	22	23	24	25	26	27	28	29			29
民警参与量	65	83	75	76	69	72	87	73	69	73	74	65	74	72	73	69	73	68	76	68	74	80	64	78	93	74	62	67	81			2135
谈话量	110	143	122	131	111	123	125	122	105	127	129	127	120	118	114	130	154	122	148	113	160	198	121	156	179	127	95	131	198			3749
2014年10月（序号）	1	2	3	4	5	6	7	8	9	10	11	12	13	14	15	16	17	18	19	20	21	22	23	24	25	26	27	28	29	30	31	31
民警参与量	70	74	69	69	72	74	72	68	70	76	70	65	71	67	72	68	68	69	67	71	81	68	75	85	71	65	62	67	72	73	69	2195
谈话量	134	126	116	117	120	127	116	103	103	143	116	100	103	117	121	118	120	128	106	162	202	172	221	224	150	101	95	127	127	126	113	3926
2014年11月（序号）	1	2	3	4	5	6	7	8	9	10	11	12	13	14	15	16	17	18	19	20	21	22	23	24	25	26	27	28	29	30		30
民警参与量	68	69	67	75	74	75	75	72	68	66	78	85	68	75	76	71	70	66	61	73	78	73	64	76	64	69	71	74	76	67		2144
谈话量	120	122	121	125	120	137	147	120	101	97	110	152	127	128	131	124	111	108	128	150	259	198	117	135	117	107	124	134	138	114		3802
2014年12月（序号）	1	2	3	4	5	6	7	8	9	10	11	12	13	14	15	16	17	18	19	20	21	22	23	24	25	26	27	28	29	30		30
民警参与量	74	76	67	76	73	72	97	70	79	73	73	76	69	67	67	62	77	72	74	76	76	87	89	95	75	71	68	69	72	72		2246
谈话量	164	138	173	135	148	117	153	121	163	146	142	138	183	160	160	157	162	164	160	197	255	215	210	195	133	124	163	114	133	154		4613

续表

项目	1	2	3	4	5	6	7	8	9	10	11	12	13	14	15	16	17	18	19	20	21	22	23	24	25	26	27	28	29	30	31	合计
2015年1月 民警参与量	89	83	72	75	70	75	68	71	65	70	65	69	89	66	72	70	63	63	72	76	73	67	89	69	71	73	68	73				2026
2015年1月 谈话量	135	247	150	104	108	162	117	114	115	109	104	145	135	123	125	161	125	105	119	186	133	126	137	177	99	115	125	126				3592
2015年2月 民警参与量	64	88	75	81	71	66	73	64	68	65	95	74	71	85	65	68	72	80	75	61	86	72	76	60	71	75	50	67				2054
2015年2月 谈话量	126	136	135	147	165	157	136	92	127	124	131	163	130	162	159	168	142	167	178	137	152	123	147	155	107	123	134	82				3824
2015年3月 民警参与量	65	74	64	85	71	74	59	61	75	72	85	81	71	85	76	68	52	71	79	75	72	63	77	95	93	72	50	67	70	76		2243
2015年3月 谈话量	133	157	137	161	134	109	151	121	134	139	121	128	161	123	125	107	150	157	155	123	139	157	123	175	173	109	154	147	99	133	124	4134
2015年4月 民警参与量	73	63	95	75	73	51	68	73	61	63	70	61	70	72	74	70	73	73	70	70	50	63	77	61	73	52	72	74				1920
2015年4月 谈话量	136	122	167	126	107	152	147	126	94	127	129	137	107	123	126	129	135	130	106	121	152	126	132	223	142	149	129	124				3588
2015年5月 民警参与量	124	132	92	70	63	68	74	72	69	77	56	67	74	70	54	56	70	73	70	74	58	80	68	72	56	73	69	72				1908
2015年5月 谈话量	126	136	92	101	131	121	140	116	111	134	117	118	127	108	151	117	92	128	151	140	157	146	102	131	117	123	109	145				3357
2015年6月 民警参与量	65	68	73	71	77	72	75	72	59	72	79	83	68	69	64	73	71	68	77	77	68	87	69	62	70	71	65	72				2049
2015年6月 谈话量	169	121	128	119	142	121	98	110	162	122	150	83	110	122	172	113	123	117	128	117	154	117	102	182	116	133	117	132	163			3559

续表

项目	\序 号	1	2	3	4	5	6	7	8	9	10	11	12	13	14	15	16	17	18	19	20	21	22	23	24	25	26	27	28	29	30	31	合计
2015年7月		1	2	3	4	5	6	7	8	9	10	11	12	13	14	15	16	17	18	19	20	21	22	23	24	25	26	27	28	29	30	31	31 / 31
民警参与量		71	68	70	72	58	76	67	78	70	71	71	68	71	70	58	67	70	68	69	69	74	73	68	69	61	67	67	59	74	68	68	2131
谈话量		132	133	123	100	172	108	111	100	121	169	117	105	169	117	172	165	110	111	120	123	112	115	115	127	185	106	102	91	169	173	117	3858
2015年8月		1	2	3	4	5	6	7	8	9	10	11	12	13	14	15	16	17	18	19	20	21	22	23	24	25	26	27	28	29	30	31	31 / 31
民警参与量		65	68	70	61	71	67	68	67	78	59	79	66	68	61	65	63	65	69	78	69	67	67	78	70	65	67	67	71	65	62	77	2110
谈话量		176	116	146	185	182	110	121	121	187	175	165	126	127	173	106	99	92	108	187	122	186	150	159	120	187	103	108	123	112	95	197	4188
2015年9月		1	2	3	4	5	6	7	8	9	10	11	12	13	14	15	16	17	18	19	20	21	22	23	24	25	26	27	28				30 / 28
民警参与量		67	67	67	67	67	65	69	74	67	68	65	67	68	66	67	77	68	72	67	60	67	65	67	70	68	74	62	72				1897
谈话量		117	113	150	111	109	113	115	197	166	121	121	128	118	124	123	167	132	83	122	144	150	132	107	107	103	184	95	83				3418
2015年10月		1	2	3	4	5	6	7	8	9	10	11	12	13	14	15	16	17	18	19	20	21	22	23	24	25	26	27	28	29	30		31 / 30
民警参与量		69	65	61	63	67	67	67	73	74	68	66	67	68	59	70	65	77	64	67	70	67	62	68	69	69	67	75	77	65	71		2037
谈话量		110	139	173	115	125	116	136	179	132	129	108	97	185	90	142	105	185	100	104	156	110	143	143	142	119	110	151	176	113	133		3856
2015年11月		1	2	3	4	5	6	7	8	9	10	11	12	13	14	15	16	17	18	19	20	21	22	23	24	25	26	27	28	29			30 / 29
民警参与量		66	78	67	72	69	68	77	65	71	71	78	69	71	67	67	68	64	67	65	78	78	68	71	70	70	77	71	73	65			2027
谈话量		112	153	121	128	110	125	179	115	133	118	153	127	129	110	96	143	126	125	101	139	153	132	96	110	107	184	129	147	112			3601
2015年12月		1	2	3	4	5	6	7	8	9	10	11	12	13	14	15	16	17	18	19	20	21	22	23	24	25	26	27	28	29	30	31	31 / 31
民警参与量		68	78	67	69	69	67	69	68	73	73	68	80	66	71	69	75	67	66	70	64	68	80	71	75	67	72	67	65	71	72	72	2177
谈话量		110	150	135	119	122	110	174	137	145	150	120	151	132	143	113	126	177	140	169	121	140	160	138	106	111	187	109	110	145	146	115	4101

续表

项目	序号																															合计
---	1	2	3	4	5	6	7	8	9	10	11	12	13	14	15	16	17	18	19	20	21	22	23	24	25	26	27	28	29	30	31	
2016年1月																																31
民警参与量	78	69	81	69	67	72	68	75	66	64	75	68	65	69	67	72	65	65	71	71	75	62	70	71	70	77	74	70	71	70	66	2173
谈话量	138	136	160	113	130	189	137	156	119	124	135	138	98	113	99	188	99	107	155	106	136	115	117	115	106	187	136	135	126	134	105	3914
2016年2月																																29
民警参与量	67	67	71	71	79	65	69	68	65	70	68	69	71	66	79	64	69	64	66	72	66	66	66	68	61	74	69	72	68			1990
谈话量	136	133	115	151	214	130	165	151	130	116	138	99	125	103	212	98	165	119	114	110	106	92	102	108	106	232	139	121	115			3709
2016年3月																																31
民警参与量	72	65	71	66	73	66	66	68	71	74	71	67	68	68	72	64	69	76	64	79	61	72	71	67	69	65	73	70	67	72	72	2077
谈话量	110	112	125	102	252	95	139	150	125	105	106	98	100	118	110	126	139	249	98	212	113	110	135	121	113	111	163	114	101	110		3752
2016年4月																																30
民警参与量	67	71	73	74	68	71	68	72	69	65	67	71	70	72	68	68	72	67	80	65	67	66	72	79	77	80	78	74				1991
谈话量	118	183	121	223	134	150	103	110	105	118	98	105	107	253	186	195	115	121	110	112	121	133	258	162	156	110	243	205				4037
2016年5月																																31
民警参与量	64	67	71	70	71	69	65	65	71	68	71	71	71	66	70	58	68	71	68	80	71	66	71	66	71	60	63	66	65	82	69	2140
谈话量	150	98	105	114	255	110	185	95	92	105	124	101	105	103	253	110	154	129	101	110	102	101	105	105	258	118	177	102	100	111	135	3863
2016年6月																																30
民警参与量	71	71	71	77	80	58	68	75	82	68	71	67	71	71	64	58	70	66	79	67	71	71	71	74	70	58	71	70	77	68		2110
谈话量	101	105	115	268	117	154	111	204	111	138	101	105	115	253	117	165	100	106	109	137	101	115	105	253	90	172	109	135	112	136		3959
合计																																60016　103823　881　824

第八章　特殊类罪犯教育改造促稳实践

罪犯之间各自的情况千差万别,各不相同,如犯罪的主观原因、犯罪性质、犯罪情节、犯罪动机、是初犯还是累犯、是团伙犯还是单独犯以及他们各人的年龄、性别、出身、经历、家庭、环境、性格、爱好、文化素质、职业、恶习程度、改造表现等方面,都是不相同的。只有详细地研究和掌握这些不同点,才能针对他们每个人的不同情况,选择不同的教育方法。本章根据罪犯的犯罪成因、改造表现进行分类教育,主要分析顽危犯、老病残犯、限制减刑犯、职务犯、不认罪服法罪犯、家庭极度困难及发生重大变故罪犯、刑事奖励和行政奖励达不到预期目的罪犯、短刑犯的类型和特征,运用传统教育、现代教育、科技手段等方法来稳定心理,改造思想,矫正行为,提升罪犯适应社会的能力。

第一节　顽危类罪犯教育改造促稳的探索

顽危类罪犯在狱内押犯中所占比例虽小,但在犯群中的负面影响却是最深的,对监管场所安全稳定的影响是最大的,绝不可小视。做好顽危类罪犯的教育促稳工作,对于维护狱内改造秩序,确保监管场所安全稳定,提高罪犯整体改造质量具有十分重要的意义。只有牢牢抓住重点,扎实做好顽危类罪犯教育改造工作,才能更好地掌握维安促稳的主动权,从而在罪犯的教育促稳工作中取得事半功倍的效果。

一、顽危类罪犯的定义

顽危类罪犯简称顽危犯,是顽固型罪犯和危险型罪犯的合称,是指在服刑改造期间不认罪服法,顽固坚持抗改立场、观点、心理及存在潜在危害监管秩序、违法犯罪的罪犯。顽危犯在狱内改造中具有一定的破坏性、突发性和不稳定性,具有脱逃、行凶、自杀、扰乱监管秩序等危险性。如果对这类罪犯缺乏管理、教育,将严重破坏监管改造秩序,给监狱管理带来极大的负面影响。顽危犯主要分为两类,一是顽固型罪犯,指在服刑期间坚持反动思想、犯罪思想、对抗管教及犯罪恶习深,不思悔改,经长期改造教育仍顽固不化的罪犯,归属于"重点人物";二是危险型罪犯,指在服刑期间已被监狱掌握的企图从事脱逃、自杀、行凶、重大犯罪等具有现实或潜在危险性、破坏性的罪犯,以及未被掌握真实思想的新犯、流窜犯、惯犯、累犯等这类危险因素短期不能消除或现实危险因素突出的罪犯,又称为"危险分子"。

二、顽危类罪犯的主要特征

顽危犯一般来说都是主观恶习深,反社会、反改造心理强烈,且胆大妄为,易铤而走险的罪犯,具有以下几个特征。

第一是反改造性。顽危犯受家庭、社会环境负面影响较深,形成了不同程度的反社会意识形态,仇视社会、抵制改造成为其根深蒂固的支配思想。反改造的成因是多方面的,根据成因的不同可以分为不认罪型、恶习型、意识型、悲观型、不满型等不同类型。举不满型罪犯的例子,如累犯、涉毒再犯等,按宽严相济的刑事司法政策,监狱必须对其从严控制、从严管理,这会导致他们改造信心不足,面对漫长的刑期失去信心,对改造前途不抱希望,易形成自暴自弃和"破罐子破摔"的心理,甚至出现破坏监管秩序、自杀、制造事端强烈要求调外省改造等行为。

第二是危险性。顽危犯大多具有人格缺陷和严重的心理问题,他们头脑简单,心胸狭隘,遇事冲动,行为放纵,做事不计后果。除部分性格孤僻、不喜交往的顽危犯外,大多数顽危犯倾向于在狱内拉帮结伙,纠集同谋,相互依附,"团伙"成为顽危犯逆向改造、积累对社会仇恨、图谋报复社会的"温床",一旦团伙中的个体与外界发生纠纷,往往引发群体性打架斗殴事件,危险性十分巨大,突发恶性行为的概率非常高,并且又难以控制。

第三是顽固性。经长期教育改造仍顽固不化,主要有以下四类:一是坚持敌对立场,具有强烈的反社会意识,仇视社会主义制度,仇视国家政权,思想顽固;二是坚持犯罪思想,即法制意识缺乏,坚持犯罪立场和不认罪态度;三是对抗管教,即改造消极,时有抗改抗教行为,或采取伪病、装疯卖傻等手段企图逃避改造,并且持续时间长;四是恶习深重,即犯罪恶习深,不思悔改或难以改造。

三、顽危类罪犯的教育促稳实践

发挥教育促稳的作用,增强教育改造工作的针对性和实际性,需要我们从教

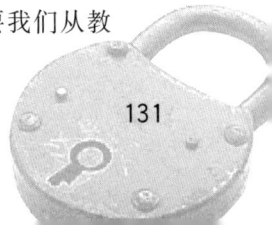

育方向、教育内容、教育体裁、教育手段等方面深入研究,下足功夫。对于顽危类罪犯的教育,需注重因人施教的原则,重点是消除危险性及顽固性。只有牢牢抓住重点,有的放矢,一把钥匙开一把锁,扎实做好顽危犯教育转化工作,才能更好地掌握教育改造工作的主动权,从而在罪犯的教育促稳工作中取得事半功倍的效果。

(一)做好顽危犯教育转化工作的步骤

顽危罪犯的产生有多方面的因素,因为每一个顽危犯的成长经历、人生信条、思想认识、个性心理特征各不相同,所反映出的危险形式也不同。要针对主客观因素和个性特点进行教育转化,尤其要选准突破口,因人而异,灵活地采取教育方法,进行耐心疏导,动之以情,晓之以理,使他们口服心服,切不可简单粗暴地滥施惩罚。客观因素方面,主要有以下三类:一是罪犯外部因素突发诱引而导致;二是不良环境气氛的催化,劣根性复发所导致;三是民警不当的工作方法引起激化所导致。针对顽危犯的教育转化,需要做好如下几个方面的工作:

1. 外围摸底。首先,从分监区环境、罪犯等不同层次了解列入顽危犯的具体细节情况,以便较为客观地对顽危犯做出相应的评价;其次,深入该犯周围的罪犯并对其日常行为模式进行调查,以掌握顽危犯与周围人群之间的关系、性格特征及兴趣爱好等;三是调阅顽危犯的正、副档,通过正档知晓其犯罪事实、经过、案件审理及判决情况,通过副档材料了解其顽危的性质、恶劣程度以及入监改造过程全貌;四是通过服刑指导中心调取顽危犯的《COPA-PI 测评报告》和《COPA-犯罪心理结构变化状况测试报告》。通过外围摸底,确定首次谈话的切入点及内容。

2. 谈话摸底。通过谈话,主要了解其犯罪史、生活史、服刑改造史、思想、情绪、会见、亲情电话、日常消费、日常考核、减刑、与同犯的相处、对外界的评价及看法、身体健康程度、比较关心的问题等情况,直观地进行初步判断,判断内容包括:一是与描述的结论是否一致;二是判断自我认知情况,是否精神异常;三是顽危犯的基本特点,改造中的优势、难点和潜力;四是教育转化从何处入手。

3. 顽危原因分析。通过外围摸底、谈话摸底,对顽危犯的顽危原因进行初步的分析,主要从以下四个方面分析:顽危犯的社会阅历、成长史、案件情况、婚姻家庭。

4. 制定具体实施方案。经过认真分析研究,初步确立转化方案,主要包括以下六个方面:一是建立信任关系;二是运用激励改造措施;三是帮助顽危犯确立改造目标;四是改造成绩等信息的反馈;五是预测、追踪;六是对教育转化过程中的有关信息及时交换意见,调整转化措施。

5.预测及采取工作措施。经过对顽危犯进行阶段性的工作,从其个人的成长史、犯罪史、改造史以及目前存在的问题分析其心理和行为可能会出现的几类问题,确定下一步将重点做好的工作,特别是继续做好安全防范工作,以及教育转化工作。对罪犯过分要求得不到满足而出现相要挟的情况,民警要尽量避免在争辩的环境中头脑发热,产生激烈对抗,应采取"冷处理、软着陆"的办法,以理服人,合情、合理、合法地将其逐步软化,"斗理、斗法、斗智、不斗气"地加以处置。

(二)民警处置顽危犯时应注意的几种情形

1.外部因素中比较常见的是家庭问题,因家庭突发事件因素诱发而形成的顽危犯,一般表现为痛不欲生、脑子空白、行为精神失常,教育重点应放在了解其突发事件上。得知他们的重大变故后,民警不宜立即去谈,否则可能适得其反,导致其烦躁情绪的上升。这时,该犯需要的是冷静,民警一般先简单地询问情况,表示关切和同情。同时要给予适当的时间让其休息,整理思绪,并安排专门人员对其管控,等该犯情绪平稳,痛苦感稍有缓解后,再不失时机地对其谈话、开导,发挥其亲属的影响作用,利用信件、亲情电话、会见时的肺腑之言,真情地劝导,加之适时、适度地引导教育,让其在无力改变的实际面前,面对现实,正视现实,并从生产、休息、奖励方面给予照顾,使这类罪犯从另一方面感受到温暖,减少刺激,使其心理形成正负抵消而趋于平衡的状态,以度过危险期,再利用可恢复、弥补的条件,努力促使其转化。

2.由于不良环境气氛催化产生的顽危罪犯,教育重点应放在寻找"闪光点"上。民警只要细致、耐心地去寻觅其身上被掩盖着的"微弱"闪光点,对微小的进步适时地予以鼓励教育,就可以使其树立积极改造的信心。要以其自身存在的"闪光点"为突破口,以点带面,持续不断地向其灌输正确的人生价值观,锲而不舍地启发其心智,不断提高该罪犯的思想觉悟,潜移默化地增强其自觉改造的内驱力。

3.由于民警不当的工作方法激化产生的顽危罪犯,处置必须及时,尽量避免其与激化矛盾的民警接触,以防止冲突进一步激化升级。民警在教育过程中力求推心置腹,以情感人,使其体验到真诚和实事求是,体验到政府改造人的诚心,促使其打消不轨的念头,树立起改造的自信心。

4.开展专题教育。定期组织罪犯观看《脱逃警示录》《新生》等反映罪犯脱逃受惩罚和积极改造、回归社会的专题片,同时对顽危犯进行引导教育,使他们认识到脱逃对自己和家人的危害,使罪犯明白"脱逃无出路,改造有前途"的道理。

5.开展危机干预。罪犯心理危机,通常是指罪犯在服刑期间,由于人格缺陷或意外事件的压力而导致的严重的紧张、焦虑、抑郁、愤怒等情绪体验,有可能会

引发自杀、行凶、脱逃等行为，或存在着潜在的危险的应激状态。其构成要素主要包括以下几个方面：一是重大的心理应激；二是急性情绪扰乱，表现出紧张、焦虑、抑郁等情绪状态；三是认知改变、躯体不适和行为改变，但不符合任何精神、疾病的诊断标准；四是当事人出现特殊问题而自己的应对潜能与之失衡。

（三）危机干预

危机干预是根据罪犯身心发展变化规律，以其内在的心理为对象，采取必要的教育、咨询和治疗手段，有效地提高其自身整体心理健康水平和心理素质，从而消除其心理危机产生的诱因和途径，从根本上降低心理问题的发生率，促进罪犯自身的心理健康。其内容主要包括：

1.危机干预的主要内容

（1）提高罪犯心理适应能力。一是要让有心理危机的罪犯正确地认识和接受自己，要看到自我的希望和发展动力，不要放弃自己；二是要使其学会处理人际关系的技巧，服刑中要正确处理好各种关系；三是要使其学会主动控制自己的情绪，把情绪波动的强度、速度和持续时间控制在正常范围内，掌握积极的心理防卫方法来调节自己的情绪。

（2）防止轻度心理障碍恶化。一般来说，心理冲突发展成心理危机都有一个从量变到质变的潜伏期，在这方面应立足于早期的疏导与治疗，所以，当罪犯出现人际挫折、家庭困难、改造问题以及情感绝望、抑郁或者人格变态等心理应激事件时，都要指导、提醒他们采取措施，及时阻止心理的进一步恶化。

（3）预防心理危机的发生。对已经预测出来具有心理危机发展倾向的罪犯要实施特殊预防，可以从原因入手进行有效的预防。例如可以通过亲情救助，帮助罪犯解决困难；也可以通过提高罪犯自我认识、处理问题的能力，达到特殊预防的目的。

2.危机干预的措施

在工作实践中，有时尽管采取各种预防和治疗措施，但有些罪犯仍然难免步入心理危机的沼泽，结果往往以爆发性的形式释放其心中的不良情绪，对自身和他人都具有极大的危害性，这就需要进行及时强化危机干预，避免造成灾难性后果。

（1）外部干预。即通过监狱民警、犯属、社会志愿者等采用宣泄、支持、澄清、决策等方法引导当事人走出心理困境、顺利度过危机期。具体来说，一是宣泄。宣泄法即运用支持技术如暗示、宣泄等手段释放危机中罪犯心中的抑郁、焦虑、仇恨等不良情绪，稳定心情。宣泄法的实施既可通过面对面的谈话教育、心理咨询与治疗方法实施,也可通过警察控制的心理宣泄室实施。二是支持。即在宣泄的基础上,引导罪犯重新认识目前的心态和这种心态的成因,并对这种心态所导致的后果进行全面的评估,在权衡利弊的基础上,自省到新的认识角度和行为方式,调动其认知潜力。三是澄清,即帮助罪犯掌握一些处理逆境和挫折的方法,以提高其应对能力。四是决策,即选择解决问题的合理方法。

(2)自我干预。在做好外部干预的同时,引导罪犯进行心理危机的自我干预。所谓自我干预是以自我紧急心理变化为干预对象,实施及时、有效的自我危机干预。实践中主要通过心理健康教育、团体辅导、知识讲座及个体咨询等方式帮助心理危机罪犯进行自我调节,实现自我成长,化解心理危机。

具体来说,一是了解心理危机产生发展的规律及表现特征,能够识别自身心理和行为的变化;二是适时宣泄,即遇到心理危机事件(例如配偶离婚、丧失亲人、人际关系紧张等)后,要充分体会这种痛苦,发泄情感(如哭泣和呼号),否则容易产生不良局面;三是寻求帮助,即在遇到心理危机时及时有效地寻求帮助,获得心理支持,尽快走出心灵的沼泽;四是掌握有效的心理防卫机制,正确应对,防止情感、精神上的崩溃;五是成长,即危机是一种生活变迁或转折,面临心理危机,个体的心灵受到考验,处理得当顺利的话,个体就上了一个新台阶,得到一次新的成长。

第二节　老病残类罪犯教育改造促稳的探索

老病残罪犯是罪犯中的特殊群体,由于年龄和身体上的客观因素,也是一个事故多发的群体。管理好老病残罪犯,对减少和预防狱内案件及非正常死亡,实现"四无"目标有直接影响。因此,研究和探索老病残罪犯的管理教育,破解管理教育老病残罪犯的难点,具有十分重要的现实意义。

一、老病残类罪犯的定义

结合《刑法修正案(八)》的相关规定,老年罪犯是指男性年满六十五周岁,女性年满六十周岁的罪犯;病犯是指患严重疾病,影响生活、劳动的罪犯;残犯是指因残疾(不含自残)而影响生活、劳动的罪犯。对身体残疾罪犯和患严重疾病罪犯进行减刑、假释,其残疾、疾病程度应由法定鉴定机构依法做出认定。

二、老病残类罪犯的主要特征

老病残罪犯由于自身生理、心理缺陷,加上被判刑入狱后,其人身自由和周

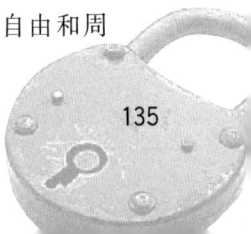

围环境等发生了根本变化,较大程度地导致他们生理、心理产生强烈反应,普遍存在一些共同特征,主要体现在以下方面:

第一,身体状况差。绝大部分老病残罪犯体弱多病,患有长期慢性病的占多数。不少罪犯肢体功能残缺、畸形;部分患有高血压、心脏病、糖尿病等危病症;个别长期卧床,有的长期住院,生活不能自理,处于反复抢救治疗的危重状态。较差的身体状况,使得这部分罪犯参加学习和日常活动的难度加大,学习和劳动能力受限,难以安排合适的改造岗位。

第二,思想僵化,可塑性小。大部分的老年罪犯,其人生阅历相对较为复杂,价值观相对定型,思想固执,认知也较难改变,不愿接受新生事物;残犯绝大多数因身体缺陷,自卑感较重,心理扭曲失衡,甚至仇视健全人;至于患病罪犯,因长期受疾病的困扰,其内心深处始终处于渴望健康又无法改变现状的复杂而又极其矛盾的心态之中,表现为心灰意冷,缺乏改造动力。这些人普遍对外界事物冷漠,习惯原有的思维定式。另外,老病残罪犯文化水平总体偏低,初中以下文化程度的罪犯占大多数,这也使得他们接受教育的能力普遍不高。

第三,心理自卑。老病残罪犯在改造中表现出自卑心理,自暴自弃、悲观失望、悲观厌世的思想情绪特别突出。他们最害怕体质不如他犯,怕被人瞧不起,被人嘲弄。同时,在平时的改造生活中难以跟别的罪犯沟通,思想消极悲观,易造成自杀和走极端,成为监管安全极不利的因素。

第四,缺乏廉耻感。随着社会物质文明的高速发展,受到社会不良因素影响,老病残罪犯因极端个人主义、享乐主义,贪欲邪念,老年性心理变态等因素而走上犯罪道路。调查表明,80％以上的老病残罪犯认为犯罪是外部环境所迫,把犯罪原因归咎于外环境,存在"倚老卖老""死猪不怕开水烫""破罐子破摔"等思想。

第五,亲情缺失。有些老病残罪犯原来在社会上就是家庭的负担,一旦判刑入狱,家庭反而感到卸掉了一个沉重的包袱,甚至常年不来会见,有的干脆断绝来往;大部分罪犯长期无人来信、汇款,亲情帮教更是少之又少;更有一些老残犯是对其家庭成员实施的犯罪,家人对其恨之入骨,就是将来刑释后回归社会,家中也不会接纳他,由于家庭接济的路子断了,只有寄希望于监狱调剂伙食、改善物质生活条件;还有部分罪犯特别渴望情感沟通和亲情抚慰,希望家人及当地政府部门能够来看望,给予物质上及精神上的帮助。

第六,心理脆弱。老病残罪犯的思想经常处于强烈的自我封闭和严重的自我否认之中,心理畸形扭曲,不愿自我外露,缺乏自信,同时对身边的事物又过分敏感、疑神疑鬼、神经质。家庭亲情的匮乏负面强化了老病残罪犯人格的缺陷。在孤独、自扰、苦闷及自卑的心境下,他们往往对待事物偏激,存在人格障碍者占相当比例。在生理、心理多重因素的影响下，成为心理疾病高发群体，安全隐患较为突出，这对监管场所的安全稳定保障工作是严峻的考验。

三、老病残类罪犯的教育促稳实践

对于老病残类罪犯身体状况差、行动不便、思想保守固执、心理脆弱、意志消沉的特点，监狱民警在日常教育管理中，可以采取"面上"宽松的改造政策，但实际必须严防安全隐患，重点是消除自杀等危险性隐患。

第一，开展刑事政策的教育引导工作。对于老病残罪犯，在减刑假释政策方面有一定从宽的政策。《最高人民法院关于办理减刑、假释案件具体应用法律的规定》(法释〔2016〕23号)第二十条规定，老年罪犯、患严重疾病罪犯或者身体残疾罪犯减刑时，应当主要考察其认罪悔罪的实际表现。对基本丧失劳动能力，生活难以自理的上述罪犯减刑时，减刑幅度可以适当放宽，或者减刑起始时间、间隔时间可以适当缩短，但放宽的幅度和缩短的时间不得超过本规定中相应幅度、时间的三分之一。《浙江省办理减刑、假释案件实施细则(试行)》第三十四条规定，基本丧失劳动能力、生活难以自理的老年、身体残疾、患严重疾病的罪犯或者年龄在七十五周岁以上的罪犯，确有悔改表现，且假释后生活确有着落的，可以依法假释。老年罪犯中男性在六十周岁以上不满七十五周岁、女性在五十五周岁以上不满七十五周岁，符合刑法第八十一条第一款关于实际执行刑期的规定，目前仍在保外就医，且保外就医已满一年，当地社区矫正机构出具材料认定其在保外就医期间能遵纪守法的，可予提请假释。可见，与其他罪犯相比，老病残罪犯在减刑假释政策方面有较大的优势，应鼓励他们积极改造，争取早日刑满释放。

第二，开展社会帮教工作。由于老病残罪犯在亲情方面缺失比较重，可以通过社会帮教来弥补这方面情感的需要。同时由于身体方面的原因，其劳动能力较差，劳动报酬相对比较低，加上家人常年很少联系，特别是无会见、无汇款、无通信来往的"三无"罪犯，在物质上及精神上受到双重的压力，有的罪犯会出现情绪波动比较大，羡慕嫉妒其他罪犯。对于此类罪犯，可在生活上予以相应照顾，保证其吃饱穿暖，在节假日进行慰问关怀，积极与当地政府及社会部门联系，经常来监开展社会帮教工作，帮助他们树立改造信心。

第三，开展养生保健知识讲座。老病残罪犯身体免疫力普遍低下，各机体组织都在老化，身体不同层次地存在一定的问题，因此对个人的身体及功能的恢复普遍较为关注。由于监狱医疗资源的有限性，老病残罪犯更需要懂得保健知识，可以通过购买杂志、搜集资料，定期参加讲座等方式，提高他们的晚年生活质量，做到"少打针少吃药"，同时也充实他们的工课余生活。

第四,积极开展生理卫生、心理卫生教育。充分利用现代科学技术,从减轻或消除生理病痛入手,通过开展心理咨询、矫治与药物治理,在减轻生理病痛的基础上减轻心理病痛。老病残罪犯心理问题普遍多发自卑、狂躁、偏激、悲观现象,因此,心理咨询民警应运用所学的心理咨询知识有针对性地做好心理咨询与矫治,保证这部分罪犯的心理健康,使其摆脱反社会心理,能够正确地认识社会,认识生活,正确对待服刑过程中的困难和挫折,通过多种方式矫正不良的心理疾病,重新社会化。将健康教育和日常教育结合起来,弘扬时代主旋律,倡导健康积极的主流文化,利用警言警句、英雄画像、优美的环境督促老病残罪犯立志改造、积极进取。

第五,开展休闲娱乐活动。在节假日期间,利用平时大家都比较喜欢的棋类、牌类等,广泛开展休闲娱乐比赛活动,努力促使老病残罪犯树立自尊自信、乐观向上的改造心态。

第三节　终身监禁限减类罪犯教育改造促稳的探索

随着《刑法修正案(八)》的实施,限制减刑类罪犯已陆续进入监狱改造,这类罪犯的监管改造问题给现有管教模式带来了挑战和考验。准确把握这类罪犯的思想、行为、心理等特点,开展针对性的教育促稳工作,对维护监管安全稳定具有现实意义。

一、终身监禁限制减刑类罪犯的定义

2011年2月25日,第十一届全国人民代表大会常务委员会第十九次会议通过《中华人民共和国刑法修正案(八)》(简称为《刑法修正案(八)》),并于2011年5月1日起施行。这是继1997年新刑法修订后的第八次修改和补充,首次提出对部分死刑缓期执行的犯罪分子实行限制减刑,是贯彻落实宽严相济的基本刑事政策的重要体现。

限制减刑类(简称限减类)罪犯是指《刑法修正案(八)》中规定的限制减刑的死刑缓期二年执行的犯罪分子。《刑法修正案(八)》将刑法第五十条第二款修改为"对被判处死刑缓期执行的累犯以及因故意杀人、强奸、抢劫、绑架、放火、爆炸、投放危险物质或者有组织的暴力性犯罪被判处死刑缓期执行的犯罪分子,人民法院根据犯罪情节等情况可以同时决定对其限制减刑";将刑法第七十八条第二款第三项修改为"人民法院依照本法第五十条第二款规定限制减刑的死刑缓期执行的犯罪分子,缓期执行期满后依法减为无期徒刑的,不能少于二十五年,缓期执行期满后依法减为二十五年有期徒刑的,不能少于二十年";将刑法第八十一条第二款修改为"对累犯以及因故意杀人、强奸、抢劫、绑架、放火、爆炸、投放危险物质或者有组织的暴力性犯罪被判处十年以上有期徒刑、无期徒刑的犯罪分子,不得假释"。

近年来我国加大对贪污罪的惩罚力度,《刑法修正案(九)》规定,今后犯贪污罪的贪污数额特别巨大、使国家和人民利益遭受特别重大损失,被判处死刑缓期二年执行的罪犯,法院根据犯罪情节等情况可以同时决定,在其死刑缓期执行二年期满依法减为无期徒刑后,终身监禁,不得减刑、假释。

二、限减类罪犯的主要特征

第一,本性凶恶。限减类罪犯之所以被判仅次于死刑立即执行的重罪,是因为案情上罪大恶极,其中有不少是屡犯屡判,甚至曾经是"亡命之徒",犯罪手段残忍,报复性极强,对人际纠葛耿耿于怀,有强烈的报复欲望,对他人的态度与评价过于看重,不愿意受一点委屈,犯罪思想根源根深蒂固,道德意识极差,法制意识淡薄,知罪认罪悔罪态度较差。

第二,服刑时间长。根据《刑法修正案(八)》对刑法第七十八条第二款的修改,限制减刑的死刑缓期执行的犯罪分子,缓期执行期满后依法减为无期徒刑的,不能少于二十五年,缓期执行期满后依法减为二十五年有期徒刑的,不能少于二十年。算上死缓考验期两年,前者可能关押二十七年,后者关押二十二年。对于刚刚而立之年的罪犯,释放时可能已是年逾花甲;一个四十岁的罪犯,获释时可能已经年过古稀,或者等不到那一天就早已不在人世。

第三,思想消极。面对漫长的刑期,面对残酷的现实,限减类罪犯普遍存在人生目标和价值缺失情形,感到前途渺茫,改造失去动力,甚至有不少罪犯在谈话教育中流露出生不如死的心理。与其他罪犯相比,尤其是与其他未限制减刑的死缓罪犯相比,限制减刑罪犯获得的减刑幅度较小或没有多少减刑机会,当他们看到其他罪犯获得较大的减刑幅度或刑满释放出狱,可能会产生强烈的心理反差。这种心理不平衡现象,会使限制减刑罪犯思想更为消极。限制减刑罪犯的这种消极思想是情绪恶化、挑起事端、违规违纪,甚至严重违法的重要诱因之一,是威胁监管安全的本源性潜在因素之一。

第四,心理失衡。限减类罪犯存在心理承受能力弱、心理亚健康甚至严重心理失衡问题,消沉颓废,郁闷不乐,焦虑烦躁,孤独,苦闷,悲观失望,对什么事情都提不起兴趣。

第五,家庭变故概率高。由于刑期漫长,限制减刑罪犯遭受家庭变故的可能性较其他罪犯要大得多,可能会经历父母、配偶、儿女等亲人无人照顾,配偶或恋

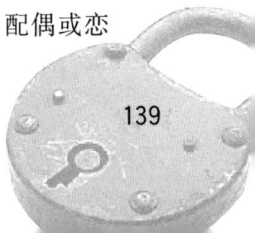

人可能迫于环境压力不得不分道扬镳以及亲人离世,所有这些家庭变故对于限制减刑罪犯都是一次次严重的打击,使之承受巨大的精神压力和经济压力。这些打击可能会使他们的情绪进一步恶化,从而增加违规违纪或违法犯罪的可能性。在服刑改造中,这类罪犯特别思念亲人,希望有更多与家人见面、团聚的机会。

三、终身监禁限减类罪犯的教育促稳实践

对于限减类罪犯的教育促稳工作,重点是消除脱逃、自杀等危险性,建立积极服刑改造的信心。

(一)终身监禁限减类罪犯教育促稳工作要点

第一,开展认罪悔罪教育。认罪悔罪教育应突出"悔罪"和"赎罪"教育。限减犯"认罪"的问题不大,但是认罪并不意味着就会真心悔过,相反相当一部分罪犯对自己的罪行往往抱有破罐子破摔的放任心态,因此,"悔罪"和"赎罪"教育是限减犯教育的重点。要通过深刻剖析其罪行的危害、犯罪的原因,引导罪犯换位思考,从受害人、家人的角度,去认识自己的犯罪给受害者、给家人带来的伤害,唤醒罪犯的良知。通过开展感谢政府挽救之恩、感谢社会关怀之恩、感谢父母养育之恩、感谢师长教诲之恩、感谢警察教育之恩、感谢其他罪犯帮助之恩的"六个感恩"活动,唤醒他们泯灭的良知,引导罪犯学会感恩、懂得感恩、用心感恩,真诚忏悔,主动承担由于自己的犯罪行为而造成的损失,并以此求得受害人的理解和谅解,树立服刑生涯的精神支柱,从而激发其赎罪的责任意识,为改造打下良好基础。

第二,开展法制教育。法制教育应突出"罪刑均衡、罚当其罪"立法原则的教育。对限减犯开展法律法规教育,除了要开展法律条文的教育,达到让其知法、守法和学会用法的目的外,还应重点开展"罪刑均衡、罚当其罪"《刑法》立法原则的教育,让其认识到自己的罪行所受的刑罚是公正的,从而消除其抵触心理,引导其深刻反省自己的罪过,用实际行动承担起自己应负的责任,打消其妄图通过脱逃等手段来逃避法律制裁的意图,为这类罪犯可能因为得不到减刑而消极改造打上一剂预防针。

第三,强化生命教育。生命是最高贵的,是不可替代的,对生命的尊重、对生命价值的尊重,最基本的就是尊重生命的存在,珍惜自己和他人的生命存在,反对轻生,反对剥夺他人生命。生命是从事一切活动的前提,社会的存在、发展都是以有生命的个人存在为前提的,个人的创造、发明也是以生命的存在为前提的。世界上所有的一切只是因为有了人的生命存在而彰显其存在的意义。对限

减类罪犯教育的内容选择上要以生命教育为主,帮助限制减刑罪犯重新认识生命的价值。主要原因在于根据《刑法修正案(八)》,限减类罪犯至少要服刑二十二年,大部分限减类罪犯都将在监狱度过余生,传统的教育管理手段失去应有的效果。因此,教育的重心需要从争取早日刑满释放向如何在监狱积极生活转变:一是使限制减刑罪犯明确是《刑法修正案(八)》给了他们第二次生命,而不是因为《刑法修正案(八)》使他们延长了服刑时间,从而消除他们对《刑法修正案(八)》的抵触情绪。二是接受现实,重新定位生命存在的意义。生命只有一次,犯罪对象失去了生命,不可能再回来,而作为犯罪实施者,虽然生命存在于服刑生涯,但这仅仅是生命的存在和延续方式,就生命本身而言,其存在比消失更重要。三是树立阳光心态,为生命注入别样风采。从树立积极的人生道路、积极的改造心态出发向这部分罪犯灌输阳光理念,体现在日常改造中,可以从着装、规范、言行、劳动、娱乐出发,处处弘扬阳光改造、快乐改造的精神。

第四,注重信仰教育。人生在世,不光有物质需求,还有心理需求及精神需求。精神需求是人类的最高需求,即信仰需求。通过信仰教育,把他们从现实引导到未来,使他们追求更高的目标,追求生命的完整和完善,从监狱生活的狭小时空范围和基本的生理需要的限制中超越出来,从生命本身所具有的客观缺陷和限制中解脱出来,为自己的存在和发展开辟出新的领域和方向,为服刑改造提供坚强的勇气和持续的动力,提供强力的精神支柱和正确的行动指南。

第五,加强行为养成教育。对限减犯开展行为养成教育的重点,应当突出对其暴躁个性的打磨。罪犯越是桀骜不驯,就越是要对其严格要求(当然要注意方法、把握时机),促使其严格遵守监规纪律,服从民警的管理和教育,切实以罪犯行为养成规范来规范自己的言行,磨掉暴躁的个性,从而降低其袭警和制造狱内案件的风险。

第六,重视社会帮教工作。亲情帮教是以亲情为纽带,搭建罪犯与亲属之间增进了解、交流感情的平台。由于限减类罪犯家庭变故概率高,难以通过亲情电话、信件等方式进行联系,而用亲情感化可以稳定罪犯改造情绪,激发罪犯改造动力,因此要充分利用社会教育资源,与地方政府、机关、团体、心理专家建立帮教联系网络,对于该类罪犯家庭的实际问题,尽可能帮助解决,消除其后顾之忧,使其安心服刑。

第七,组织危险性低的生产劳动。鉴于限减犯服刑时间长,亲情关系受到严重考验,加上家里的经济状况一般低于平均水平,监狱可考虑让他们在漫长的服刑期间"有事做",适当安排危险性低的生产劳动项目,用他们的双手劳动获得报酬。限减犯积累劳动报酬后,可自主计划、合理安排,适当改善和充实自己的改造生活,提高文化素质,有助于其安心改造;同时,还可以赔付罚金,赔偿受害人,

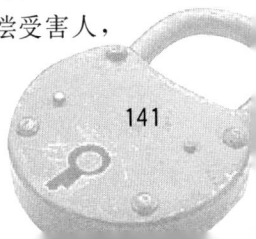

接济家庭,尽赡养、抚养义务,维系亲友感情,缓解内心愧疚感、忧虑感,促进心理平衡。如此,不但扭转了一些罪犯片面认为的劳动就是白给政府创造效益的思想,而且还能帮助罪犯树立是在为自己、为家人,为赎罪、为生计而劳动的正确思想。

第八,实行分级处遇政策教育。由于减刑激励作用的削弱,一定程度上影响了限减犯的改造积极性。在这种情况下,监狱要在监规纪律的要求上"小题大做",从严把握,尤其是在违规处罚上兼顾及时性、公正性和辐射性。灵活运用现有政策,根据罪犯日常表现建立与之相配套的消费伙食、亲情会见、日常娱乐、通信通电等动态分级处遇制度,来激励限减犯矫正恶习。监狱民警应尽可能地采取耐心、细腻的教育方法,用放大镜来看待罪犯的"闪光点",更多地关注罪犯的正常诉求,实施"罪犯扣分暂缓执行"等机制,推动罪犯从心灵深处接受改造,鞭策自己改进缺陷。

第九,实施复合激励教育。以"目标激励、竞争激励、奖惩激励、感恩激励"为主要内容的复合激励教育具体做法如下:一是目标激励法。分监区设置适当目标,并把它和限减犯利益挂钩,对提前或按期完成目标的罪犯在考核分、娱乐活动中予以体现,从而激励限减犯为之去努力。教育中,把设置总体目标与阶段目标、远景目标与近景目标、集体目标和个人目标结合起来,采取"大目标、小步子"的做法。二是竞争激励法。在日常改造中有意识地为限减犯创造竞争的环境、气氛。例如,以现有的规范化小组评比作平台,分监区对限减犯合理编组,力求各组整体素质大体平衡,然后设置一致的目标,使他们比高低,在入监教育中营造比、学、赶、帮、超的竞争氛围。三是奖惩激励法。奖惩运用得当,能一定程度调动限减犯的积极性。在监狱、监区、分监区组织的各项活动中,把奖惩激励法纳入其中,该奖的奖,该罚的罚;小组月评比中,分监区及时公布奖惩结果,激发限减犯的改造积极性。四是感恩激励法。为激发限减犯的感恩情怀,使他们感谢政府的教育之恩,感谢父母的养育之恩,感谢社会的关爱之恩,一方面在入监教育中引导和启发限减犯发现政府、社会和父母对其的恩情,教限减犯唱《感恩的心》,同时开辟"感恩教育园地",专设"感恩心语"栏目,为他们提供一方抒发自己对他人感恩之情的天地,限减犯可以在该栏目中自由书写和表达自己对警官、对亲人、对朋友或对其他服刑人员的感恩之情,也可以写些自己对感恩的看法、认识和感悟。另一方面,监狱要帮助罪犯解决实际困难,使他们亲身感受到政府的温暖,从而激发罪犯的感恩心理。

第十,开展心理健康教育。在限减犯的心理健康教育中,应重点突出心理压力的疏导缓解。通过教育,帮助限减犯对自己面对的现实有一个客观的认识,以积极的心态去面对,尽快适应服刑环境,放下包袱,积极改造。在服刑期间,要及时发现其可能产生的异常心理,正确加以引导,有效降低限减犯发生严重心理障碍的可能性。

第十一,进行适度的危机干预。因限减类罪犯具有服刑时间长、思想消极、家庭变故率极高等特点,当突然遭受家庭灾难、重大事件或精神压力,他们的生活状况发生明显的变化,尤其是出现了以现有的改造生活条件和经验难以克服的困难,致使该犯陷于痛苦、不安状态,常伴有绝望、麻木不仁、焦虑,以及自主神经症状和行为障碍,这时就需要及时开展心理危机干预。通过心理危机干预,对处于心理危机状态的罪犯及时给予适当的心理援助,使之尽快摆脱困难。引起心理危机的常见原因有:突发严重疾病;恋爱关系破裂;失去亲人(如父母、配偶或子女)或朋友,或亲友关系决裂;失去爱物;破产或重大财产或住房损失;严重自然灾害,如火灾、洪水、地震等。

从症状表现来看,每个人对重点变故事件都会有所反应,但不同的人对同一性质事件的反应强度及持续时间不同。一般的应对过程可分为三阶段:第一阶段是立即反应阶段,当事者表现麻木、否认或不相信;第二阶段是完全反应阶段,感到激动、焦虑、痛苦和愤怒,也可有罪恶感、退缩或抑郁;第三阶段是消除反应阶段,接受事实并为将来作好计划。危机过程持续不会太久,如亲人或朋友突然死亡的居丧反应一般在 6 个月内消失,否则应视为病态。

从心理危机的特征来看,主要有三个方面:一是通常为自限性,多于 1~4 周内消失。二是在危机期,个人会发出需要帮助的信号,并更愿意接受外部的帮助或干预。三是预后取决于个人的素质、适应能力和主动作用,以及他人的帮助或干预。

危机干预的目的主要是防止过激行为,如自杀、自伤或攻击行为等;促进交流与沟通,鼓励当事者充分表达自己的思想和情感,引导其恢复自信心和正确评价自我;提供适当建议,促进问题的解决;提供适当医疗帮助,处理昏厥、情感休克或激惹状态。

(二)心理危机干预时应区分不同状况分别处理

心理危机干预的原则是迅速确定要干预的问题,强调以目前的问题为主,并立即采取相应措施。必须有熟悉情况的民警参加危机干预。鼓励自信,不要让当事者产生依赖心。把心理危机作为心理问题处理,而不要作为疾病进行处理。常见的状况有以下几类。

第一,躯体疾病时的心理反应。主要分为急性疾病时的心理反应和慢性疾病时的心理反应。急性疾病时的心理反应,一是焦虑,病人感到紧张、忧虑、不安。严重者感到大祸临头,伴发自主神经症状,如眩晕、心悸、多汗、震颤、恶心和

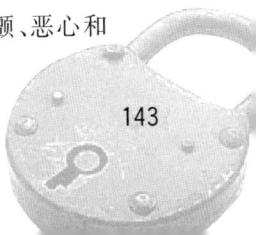

大小便频繁等,并可有交感神经系统亢进的体征,如血压升高、心率加快、面色潮红或发白、多汗、皮肤发冷、面部及其他部位肌肉紧张等。二是恐惧,病人对自身疾病,轻者感到担心和疑虑,重者惊恐不安。三是抑郁,因心理压力可导致情绪低落,悲观绝望,对外界事物不感兴趣,言语减少,不愿与人交往,不思饮食,严重者出现自杀观念或行为。慢性疾病时的心理反应,一是抑郁,多数心情抑郁沮丧,尤其是性格内向的病人容易产生这类心理反应。可产生悲观厌世的想法,甚至出现自杀观念或行为。二是性格改变,如总是责怪别人、责怪医生未精心治疗、埋怨家庭未尽心照料等,故意挑剔和常因小事勃然大怒。他们对躯体方面的微小变化颇为敏感,常提出过高的治疗或照顾要求,因此导致医患关系及家庭内人际关系紧张或恶化。干预原则为积极的支持性心理治疗结合药物治疗,以最大限度减轻其痛苦,选用药物时应考虑疾病的性质、所引起的问题,以及病人的抑郁、焦虑症状。以癌症为例,如疼痛可用吗啡,抑郁可用抗抑郁药,焦虑可用抗焦虑药处理。

第二,恋爱关系破裂。失恋可引起严重的痛苦和愤懑情绪,有的罪犯可能采取自杀行为,或者把爱变成恨,采取攻击行为,攻击恋爱对象或所谓的第三者。干预原则为与当事者充分交谈,指出恋爱和感情不能勉强,也不值得殉情,而且肯定还有机会找到自己真正心爱的人。同样,对拟采取攻击行为的当事者,应防止其攻击行为,指出这种行为的犯罪性质并可能带来的严重后果。因此既要防止当事者自杀,也要阻止其鲁莽攻击行为。一般持续时间不长,给予适当的帮助和劝告可使当事者顺利度过危机期。危机期过后相当长一段时间内,当事者可能认为世界上的女人(或男人)都不可信,产生很坏的信念,但这不会严重影响其生活,而且随着时间的变迁会逐渐淡化。

第三,婚姻关系障碍。一是夫妻的感情破裂,结局多是离婚。如果双方都能接受,不会引起危机,否则可能引起危机。二是夫妻间暂时纠纷,如受当时情绪的影响使矛盾激化时,可能引发冲动行为,甚至凶杀。干预原则为暂停会见及亲情电话联系,等待双方冷静思考并接受适当的心理辅导后,帮助解决问题,防止以后类似问题的重演。三是夫妻间长期纠纷,其原因包括彼此不信任、一方有外遇、受虐待、财产或经济纠纷等。这可能使双方(尤其是女方)产生头痛、失眠、食欲和体重下降、疲乏、心烦、情绪低落等,严重者出现自杀企图或行为。干预原则为尽量调解双方矛盾,否则离婚是必然结局。对限减犯应预防自杀,可给予适当药物改善睡眠、焦虑和抑郁情绪。

第四,亲人死亡的悲伤反应(居丧反应)。与死者关系越密切,产生的悲伤反应也就越严重。亲人如果是猝死或是意外死亡,如突然死于交通事故或自然灾害,引起的悲伤反应最重。一是急性反应。在听到噩耗后陷于极度痛苦,严重者情感麻木或昏厥,也可出现呼吸困难或窒息感,或痛不欲生、呼天抢地,或者处于极度的激动状态。干预原则为将昏厥者立即置于平卧位,如血压持续偏低,应静脉补液。处于情感麻木或严重激动不安者,应给予 BZ 药物使其进入睡眠。当居丧者醒来后,应表示同情,营造支持性气氛,让居丧者采取符合逻辑的步骤,逐步减轻悲伤。二是悲伤反应。在居丧期出现焦虑、抑郁,或自己认为对待死者生前关心不够而感到自责或有罪,脑子里常浮现死者的形象或出现幻觉,难以坚持日常活动,甚至不能料理日常生活,常伴有疲乏、失眠、食欲降低和其他胃肠道症状,严重抑郁者可产生自杀企图或行为。干预原则为让居丧者充分表达自己的情感,给予支持性心理治疗。用 BZ 改善睡眠,减轻焦虑和抑郁情绪。对自杀企图者应有专人监护。三是病理性居丧反应。如悲伤或抑郁情绪持续 6 个月以上,明显的激动或迟钝性抑郁,自杀企图持续存在,存在幻觉、妄想、情感淡漠、惊恐发作,活动过多而无悲伤情感,行为草率或不负责任等。干预原则为适当的心理治疗和抗精神病药、抗抑郁药、抗焦虑药等治疗。

第五,破产或重大经济损失。这类状况可使当事者极度悲伤和痛苦,感到万念俱灰而萌生自杀的想法,并进一步采取自杀行动。干预原则是与当事者进行充分交流,分析其自杀并不能挽救已经发生的经济损失,只有通过再次努力才能重建生活。如果通过语言交流不能使病人放弃自杀企图,应派专人监护,防止当事者采取自杀行动。度过危机期后,当事者逐渐恢复信心,可能在较长的一段时间里出现情绪低落、失眠、食欲降低或其他消化道症状,可给予支持性心理治疗和抗抑郁药。

终身监禁罪犯由于不得减刑、假释,按照现有法律规定,也不得暂予监外执行,因此只能"坐穿牢底",监狱更需要加强对其进行生命教育和心理咨询、危机干预等工作。

第四节　职务类罪犯教育改造促稳的探索

近年来,随着我国反腐败工作的不断深入,打击力度的不断加大,职务犯罪案件越来越多,其影响涉及面越来越广,相应的监狱关押的职务类犯罪罪犯也愈来愈多。如何让他们在监狱安心改造,并把他们成功改造成为自食其力的有用之人,是当前形势下监狱工作的一个重要课题。

一、职务类犯罪罪犯的定义

职务类犯罪罪犯简称职务犯,是指国家工作人员、国有企业工作人员或者其

他工作人员利用职务上的便利,进行非法活动或者对工作严重不负责任,不履行或者不正确履行职责,侵犯公民权利,破坏国家对公务活动的管理职能,危害国家机关正常活动,使公共财产、人民和国家利益遭受重大损失,依照刑法规定,应当受到刑法处罚的罪犯。职务犯罪对社会所造成的危害巨大,具体如下:

第一,动摇国家政权的根基。职务犯罪会破坏政权的稳定,导致政治体系合法性的危机。职务犯罪的多发、频发、高发态势会导致公众认为国家已背离了存在的初衷,成为权力拥有者发财致富的工具,或成为权力被滥用和不负责任加以行使的对象。在这种情况下,国家现存政权合法性必然产生危机,社会就会出现动荡局面。同时,职务犯罪严重削弱党和政府的执政能力。处于各级领导权的国家工作人员绝大部分是共产党员,如果这些人利用职务之便牟取个人私利或任意亵渎职责,必然大大地降低党和政府的威信,破坏党和政府的执政能力。

第二,破坏国家秩序。职务犯罪对国家秩序的破坏主要表现为危及法治建设和政府改革进程。其次,职务犯罪对政府现代化运作形成阻碍。在一定意义上说,政府是社会经济发展的推动力量,而职务犯罪则从根本上损耗政府的效能,使经济失去积极、有效的调控机制。职务犯罪促成并加剧了政府运行的低效状况。同时,政府为防止其工作人员利用职务进行犯罪制定了烦琐而复杂的办事程序和手续,又进一步加剧了低效率,使政府运行进入恶性循环。职务犯罪还加大了政府行政改革的难度,职务犯罪是对行政法律规范的背叛和践踏。

第三,破坏市场经济及其发展。国家工作人员利用职务之便进行贪污受贿、渎职侵权等犯罪,破坏国家的经济秩序,严重危害着我国市场经济的存在和发展。因为每个国家在经济发展过程中,都会面临资源短缺和资金不足的问题。优化资源配置,充分利用国家有限资金是推动市场经济发展的重要保证。从经济上讲,职务犯罪是权力的寻租活动,必然加重市场经济中的矛盾和问题,破坏社会资源按照市场规律实行优化配置,导致资源浪费和资金流失,最终阻碍经济的发展。

第四,对社会文化和价值观念的误导。社会文化是社会现实的客观反映。职务犯罪现象对人们的思想和心理结构产生很大的影响,进而对人们价值观念产生误导,对社会文化造成危害。

第五,祸及家人亲朋。职务犯罪分子案发之后,只能面对法律庄严的审判,犯罪分子自己承担其犯罪行为所造成的恶果当无异议,但他们的家人就只能面临亲属被监禁、日后生活缺乏保障、工作就业可能遭遇政审障碍的困境,以及周边人群的冷眼和嘲讽。职务犯罪分子及其家人可能为一念之差的贪婪与无知付出格外沉重的代价。

二、职务类犯罪罪犯的主要特征

第一,官位思想较重,希望给予特殊待遇。职务犯在犯罪前是国家公职人员,甚至是高官。他们工作了大半辈子,为社会做出了贡献,有着光辉的奋斗史。例如黄犯就以自己曾经的政绩而感到骄傲,他认为功虽不能抵过,但过也抹不了功,所以在入监后虽然从"座上客"沦为"阶下囚",但由于曾经的官位思想支配,放不下当官的架子,甚至不把自己当一般服刑人员看待,找借口逃避入监集训。我们在监狱的日常改造和管理中,发现职务犯畸形的职业人格直接导致职务犯产生消极的优越意识。

第二,心里存在缺失和失落感。多数的职务犯在社会上打拼多年,经历过许多坎坷,见过许多人,遇过各种事,成功过也失败过,由于犯罪已成事实,所以只能面对现实,大多数职务犯表现出乐观的态度来面对现实,但仍有不少职务犯因为失去过去的一切而表现出心理上严重的失衡。有的职务犯在悔过书中写道:"由于自己的犯罪愧对于培养自己的组织和领导,对不起自己的亲人,对不起曾关心和爱护自己的人,实在是颜面扫尽,无颜面对江东父老。"在这样的心态影响下,很容易出现焦虑的情绪。表现为沉默寡言,既不愿与其他罪犯交流,也不与民警主动交流思想;与民警谈话时非常谨慎,一般不愿暴露真实思想;参加分监区组织的集体活动积极性也不高。

第三,入监后存在"一怕、一盼"的心理,对改造生活迷茫。怕的是吃苦,无论是生活还是劳动,都存在对苦的恐惧;盼的是早日刑满回家。职务犯在犯罪前都曾担任过一定的职务,由于整天忙于各种事务,致使生活几乎无规律可循,因此绝大多数职务犯患有各种慢性病,如高血压、心脏病、糖尿病等;此外,这些职务犯入监前基本不干家务,而来监狱后,所有的生活完全依靠自己来料理,因此会产生担忧。职务犯面对劳动改造就怕力不从心,无法完成,从而又影响记分减刑,但其内心深处又急切地盼望早日刑满回家,所以这样矛盾的心理会使他们产生担忧的情绪,进而对改造生活产生迷茫。

第四,有强烈的自尊心。职务犯一般都有较高的文化程度和受过系统的教育,有独特的社会和政治阅历,比较了解马列主义和党的方针政策,有的甚至是精通。这些特点一方面导致他们在改造中容易产生优越意识,如身份意识淡薄、行为养成较差等;但另一方面有利于改造中的劳动分工。从实际来看职务犯每天都坚持收看新闻,在业余时间坚持阅读大量的报纸杂志,另外还看大量的历史古籍以及市场经济理论等书籍。他们宣称在服刑期间,要利用政府提供给他们的良好改造环境,静下心来好好学习,弥补过去的不足,为今后出狱自谋职业积累一些理论知识。

多数职务犯的学历层次较高,受过高等教育,由于曾经担任过各级领导职务,即曾是教育人的人,因此具有较高的理论修养和丰富的处世经验。他们在服刑中能很好地把握什么事能做,什么话能说。他们行为谨慎,言语文明,并能很好地完成民警交给其的任务,遵规守纪,尊重民警。由于职务犯的文化层次比较高,分析、判断问题的能力均较强,因此对于民警的一言一行、一举一动能够做出比较客观的评判。职务犯畏惧的是执法者的执法水平和执法能力,而不在乎执法者有多么严厉的身体语言。他们虽身陷囹圄,身份变了,但其脆弱的自尊依然存在,并且有时表现得非常强烈,高人一等的优越感依然存在。为此,需要民警的尊重成为职务犯改造过程中渴望追求的心理需求之一。

第五,对家庭愧疚感较为强烈。职务犯在入监前一直都是家人的骄傲,也确实在各个方面给家人带来了名与利,但沦为"阶下囚"后,不仅使自己身败名裂,而且使家庭变得"支离破碎",给亲人带来了痛苦。他们在狱中最挂念的就是自己的亲人,深深地觉得最对不起的就是自己的家人。虽然他们的刑期是有限的,但是这种内疚感将时时煎熬着他们,伴随他们一生。以上这种心情突出表现在较为在意家人的一切生活变化,盼望家人的会见、书信,以及每个月的亲情电话。

第六,十分关注自身健康状况,较为在意自己处遇。职务犯大多数都患有慢性病,而且在外生活也比较养尊处优,比较关心养生,入狱后就更加关注自己的身体,表现在积极锻炼,阅读一些养生书籍,关注监狱医疗设施,一有头疼脑热就立即就医。例如某职务犯,从入监的第一天起就坚持每天早起跑步,行走三个小时,做俯卧撑运动,同时还翻阅中医学的书籍,学习保健知识,曾对民警讲自己的身体比在监狱外面时要健康了许多。

三、职务类犯罪罪犯的教育促稳探索

为适应当前反腐败斗争的形势,监狱要不断拓展思路,开发新思维,努力完成法律赋予我们的神圣使命。根据职务类罪犯的心理特征及行为表现,提出以下几点具有针对性的教育改造方法。

第一,强化入监教育、法制教育、认罪教育,促使其认罪悔罪意识的形成。根据职务犯入监初期官位思想较重的特点,强化入监教育,民警组织、督促他们学习监规纪律,并要求做到熟背服刑人员行为规范。通过入监教育使职务犯树立服刑意识、改造意识和身份意识,为下一步的改造打下良好的基础。

第二,根据职务犯心理、生理行为特点,采取外松内紧的管理教育办法,扩大罪犯自我管理的幅度,其目的在于强化自我约束的能力。

第三,充分发挥劳动改造这一手段的重要作用。自教育刑理论产生后,监狱行刑制度所蕴含的精神发生了根本变化,最大限度地改造服刑人员代表了社会

进化中的现代文明和理性标准。当我们通过事实现象把握这一精神实质,就会发现劳动被赋予了新内容,劳动改造成为监狱改造最有价值的部分之一。根据我国监狱改造罪犯"教育和劳动相结合"基本原则,结合职务犯自我意识强烈、普遍具有较高文化素质和较强的管理能力并且惧怕体力劳动这一特点,在经过入监教育掌握一系列法律法规和监规纪律后,安排他们从事理论教学、图书馆服务等事务性工作,一方面可以发挥其专长,使他们感觉到他们的价值得到政府的承认和尊重,促使他们积极参加改造;另一方面也可以增强其社会责任感和服务意识,使他们在不知不觉中接受改造。

第四,强化价值观、权力观教育。职务犯是价值观发生扭曲的群体,是马克思主义理论学习与自身行为实践发生严重脱节的群体。改造职务犯,首先就是要发挥思想政治教育理想信念引导和行为规范引导两方面的功能,通过引导,激发职务犯内心的认同感和归属感,使其行为方式在法律的外化要求和道德的内化规范下,统一到正确的轨道上来。通过教育改造,纠正职务犯原有的错误思想,尤其是纠正与职务犯罪相关的权力观。权力是所有利益资源中最容易带来利益的源泉,错误的权力观导致权力所有者盲目滥用权力,这是滋生职务犯罪的温床。监狱民警要做好职务犯的思想转化工作,必须以此为切入点,把思想政治教育的转化功能贯穿于职务犯改造的整个过程中。

第五,自我反思教育。督促职务犯从正反两方面认真回顾反思所走过的人生历程,从中"悟道"人生,唤起其内疚及悔罪心理,激发其走上新生的信心。

第六,组织参观学习,举行读书、读报会,在潜移默化中引导职务犯的思想,从而让他们以积极的心态主动投入改过自新的活动中去。

第七,鼓励自觉自愿地进行现身说法,从而达到激发内心罪责和警示他人的目的。

第八,开展社会帮教与亲情帮教。社会帮教与亲情帮教对增强职务犯生活信心、鼓励职务犯接受改造、提高职务犯改造质量都能起到不可替代的重要作用,尤其是亲情帮教,对于职务犯来说更是具有特殊意义。职务犯入监之前,大部分时间都是在外面交际应酬,家对于他们来说只是一个旅馆,与家人之间的沟通不多。当他们身陷囹圄之后,他们对家人感到愧疚,同时又渴望得到家人的原谅,渴望得到家人的安慰,这个时候,他们比以往任何时候都想见到家人,想与家人面对面地说说心里话。每到监区的接见日,他们与家人见完面、说完话之后,都会在精神上得到一种力量,这种力量慰藉他们在监狱里安心服刑,激励他们积极改造,一直抱着良好的心态度过长短不一的刑期。一名职务犯说,他入监以前,几个月都和家人见不上一次面、谈不上一次话,现在入了监,居然能保证每个月都能和家人见上一次面,谈上一次话,他越来越感觉到家人对他的重要性,亲

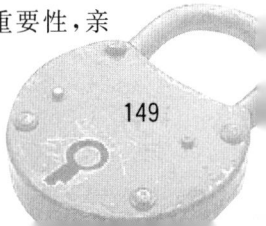

人的安慰与鼓励是他在监狱里安心服刑的精神支柱。

第九，开展刑事政策的教育引导工作。职务类罪犯一般不是暴力性犯罪，因此其人身危险性较小，对社会的现实危险性较低。与其他罪犯相比具有较大的优势，要鼓励他们积极改造，争取早日刑满释放。

第五节　其他类别罪犯教育改造促稳的探索

一、对不认罪服法罪犯的教育促稳方法

罪犯不认罪服法，一般有下列几种情况：一是受侦审阶段被告人侥幸心理的影响，陷入处处为自己开脱辩护的心理怪圈而不认罪；二是真正不懂法而造成的不认罪；三是案情的事实调查确实没有搞清楚，证据不够充分确凿而造成冤假错案；四是事实清楚、证据确凿充分，但与相类似的案件相比，量刑畸重而不服法。

因此，在处理这类罪犯的问题时，监狱民警首先要熟读判决书，通过谈话找到问题的症结所在，并根据罪犯的实际情况寻找解决问题的方法。若罪犯是属于潜意识的思想问题的，可根据案情，结合法律攻其心，并让该类罪犯与被害人进行角色换位，站在对方的角度去思考，以戳穿这类罪犯自私和狡辩的心理，然后做耐心细致的思想教育工作。对属于确实不懂法而造成不认罪的，要结合案情所涉及的法律条文、法律解释和相关的法律规定，像给学文言文的学生讲课一样，逐字逐句、口语化地向他们解释清楚法律概念、法律条文的含义，然后根据情节确定该案的性质和适用的条款，直到完全弄明白为止。

二、对家庭极度困难及发生重大变故罪犯的教育促稳方法

家庭极度困难的罪犯，一般表现为牵挂家庭、焦虑不安、多愁失眠、改造消极、情绪不稳。对这类罪犯改造的当务之急就是要缓解其家庭困难状况或通过分散其注意力，使他们从思想上淡化或忘掉家庭的困难境况。例如以监狱的名义向困难罪犯所在地的司法局或其他相关的政府部门发函，经相关部门核实情况后给予相应救济，解决困难罪犯家庭的燃眉之急，这对稳定困难罪犯思想情绪能起到积极的作用。对有些问题靠相关部门难以解决的，监区或分监区应通过监狱职能部门及时和罪犯家属取得联系，反馈困难罪犯目前的思想压力，劝其家属不要将家庭问题带到监狱，并告诫家属：苛求让一个失去自由的罪犯解决这些问题是不现实的，只能无形中给罪犯增添新的压力和烦恼，很不利于罪犯的改

造。对上述家庭困难的罪犯,我们要多安慰、多开导、多关心,利用逢年过节的机会,多给些慰问品,从物质方面给予关怀,可以激发家庭困难罪犯的改造积极性,使其对党和政府产生感激之情,从而积极地投身改造。

家庭发生重大变故的罪犯,一般表现为痛不欲生,脑子空白,行为精神失常。得知他们的重大家庭变故后,监狱民警不宜立即去谈,否则可能会适得其反,导致其烦躁情绪的激化。这时,该犯需要的是冷静,我们只能先简单地询问情况,表示关切和同情,同时要给予适当的时间让其休息,整理思绪,并要安排包夹人。等该犯情绪平稳,痛苦感稍有缓解后,再不失时机地对其谈话、开导,让其在无力挽回的实际面前面对现实,正视现实,并从生产、休息、奖励方面给予照顾,使这类罪犯从另一方面感受到温暖,减少刺激,使其心理形成正负抵消而趋于平衡的状态,以度过危险期。

三、对刑事奖励、行政奖励达不到预期目的罪犯的教育促稳方法

刑事奖励主要指减刑、假释,是刑罚变更执行制度的重要内容之一。行政奖励主要指记功、表扬等,是促进罪犯积极改造的重要措施,它给正在服刑的罪犯指明了前进方向。但是,罪犯一旦得不到奖励或者奖励与自己的期望相差甚远,心里将产生较大的落差。这时就需要及时进行谈话教育。首先是了解分析产生情绪变化的原因。其次,根据变化的原因采取合适的教育方式及内容。再次,针对奖励情况进行解释或者教育,讲明法院对减刑假释政策调整的初衷、政策实施的过程以及政策调整后的计划与打算。对于行政奖励,应讲明其自身存在的不足之处、与他犯的差距以及今后的改造方向。

四、对短刑犯的教育促稳方法

短刑犯一般指刑期在三年以下(含三年)的罪犯。2013 年 1 月 1 日开始,根据修改后的《刑事诉讼法》和《监狱法》的有关规定,剩余刑期在一年以下、三个月以上的有期徒刑罪犯,将不再由看守所代为执行,改由监狱收监。2013 年以来,大量增加的短刑犯主要就是这些交付执行时剩余刑期在一年以下、三个月以上的罪犯。短刑犯与长刑犯相比,具有以下一些特征:

一是改造意识淡化,混刑度日。大多数短刑犯改造意识不强,身份意识不明确,在服刑期间没有明确的自我改造计划,不能很好地反思自身犯罪根源,认为刑期短,没有减刑假释机会,在改造中只求过得去,内务卫生上不求整洁,学习上不求深入,劳动中不求改进,大错误不犯,小错误不断,混刑度日,形成隐患。二是纪律观念不强,我行我素。短刑犯由于改造内驱力不足,同时一些人在社会上

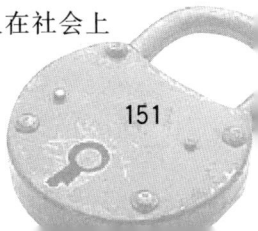

好吃懒做,素质较低,自制力差,对民警教育置若罔闻,相当一部分人认为自己刑期短,民警拿他没有办法,实施"软对抗",表面上认可,实质上依旧我行我素,不服从管理安排,时常与民警胡搅蛮缠,以维护自身权利为幌子纠缠民警等。三是易冲动,报复性强。短刑犯以年轻者居多,性格、情感不稳定,遇事不计后果,缺乏对社会、集体、家庭、他人的责任感、义务感、同情心,法制观念淡薄,遇事易冲动,情绪反差大,自我控制力差。一些罪犯心胸较为狭窄,"贪小便宜"特征明显,当在改造中受到委屈时,他们不是寻求民警处理,而是要用自己的方式去解决,为了"面子",有的甚至不惜被禁闭、处罚,也要进行报复。

对于那些无减刑机会的短刑犯,要加强管理,强化奖罚措施的应用,特别是劳动报酬方面,在现有的基础上加大奖励力度,引导短刑犯积极争取物质及精神方面的奖励,千方百计调动他们的改造积极性。物质奖励,对于家庭经济困难的罪犯,确实能够起到较好的作用;对于家庭经济条件较好的罪犯,分级处遇措施在一定程度上还是具有吸引力的,这些措施既有利于家庭帮教,也有利于稳定罪犯的思想。对于那些在改造中严重违规违纪、抗拒改造、不服管理,经教育不改的短刑犯,必须予以坚决打击,运用集训、禁闭等处罚手段,严肃管理与教育。对严重破坏监管改造秩序触犯刑律的罪犯,依法起诉加刑,从而在监内形成一种"高压"的管理态势。

第九章　社会资源在教育改造促稳中的运用

我国教育改造罪犯坚持"狱内教育与社会教育相结合"的原则。罪犯作为社会特殊的群体,如何进一步探索、挖掘社会资源的作用,发挥好社会支持系统的功能作用,提高教育改造质量,使之成为守法公民,确保监狱安全稳定与可持续发展是当前摆在监狱工作者面前的现实课题。

第一节　社会支持系统与监狱教育改造工作

罪犯服刑会对罪犯心理产生诸多的负面影响。除了由失去自由带来的束缚感外,就是由环境变更所带来的社会支持系统的变更。罪犯原有的社会支持系统由于服刑而崩溃,而且有很大可能发生持续恶化,比如父母去世、配偶离婚、财产变化、子女教育等。这些在物质和精神上都不利于罪犯在监狱中的服刑改造。而新的社会支持系统的建立尚需时日,同时新的社会支持系统的构成也未必合理。监狱民警的管教具有刚性但关怀不够,周边的罪犯成分复杂、性情各异,很难交到朋友,监狱内劳动生活辛苦、文娱活动单调,这些都很容易对罪犯的心理产生不利影响。

首先我们来了解下社会支持系统的概念。20 世纪 70 年代,Raschke 提出社会支持是指人们感受到的来自他人的关心和支持。一些心理学家也对社会支持的定义提出自己的看法。总体来说有四大方面的看法。一是亲密关系观,人与人之间的亲密关系是社会支持的实质。这一观点是从社会互动关系上理解社会支持,认为社会支持是人与人之间的亲密关系。同时,社会支持不仅仅是一种单向的关怀或帮助,它在多数情况下是一种社会交换,是人与人之间的一种社会互动关系。二是"帮助的复合结构"观,这一观点认为社会支持是一种帮助的复合结构,帮助行为能够产生社会支持。三是社会资源观,社会支持是一种资源,是个人处理紧张事件问题的潜在资源,是通过社会关系、个体与他人或群体间所互

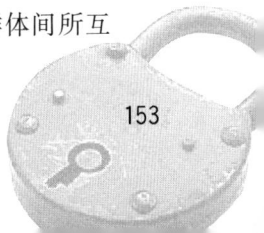

换的社会资源。四是社会支持系统观,社会支持需要深入考察,是一个系统的心理活动,它涉及行为、认知、情绪、精神等方方面面。

不难看出,社会支持系统通常是指来自社会各方面包括父母、亲戚、朋友等给予个体的精神或物质上的帮助和支持的系统。一般包括以下几个方面:它是个体对外界应激反应的回应;它发挥作用的途径是个体与外界的互动;它的内容包括客观物质类的支持,也包括主观体验类的支持;它的目标是使个体重新恢复到和谐的心理状态和优良的生活中。

社会支持理论是社会工作的重要理论,社会支持理论启发社会工作者关注以下三个相互关联的领域:个人能力、人和环境之间的关系、改革环境。社会支持理论重视人对社会的适应性问题,强调人在社会环境中的感受,重视个人对周围环境中的资源的利用;将个人的发展与适应性问题的个人因素和环境因素结合起来,认为人与环境中的各种系统是相互作用的,认为个人通过对社会资源的广泛利用可以改善目前的生活状况;并通过制定一系列的行为模式,实施相应的干预行动,在一定程度上缓和个人社会适应性问题,为个人的成长和潜力的发挥提供一定支持,也在一定程度上为改善个人的生活状况提供资源。

我们把监狱办成改造罪犯的学校,为的是争取把绝大多数罪犯改造成守法公民,这是我国监狱工作的一项具有战略意义的伟大事业。根据我国监狱法的有关规定,着重完成以下三项具体任务:一是转变罪犯思想,矫正罪犯恶习;二是提高罪犯文化知识水平;三是进行职业技术教育,提升罪犯适应社会能力。这些目的都是有针对性地教育转化罪犯,在过去的实践中取得了一定的效果,但是也存在着不足。随着时代的变化,当前的罪犯构成十分复杂,他们的经历"千奇百怪",过去那些文盲、法盲式的犯罪比例在不断下降,很多罪犯自身的技术水平、谋生能力也不弱。如果只如过去一般进行通识教育,对他们的改造效果并不好,而且由于监狱社会化进展的滞后,造成了内外两个环境很多方面的脱节,很多服刑教育的效果大打折扣。因而促进监狱教育改造的社会化、专业化成了必然的趋势,我们可以充分利用社会中的各种社会资源来教育改造罪犯,凸显教育的时代性、社会性,提升教育改造的质量。

第二节　社会支持系统应用于监狱教育改造工作的探索

我们日常所能看到、想到以及接触到的社会支持系统中的社会资源应用于教育改造的方面有很多,比如家属朋友的亲情规劝,社会组织的入监帮教、警示教育,司法行政部门的政策宣传、普法进监和法律援助,教育部门的双证教育,劳动部门联合企业单位的就业扶持,社区参与的各类矫治活动等等。即使小到像罪犯劳动之余的收看电视新闻,也都可以算作是社会资源对于服刑改造的一种最简单的应用。由此我们可以看出,社会资源应用于罪犯的改造其实已经渗入监狱教育改造的方方面面。在对这些大大小小的方面进行深入的分析与归纳后,我们不难发现基本上双证教育、社会帮教、亲情沟通教育以及社区矫正这四种具有典型代表性的教育改造手段分别代表了社会支持系统中来自教育学习、社会大众、家庭亲情、国家政策四大方面的社会力量,涵盖了当前绝大多数社会资源在教育改造促稳中的主流应用,其目标也都指向了社会支持系统,其目标特性是使个体重新恢复到和谐的心理状态和优良的生活中这一关键核心。

一、社会支持系统中的双证教育

双证,简单来说指的就是学历文凭和职业资格证书。双证教育,指的就是以就业为目的、以职业教育为导向、以大学教育为支持、以培养市场紧缺型人才为核心、以培养企业实用型人才为目标的专业复合型人才教育工程。几年来我国在许多法规和政策性文件中均提出了实行双证书制度的要求。中共中央《关于建立社会主义市场经济体制若干问题的决定》指出:"要制定各种职业的资格标准和录用标准,实行学历文凭和职业资格两种证书制度。"国务院《关于〈中国教育改革和发展纲要〉的实施意见》进一步明确:"大力开发各种形式的职业培训。认真实行'先培训后就业''先培训后上岗'的制度,使城乡新增劳动力上岗前都能受到必需的职业训练。在全社会实行学历文凭和职业资格证书并重的制度。"相关的法规不胜枚举,那么双证教育和监狱利用社会支持系统达到教育改造促稳又有什么关联呢?

双证教育,仅仅从字面上的"教育"二字就已经和监狱的教育改造工作紧密联系在一起了。教育是改造罪犯的重要手段,而双证教育正是通过引入来自社会的教育支持,发挥社会教育资源的作用来培养罪犯刑满释放后的就业生存能力,使其能够在服刑期间有技可学,安心改造,从而促进监狱监管安全稳定,同时也促使未来社会平安发展。这其中的逻辑关系十分简明,它表明了社会支持系统发挥作用的途径是个体与外界的互动,以及它的目标是使个体重新恢复到和谐的心理状态和优良的生活中。同时它着重体现了社会支持系统的社会资源观,即社会支持是一种资源,是个人处理紧张事件问题的潜在资源,是通过社会关系、个体与他人或群体间所互换的社会资源。

而监狱教育改造过程中的双证教育所涉及社会支持系统中的方方面面的社会资源,可以说是非常具有代表性的,这其中的核心就是政府力量和社会需求。

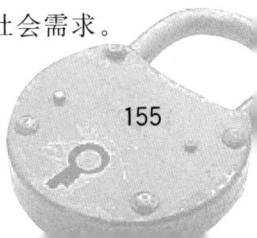

政府力量自不必说,我国《劳动法》第六十九条明确规定:"国家确定职业分类,对规定的职业制定职业技能标准,实行职业资格证书制度,由经过政府批准的考核鉴定机构负责对劳动者实施职业技能考核鉴定",而监狱作为国家的刑罚执行机关,其教育工作的特殊性决定了双证教育进入监狱必然要通过强大的政府力量来进行主导与协调,这其中包括了国家教育部门、人力资源和社会保障部门以及司法部门的通力协作。在每年的双证教育考试期间,监狱会联合相关的社会专业机构部门,进入监管场所对拥有考试资格的罪犯进行相关科目的统一考试。另一方面,社会需求在这里指的是社会就业的技能需求。监狱里的双证教育工作是在相关政策法规的前提下,根据对社会就业情况的分析预测以及监狱自身的硬件条件来设置罪犯的相关学习专业。这样能够在很大程度上确保罪犯在监狱改造的刑期中所学习到的技能在获得国家认可的基础之上更加契合社会企业对于用工方面的需求,双向促进罪犯重新融入社会、自力更生和企业用工荒、用工难这两大问题的改善。

我们可以从如下几个方面来提升效果:一是深化办学层次,在"加"字上下功夫。扩大办学规模,满足不同的需要,供求相结合,提升教学效果。监狱要在充分调研的基础上,根据罪犯刑期、原有文化程度等情况,增加办学层次,办大初高中普及班,强化专业精品班,切实提升教育的层次。二是深化办学模式,在"优"字上下功夫。进一步加大与地方政府部门及院校交流沟通,进一步争取支持力度,深化办学模式,可以部分或完全由院校负责,文化课采取院校教师督导、民警教师辅导、罪犯教员授课的培训模式;技能课采取院校教师授课为主、民警教师及罪犯教员为辅的培训模式。从质量出发,保证教育时间、教育内容、教育效果三到位。以社会化院校为主、监狱配合经常性开展教学教研工作,坚持每月一次的教学通报会制度、两月一次的教学督导制度、每季一次的考试制度及教学座谈会制度,及时了解罪犯掌握情况,及时调整教学计划,及时弥补教学效果。在抓好课堂教学的同时,积极想方设法,采取录制实况录像、组织编印教学教案和课外同步训练等辅导书等措施,抓好课外辅导,提高教学效果,保证培训质量。三是深化交流合作,在"合"字上下功夫,提升辐射效应。监狱可以将合作院校作为监狱民警教师培训基地、心理咨询师锻炼基地、罪犯思想教育师资库、生产技术攻关咨询所;监狱也可成为合作院校的警示教育基地、中青年教师的培养基地、心理健康教育志愿队。双方进而达到资源共享、互补有无的目的,充分发挥"双证制"教育带来的辐射效应,取得良好效果。

二、社会支持系统中的社会帮教

社会帮教,是指监狱民警利用监狱以外的社会力量对罪犯进行教育改造的辅助教育活动。在我国刑罚执行发展的过程中,通过社会力量对监狱罪犯进行帮教起始于20世纪80年代初,至今已经逐渐积累了一定的历史经验。由于这项活动对鼓励罪犯积极改造、增强罪犯生活信心、提高罪犯改造质量等各方面都发挥着无可替代的重要作用,因而作为教育促稳社会化实践的主要形式,利用社会力量对监狱罪犯进行帮教已经成为我国刑罚执行工作的特色之一。同时社会帮教工作作为教育改造罪犯的一个重要手段和促进监狱稳定发展的强大社会力量,也显得尤为重要。它的作用在于能够使罪犯体悟到国家和社会、家庭的温暖,增强罪犯的改造信心,鼓励罪犯在希望中改造;能够使罪犯感受到犯罪行为对受害者的伤害,正确认识量刑,促进罪犯责己思过、认罪服法;能够使罪犯及时感受到时代信息,开阔罪犯的眼界,调节罪犯狱内单一生活节奏,丰富罪犯的精神生活,促进罪犯的再社会化进程;帮教工作尤其是亲情帮教在促进监管安全稳定、教育改造罪犯中具有不可忽视的作用,它可以唤回一个人的灵魂,找回其失去的信心,树立正确的人生观、价值观和世界观。由此我们不难发现,社会帮教折射出了社会支持系统的几大重要方面,即它是个体对外界应激反应的回应,它发挥作用的途径是个体与外界的互动,它的内容既包括客观物质类的支持也包括主观体验类的支持,它的目标是使个体重新恢复到和谐的心理状态和优良的生活中。与此同时它也通过各种形式突出了社会支持系统的"帮助的复合结构"这一观点,即社会支持是一种帮助的复合结构,帮助行为能够产生社会支持。

可以毫不夸张地说,教育改造工作如果撇开社会支持系统中的社会帮教是不健全的,是孤立的,只有把监狱民警的日常管理教育和社会力量对服刑罪犯的帮教两者有机地结合在一起,才是全面的、行之有效的罪犯教育改造工作手段。与此同时,它有利于提高社会对监狱的认识度和认可度,有利于为监狱争取更丰富的社会资源,有利于促进我国刑罚执行工作的整体进步,树立社会主义人文化新型监狱的良好形象。

社会帮教过程中选择科学的帮教方法,对实现帮教活动的目的、达到预期的效果、促进罪犯教育改造效果的意义重大。从帮教活动的实践来看,社会帮教主要有以下几种形式。

（一）规劝引导

规劝引导,主要是邀请地方政府及相关部门的领导、社会团体的负责人及志愿者、罪犯的亲朋好友来改造场所,对罪犯进行多方面的劝说、教育,从而引导他们向改造目标迈进的一种主要社会帮教形式。大致分为以下几种类别:

第一,集中规劝,亦称"上大课",通常有两种形式。(1)请地方党政机关领导、时事政治专家、社会著名人士来监所做报告,给罪犯专题讲解当前国际国内

政治、经济形势的状况及发展趋势,使罪犯能够及时了解党和国家当前具有重大意义的一系列政策和活动,了解社会主义现代化建设的巨大发展,认清社会主义精神文明建设的全新形势,明白国家在国际舞台上的地位,从而站在正确的立场看问题,看本质、看主流、看发展。通过集中规劝,宣传时事政治,罪犯能从中看到光明的前途、树立改造信心、明确努力方向、顺应历史潮流。(2)邀请司法行政、公安、检察院等单位的领导和法学专家来监所给罪犯上法治课,提供相关的法律咨询和法律援助服务。着重讲解我国社会主义法治的性质,我国社会主义法制的完善趋势,我国社会主义法治的正义性、公平性、统一性以及在法律面前人人平等的原则。针对罪犯的改造实际、结合当前社会治安状况和违法犯罪的特点进行反复宣讲,最短时间纠正改造罪犯对于认罪服法认识上的偏差,帮助他们正确分析违法犯罪失足的原因,认清危害性,自觉走上遵纪守法的人生道路。对于有法律困惑和法律援助需求的罪犯进行专门的解答和帮助,帮助罪犯从自身情况出发学法用法,从而认罪悔罪、安心改造。

第二,家庭规劝。家庭是社会的细胞,对罪犯来说,家庭就是他们回归社会、重获新生最重要的精神与物质依托。家庭观念是罪犯改造观的重要组成部分。多数罪犯在教育改造期间都希望能够在刑期结束后开始新的生活,家庭便是这种希望和能量的基础。而且,家庭成员较他人更能充分了解罪犯的性格特点、思想脉络、行为习惯,更便于采取规劝的措施。在面对社会、工作等各方面的精神压力时,家庭的温暖通常是人们第一时间的心理依靠。而相比在面对社会歧视的巨大精神压力之时,罪犯们更渴望家庭的温暖,并且也不可能在情感寄托、物质依靠和血缘关系上脱离家庭。因此,家庭规劝教育对罪犯的影响是任何帮教工作都无法取代的。当前相当一部分依靠家庭力量的帮教活动通过与罪犯家庭的积极联系,签订帮教协议书,约定双方共同的帮教责任;通过监狱开办家长学校,宣传党的政策和国家的法律,教会家庭成员学习因势利导的施教方法,同时提出希望和要求,配合监狱把家庭规劝教育有效持久地开展下去。由此可见,笔者在这里所阐述的家庭规劝于后面单独叙述的亲情沟通教育内容而言可以看作是一类亲情沟通的方式,但形式上属于社会帮教的一种,在此作为对社会帮教一种形式的说明。

第三,小组规劝。采取社会、家庭、单位(街道)"三结合"的办法,组成帮教小组进行"定人、定对象、定任务"的规劝教育。对原来有职业的罪犯,一般以原所在单位为主,组成帮教规劝小组,由党、政、团、工负责,基层单位负责人、团干部、老员工、派出所民警、罪犯亲属均可参加。对无正当职业的罪犯,由街道干部、派出所民警、退休老同志以及罪犯亲属共同组成。帮教小组根据罪犯的特点制定帮教措施、进行规劝教育。小组成员间有明确的分工:党政机关的领导和工会侧重解决生活中的实际困难;政工干部负责思想教育;派出所民警开展法制教育,配合监狱做好帮教鉴定;退休老同志及罪犯亲属、社会志愿者从各个方面配合做工作。小组规劝,一般效果比较明显,也是当前社会帮教实践的主流趋势。

第四,就业指导。罪犯对刑期结束后的生活出路普遍关心,兴趣也很浓,就业指导也就自然而然地成为一种具有新形势特色的就业关怀指导。就业指导一方面是由社会劳动、人事部门来监狱开办职业技术培训班,包括前面叙述的双证教育;另一方面是由劳动、工商、税务等单位的相关人员来监狱开设讲座,介绍劳动力市场的发展趋势以及对劳动力素质的要求或者由招工企业直接对即将刑释的罪犯进行现场招工。这样可以帮助即将刑满释放的罪犯安心完成最后的改造,同时也为监狱的监管稳定带来有力的保障。

(二)榜样示范

榜样示范也是一种"请进来"的社会帮教形式。它是以英雄模范、先进人物在倡导社会主义精神文明建设中的高贵品质和在参加社会主义经济建设事业中的优秀事迹为典型,来感召、影响罪犯的思想、情感和行动的一种重要方法,具有事迹突出、形象生动、人物具体、直观性强的特点,易被罪犯领会、接受。

1.邀请党和政府号召学习的先进模范人物来监狱做演讲,谈理想、谈人生,讲传统、讲爱国主义,进行正面示范。从各自的先进思想、模范事迹宣传中,告诉罪犯要把自己的命运同党和国家的命运联结在一起,热爱祖国、热爱中华民族,才能活得有意义;人要活得高尚,必须做一个遵纪守法、讲究公德、身体力行的人;个人的价值体现在对社会的奉献中,奉献越多,价值越大。使罪犯真正懂得,要树立正确的人生观,关键是要确立正确的理想;社会的理想实现了,才能为个人理想的实现创造条件、铺平道路。

2.邀请刑释后勤劳致富、事业有成的典型现身说前途。有些罪犯经过政府的教育帮助,回到社会以后遵纪守法、积极劳动,并取得了一定的成绩,得到了社会的认可与好评。请他们结合自己艰苦劳动创造新生活的亲身经历,讲解怎样用奉献换取幸福以及怎样选择正确的人生道路,具有巨大的榜样作用,容易在罪犯之中产生共鸣,为其服刑改造点燃起更强大的信心和希望。

3.社会警示教育。监狱中开展的社会警示教育作为一种反向的榜样示范,属于特殊的社会帮教。一般通过挑选符合条件的罪犯(多为职务犯罪)向社会上的企事业员工讲述自己犯罪后的改造历程,同时展示一系列的教育资料,一方面对社会上企事业单位的员工起到警示威慑的作用,另一方面对于罪犯自身也是一次直面过去生命中污点的悔过与自新。笔者所在监狱每年都会定期和社会上的企事业单位联合举办一系列的社会警示教育活动,邀请社会上的企事业单位员工到监狱参与警示教育等内容的活动。

由于主客观因素的影响,当前监狱社会帮教工作还存在着一些不足之处。一是社会和监狱在社会帮教工作上的思想认识不高、重视不够。一方面,长期以来,监狱社会帮教工作受诸多传统因素制约,一直未能在教育改造罪犯工作中发挥应有作用,使这一有效教育形式始终难以在高墙内找到应有位置。当前监狱对罪犯的教育改造,主要靠监狱民警的日常管理教育,而对社会帮教在促进罪犯教育改造工作上的重要作用认识不高,导致对社会帮教工作不够重视。另一方面,由于长期以来的历史原因,监狱机关处在一个封闭的社会环境中,社会对监狱缺乏了解,对罪犯的教育改造缺乏认识,人们的意识形态中始终存在着教育改造罪犯是监狱机关的责任,与社会没有关系的思想。由于传统的原因,人们对罪犯认识上存在偏差,社会公众在观念上把监狱服刑罪犯看作是社会上的"渣滓"。近年来,随着对犯罪原因的认识越来越科学,社会公众心理发生了变化,即对监狱服刑罪犯由完全排斥到逐渐宽容,认为他们既是实施了危害社会行为的害人者,又是需要社会力量予以帮助教育的一个特殊群体。但总体上对罪犯的帮教工作还缺乏认识,主动性不强。这是影响和制约社会对监狱服刑罪犯进行帮教的主要因素。二是社会帮教面窄,帮教形式单一。在社会帮教过程中,由于社会参与帮教人员少,需要接受帮教罪犯较多,无法满足每一位需要帮教的罪犯,造成实际受帮教罪犯过少,只能从罪犯当中选出一小部分接受帮教。并且,参与社会帮教人员多是政府机关、社会团体,对罪犯进行形势、政策、法律、道德等方面内容的教育,而对于一些心理健康教育等专业教育,帮教人员较少,总体帮教面窄。在具体的帮教活动中,主要做法是请罪犯亲属来监看望、安慰、鼓舞罪犯,以促进罪犯安心改造;请社会团体到监狱对罪犯进行道德、理想、前途教育,增强改造信心。这些活动缺少帮教"互动",形式比较单一。三是社会帮教活动次数少,流于形式。主要表现在各种帮教活动次数太少,一般每年三到四次,且多数流于形式,没有取得较好实效,有的甚至耗费很大的人力物力而没有起到应有的社会教育效果。以某监为例,每年监狱都会邀请社会相关人员进监帮教,并分发慰问品,主要帮教人员有周边县市政府机关、司法工作人员、律师等,为罪犯做形势、政策、道德教育,提供法律援助,提供就业指导等,但次数不多,且受帮教对象有限,一些边远地区特别是外省籍罪犯长期缺少社会帮教,导致实际帮教效果不佳。

我们要高度重视社会帮教对罪犯改造所带来的作用,有针对性地对现有的帮教制度进行改革,扩大其应用的范围,在内容上开拓创新,不因循守旧,尤其要扩大社会帮教层面,积极探索社会帮教新形式。帮教需要双方通过语言或文字进行精神上的交流,进而使被帮教一方接受引导、启发,达到教育被帮教者的目的。但一些参与罪犯帮教活动的单位或个人用赠送书籍代替对罪犯的教育,使复杂的思想教育简化为赠书活动。被隔离于社会的监狱服刑罪犯,渴望着与社会的交流,尤其是与社会帮教人员在思想、前途、人生观等方面的交流。赠送一些思想性较强的书籍对罪犯是有益的,但不能代替帮教双方之间的情感交流。另外针对以往社会帮教限于"请进来"的单一模式,可以尝试"走出去"的帮教新思路,比如组织一些罪犯到社会企业、单位、公共场所参观,现身说法,警示教育,演讲演出,狱外走访受害者,离监探监等,还可以在社会上建立若干个帮教基地,给罪犯广泛搭建展示自我的平台,把"请进来"与"走出去"两者结合起来,探索社会帮教活动新形式。并且,在组织实施对罪犯社会帮教过程中,必须把最大限度地追求有利于罪犯改造的实效作为帮教活动的出发点和归宿,掌握"三不"原则:不搞哗众取宠、不浪费监狱资金、不影响监管改造秩序。因此,帮教活动要有组织、有计划地进行,要在教育效果上面下功夫,这样才能提高教育质量,达到预期的目的。

三、社会支持系统中的亲情沟通教育

亲情,是指有血缘关系的人之间存在的感情,这种感情往往是人世间一种最真实、最淳厚、最坚强的人际关系。亲情之所以成为罪犯教育改造社会支持系统中的一个重要力量,被称为是一种无可比拟的教育改造社会资源,关键在亲人之间彼此都有一份无法割舍、不求回报的互爱。人世间的情感种类很多,唯有亲情不可替代、不容忽视。"血脉相连、血浓于水"正是亲情在人们心目中重要地位的朴实、真切的写照。罪犯触犯国家法律受到刑罚,与亲人分离,投入高墙电网的环境下,其对亲情的渴望同普通人比较而言,则显得更浓、更强。罪犯被监管、教育的身份与民警监管者、教育者的身份本来就是一种对立的关系,这就注定了罪犯不可能完全、绝对处于主动、自觉接受改造的状态,对于罪犯来说,民警十句关心鼓励的话,也许还不及其亲人的一滴泪能起到触及罪犯心灵的作用。

这就充分展现了亲情沟通教育体现在社会支持系统中非常关键而又具有代表性的两方面,即它发挥作用的途径是个体与外界的互动;它的内容既包括客观物质类的支持,也包括主观体验类的支持。最为鲜明的是它强烈地体现了社会支持系统的亲密关系观:人与人之间的亲密关系是社会支持的实质。因此,正确理解亲情的含义,掌握亲情在罪犯心中的重要性,调动、运用好这种情感是转变罪犯思想,促其接受改造的有力措施。经过调查统计我们可以发现:一方面,许许多多的罪犯,在社会上时听不进父母教导,家庭关系紧张甚至严重对立,但当他们因为犯罪而被送进监狱后,在一个相对封闭又失去人身自由的环境里,面对特殊的环境、特殊的群体,加上亲情的缺失,非常容易产生恐惧、悲观失落、迷茫、

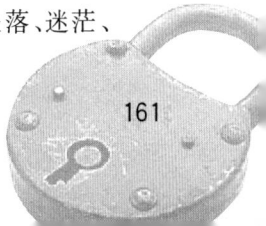

思亲念旧、烦躁不安、性情孤僻、抵触逆反甚至排斥对立等不良心理和极不稳定的思想情绪。罪犯往往最渴望的是见到家中亲人的容颜，听到亲人的话语，尤其是在服刑期间遇到不顺心、不如意、教育改造出现挫折或者取得可喜成绩时，迫切期望得到来自亲情的关心和抚慰、分担和分享、帮助和鼓励，以使其心理压力得以缓解，继续努力改造的信心得以坚定。另一方面，罪犯亲属作为罪犯内心最为主要的精神依靠，感情是复杂的，最初也许是哀其不幸、怒其不争，但此后总会因那份难以割舍的亲情，为其感到伤心和担忧，真的很少有亲人能做到不闻不问，眼巴巴地看着自己的亲人身陷囹圄，自生自灭。亲情纽带促使罪犯亲属必须有正确的态度来对待罪犯，关心其改造，帮助他们悔过自新，才能让家庭痛苦逐渐淡化、家庭创伤慢慢愈合。同时，监狱民警在协调犯属之间的情感的正常交流、表达，促其朝有利于罪犯的改造方向发展中有着非常重要的作用。过去，由于民警与罪犯亲属之间缺乏交流，对罪犯家属宣传工作的面不广、内容不丰富、力度不够，加上民警对待罪犯家属的生硬态度，导致了罪犯亲人对监狱不了解，从而也出现了家属对民警、对监狱的抵触和排斥，在这种不和谐的状态下，罪犯、民警、罪犯家属三者之间就不可能形成联动环节，不可能搭建起以罪犯改造积极性、民警教育积极性、亲属帮教积极性为支撑点的教育改造平台。

因而作为帮助罪犯改造的一个特殊而重要的组成部分，亲情沟通教育几乎是大部分监所教育改造工作中使用得最广泛、方式方法较为成熟、收效较为明显的教育方式。其中所涉及的社会资源也最为集中，只要是符合相关条件的亲属就能够成为组成部分，因而是绝大部分监狱针对罪犯改造最为常用的教育手段之一。亲情就像一把刺向心灵深处的利剑，不仅能够唤醒罪犯认罪悔罪的良知，激发出最强大的改造动力，也能为监狱教育改造工作倍添力量，从而促进监狱的监管安全稳定。可以说亲情沟通教育在监狱教育改造促稳中有着举足轻重的重要地位。

亲情沟通教育主要是指监狱根据《监狱法》的相关规定和国家对罪犯改造工作的方针、政策以及有关法律、法规的规定，坚持以人为本原则，立足于帮助，着力于教育，落脚于挽救，通过组织罪犯与亲属之间多种形式的沟通联系，结合改造实际，从多角度提升罪犯日常教育改造的效果，同时促进监所的监管稳定。亲情沟通教育的形式主要包括了亲情书信、亲情电话、亲情会见、亲情帮教等，分别从不同的管理要求、筹备难度以及效果差异等方面体现了各自的特点。

亲情书信，就是在确保交流内容符合相关规定的前提下，罪犯和家属朋友通过书信的方式进行沟通。这种方式非常普遍，因为不受时间、次数的限制，因而一般情况下罪犯都会使用这种沟通方式向家人朋友诉说改造的情况、了解家中近况或者是接受家人的劝导、感受亲情的温暖，提升教育改造的积极性。亲情电话,也就是定期给予罪犯和家人通电话的机会。一般情况下是按照相关规定,根据改造表现的优劣给予罪犯不同间隔期的亲情电话沟通机会,作为对于罪犯教育改造的一种激励方式。亲情电话的特点在于较为快捷地使罪犯与其亲属进行沟通。亲情会见从产生之初开始到现在,其形式和要求发生了许多变化,但核心仍旧是罪犯和亲属能够在特定场所面对面地进行沟通,让罪犯感受到亲情的温暖,以此缓解其在改造中的思念、焦躁等各类负面情绪,明确改造目的,增强改造动力。

亲情会见也属于监所利用亲情这一集中且强有力的社会资源开展教育改造工作、促进监管稳定的一种重要途径。教育改造罪犯的手段、方法、措施、策略是日益丰富和多样的,但是,由于没有深入开展有针对性的探析和调研的意念,各种方法达到的效果显然是不理想的,亲情会见工作就是一个活例。过去,我们对亲情会见重要性的认识程度不高,制定亲情会见管理软件不够细致、规范,对罪犯家属宣传监狱法规、政策、监狱管理、狱务公开的力度不够,对罪犯亲情会见中的细节考虑不周全,需要注意的问题被忽视,罪犯家属的帮教积极性没能充分调动,亲情帮教作用在提高罪犯改造质量中的积极作用没有得到充分发挥,亲情会见的重要性没有凸显出来。

亲情会见是罪犯接触社会、社会了解监狱的主要渠道和窗口,其在促进罪犯改造的同时如果不加强规范化管理,把好会见管理关,就可能导致不利于罪犯改造的信息和明令禁止的违禁物品流入监内。分析证明,亲情会见是帮助我们教育好、改造好罪犯,使其成为自食其力的守法公民,实现行刑社会化的一大手段,必须制定完整的管理软件体系和规范的操作流程才能保证这一手段有效运行,最大限度发挥其积极作用。一是制定《一日工作规范》,对民警实行"一日规范化管理",即对每个民警在什么时间该干什么工作、该记录什么事情、该承担什么责任均做明确规定,按照规范的程序、步骤、要求开展会见工作。二是明确责任,即民警认真审验会见人的会见资质,如与罪犯是否亲属关系、身份证、会见条、亲属会见证是否相符,是否符合监狱的规定。三是认真开展会见前的"五必问"工作,即在会见前,明确责任民警与罪犯亲属交流、沟通:(1)了解罪犯亲属此次会见的目的、意图,需要与罪犯交谈的内容。(2)了解罪犯家庭近况,提前掌握发生的变故和意外;及时采取相应处置措施,防患于未然;及时获取罪犯家中的良性信息和情况,鼓励罪犯努力改造。(3)积极开展法律法规宣传工作。(4)动员罪犯亲属协助做好帮教工作。(5)对家庭出现变故的罪犯亲属展开教育、疏导和安抚工作。会见前的"五必问"工作可以帮助监狱完成以下任务:主动出击,及时堵截不利于罪犯改造的信息,在采取有效措施,实现预防前置工作中占据有利位置;了解罪犯家庭近期良性信息,在会见过程中,给予罪犯关心和鼓励;对家庭出现变

故的,提前做好罪犯家属的安抚工作,稳定犯属情绪,从源头上消除影响罪犯改造的因素;杜绝违禁物品通过会见渠道流入监内。四是在会见监听过程中捕捉罪犯动态信息,为管控、教育罪犯提供决策依据。科学的方法、有效的手段需要我们在不断摸索、总结中来思考和提炼,要尽可能地把会见工作中可能出现的情况设想周全,并拟定更为完整、配套的解决方案。通过加强民警的素质教育,提高其业务水平,增强教育说服能力,在执法高度和执法要求上不断更新,开展扎实的工作,扩大信息收集面,丰富教育改造策略,在教育改造罪犯质量上有新的突破,向社会展示监狱的成果,以此来调动社会力量参与对罪犯的帮助和教育,将改造任务落到实处。

下面我们再来重点介绍一下亲情帮教。亲情帮教,是在罪犯改造过程中引入作为社会资源与社会力量一个重要分支的亲情,对其注入适量和正确的关爱与帮助,通过这种关爱与帮助,使得罪犯感受到来自家人的温情与关怀,从而自内心深处反思自己所犯罪行对社会的危害及对亲人造成的巨大伤害,彻底产生悔过心理。从罪犯对参与亲情帮教的踊跃程度就可以看出,亲情帮教在充分利用亲情这一社会资源上是相当成功的。亲情帮教的形式和内容发展到现在也是丰富多彩,但其主体始终围绕着帮助罪犯能够积极改造,争取早日获得新生。

就以笔者所在的监狱为例。近年来,笔者所在监狱为有效提升教育改造质量,充分发挥亲情在罪犯改造中的感召和激励作用,一直将亲情帮教活动作为教育促稳机制建设的一个重要手段。2016年3至8月,监狱以"四强化四突出"作为指导方针,连续开展了"告别迷茫,感恩亲情,自强新生"主题系列亲情帮教活动,有力推进教育质量年活动向纵深发展。整个亲情帮教系列活动固定每周一次,以分监区为单位开展一场亲情帮教活动,自3月份起至8月份止,历时半年,涉及全监所有分监区(监区),共计24场次,共有1650余名家属进监对640余名罪犯进行了现场帮教,其时间跨度和范围广度均达到了监狱的历史之最。而在帮教对象的选择上,监狱结合重刑犯监狱的特点,排查刑期长、亲人远、会见少、家中有变故的罪犯作为重点帮教对象。如限制减刑类罪犯、顽危犯等,监狱都会千方百计联系、动员其家属来监帮教,以此紧紧系牢罪犯与家人之间的亲情纽带。同时,监狱还充分考虑悔改表现特别突出的罪犯参与帮教活动,并将其作为罪犯分级处遇中的一项待遇,以营造奋力争先的改造风气,鼓励广大罪犯积极投入改造。在帮教活动的内容上,监狱从人性化的角度出发,以最无私、最易引起情感共鸣的亲情为切入点,搭建帮教平台,拓展帮教形式,丰富帮教内容,以情感人,以情育人。监狱在保留往年为妻子梳头、为父母洗脚、为子女赠书这些传统节目基础上,又增加了同唱一首歌、亲情留言、新生寄语、花香传情等活动。此外,监狱还在"六一"儿童节、端午节、父亲节、母亲节等相关节日上做足亲情文章,开展针对性的专题帮教,充分体现了"人文关怀,教育为本"的教育理念。每场帮教现场,罪犯与亲属们无不真情相拥,热泪盈眶。有的罪犯为表达愧疚之心、悔改之意,当场在父母面前长跪不起;有的罪犯在分监区民警的帮助下,现场给亲人过起了生日;有的罪犯在分监区的组织下,亲手为家人制作鞋垫、工艺品等作为礼物。系列帮教活动的开展,达到了"让罪犯安心,让家属放心"的目的,取得了良好实效。一是罪犯认罪悔罪意识明显增强。罪犯从亲属的规劝中深切地感受到了自己的犯罪给家庭及受害人、社会带来的危害,主动向亲人、民警忏悔自己的罪行。二是罪犯改造动力明显提升。他们表示家人、社会没有放弃自己,自己一定要努力改造,用最好的改造成绩来回馈亲人、回报社会。如某分监区罪犯张某,通过帮教挽回了濒临破碎的婚姻,现在无论是"三课"学习还是劳动改造,都是劲头十足。三是罪犯违规违纪行为明显减少。很多罪犯表示不能因自己的违规再往亲人的伤口上撒盐,如某分监区的高度戒备犯倪某、某分监区的顽危犯黄某,近期改造表现都有明显好转。监狱通过开展亲情帮教活动,不仅促进了罪犯改造积极性,更让亲情成为开启罪犯的心灵钥匙,增添了改造的主动性,让罪犯成为自我改造的主人,同时促进了监管改造稳定。笔者也亲身参加了数次亲情帮教活动,其中的感人场面亦是数不胜数,让人难忘。再回头对亲情帮教这一比较特殊的亲情沟通教育方式进行分析,我们不难看出亲情帮教感召力强,见效快,是最具人情味、最人性化的教育方式之一。

由此我们可以分析出,合理利用好亲情这一独特的社会资源,充分发挥亲情沟通教育的强大作用,是深入推进监狱系统"社会矛盾化解、社会管理创新、公正廉洁执法"三项重点工作,预防和减少重新违法犯罪率,促进社会和谐,增加社会活力,维护社会稳定的客观需要;是坚持以人为本、服务为先、多方参与、共同治理的社会管理理念,创新教育改造工作方法和手段,从源头上化解社会矛盾,提升教育改造工作质量和水平的重要举措;是罪犯教育改造从封闭走向开放的大势所趋,符合教育改造工作客观规律;是促进监狱稳定发展不可或缺的一支强劲社会动力。

第三节　监狱刑罚执行与社区矫正

社区矫正是一种不使罪犯与社会隔离并利用各种社会、社区资源教育改造罪犯的方法,是所有在社区环境中管理教育罪犯方式的总称。简单地说,就是让

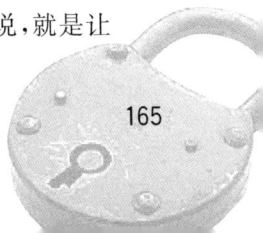

符合法定条件的罪犯在社区中执行刑罚。国外较常见的包括缓刑、假释、社区服务、暂时释放、中途之家、工作释放、学习释放等。根据《刑法》《刑事诉讼法》以及最高人民法院、最高人民检察院、公安部、司法部联合印发《社区矫正实施办法》等规定,社区矫正界定为与监禁矫正相对的行刑方式,是指将符合条件的罪犯置于社区内,由专门的国家机关在相关社会团体和民间组织以及社会志愿者的协助下,在判决、裁定或决定确定的期限内,矫正其犯罪心理和行为恶习,并促进其顺利回归社会的非监禁刑罚执行活动。其中规定社区矫正适用于被判处管制的、被宣告缓刑的、被暂予监外执行的、被裁定假释的、被剥夺政治权利并在社会上服刑的五种罪犯。

这里笔者还要先简单地区别另一个相似概念,即安置帮教。安置帮教,指社会对刑释人员进行非强制性的引导、扶助、教育、监督和管理,使刑释人员巩固改造成果,继续加强思想意识改造和行为改造,努力适应新的社会环境,遵纪守法、自食其力、安居乐业,不再违法犯罪,危害社会。工作对象是刑满释放5年以内的人员。在日常实践中,由于社区矫正和安置帮教这两项工作的对象都曾经犯过罪,主要的工作方法都包括了思想帮教和生活帮扶等内容,因此比较容易混淆。但深入进行分析,就不难发现两者具有明显区别:一是工作的性质不同。社区矫正是刑罚执行,安置帮教只是行政管理和社会工作。二是工作对象的身份不同,社区矫正的工作对象是正在服刑或接受矫正的罪犯,而安置帮教工作对象是刑满释放公民。三是工作的力度和管理的宽严程度不同,社区矫正由于是刑罚执行,具有强制力,对矫正对象做出一定的人身自由和政治权利方面的限制、行为方面的约束,违反监管规定的还要受到惩罚;而安置帮教工作不能强制,由于刑释人员都是具有人身自由和权利保障的公民,对其在思想上、行为上不能违背其意愿或采取强制措施,只能靠教育引导,促使其自愿接受帮教。两者相比较,在工作力度和管理程度上要差很多。通过以上的对比我们可以看出,社区矫正和安置帮教是两项不同的工作。

社区矫正在社会支持系统中属于比较特殊的一块内容。可以说它不仅融入了社会支持系统的多方面,其现行的模式也是社会支持系统的亲密关系观(人与人之间的亲密关系是社会支持的实质。这一观点是在社会互动关系上理解社会支持,认为社会支持是人与人之间的亲密关系。同时,社会支持不仅仅是一种单向的关怀或帮助,它在多数情况下是一种社会交换,是人与人之间的一种社会互动关系)、"帮助的复合结构"观(这一观点认为社会支持是一种帮助的复合结构,帮助行为能够产生社会支持)和社会资源观(社会支持是一种资源,是个人处理紧张事件问题的潜在资源,是通过社会关系、个体与他人或群体间所互换的社会资源)的综合体现。

社区矫正是监狱教育改造促稳工作对于社会支持系统中各类社会资源运用的反向延伸,即可以理解为把改造对象从监狱这个相对封闭的环境中脱离出来,融入开放的社会支持系统当中,改造对象拥有了社会资源的选择权。其对象主要是针对假释犯来说的。相关调查结果显示,当前假释人员重新犯罪率为不足 1%。如此之低的重新犯罪率在一定程度上表明,假释绝不是洪水猛兽,而是一种在调节罪犯刑期促使罪犯顺利回归社会的主要路径之一。近年来,国际社会刑罚执行呈现出一种由重趋轻的发展趋势,在一些西方发达国家,假释适用率甚至达到了40%,而在我国,即使在假释适用率较高的山东省,也只有 10%。扩大假释,顺应现代社会行刑的发展方向,已经成为不可扭转的趋势。2008 年以来,浙江省认真贯彻宽严相济的刑事政策,降低减刑频率、加大减刑幅度,提高假释比例。取消对假释罪犯的余刑限制,对既符合减刑条件又可假释的罪犯,优先考虑假释。通过五年的时间,使监狱在押犯的假释比例由 0.6% 提高到 5% 左右。江苏省早在多年前就已经对全省监狱系统假释适用率设定了 8% 的目标。而全国的假释适用率长期徘徊在 2% 左右。笔者认为,政府在提高假释率,全面推进社区矫正工作的决心和政策环境已经坚定和成熟,深入发展反向延伸社会资源在监狱教育改造促稳中运用的时机已经到来。也就是说原本要在监狱服刑至刑期结束的一部分符合假释条件的罪犯将能够在监外完成他们的改造任务,这大大提高了社会资源在罪犯教育改造中的运用效率。

社区矫正所涉及的社会资源其实就是整个社会,因为这是一种社会化的行刑方式。行刑的社会化就是要尽可能对罪犯适用社会化的刑罚,对于必须监禁的罪犯也要尽可能多的让其接触社会,而社区矫正就解决了为行刑社会化而去寻找过渡性处置、半社会性处置方式的困难。社区矫正可以使不需要、不适宜监禁的罪犯在社会上服刑,而使监禁的罪犯或不需要继续监禁的罪犯得以施展行刑社会化的平台。社区矫正可以使罪犯尽可能多的接触社会,充分享受正常社会生存中的各种社会资源,使其尽快适应社会的飞速发展,并夯实前期在监狱教育改造所取得的成果。通过笔者对于温州某司法局工作人员的采访调查得知,在其所从事过的社区矫正工作当中,或许因为矫正对象除了假释人员,还有被判处管制、宣告缓刑、决定暂予监外执行的人员,所以假释人员往往不太愿意主动提及在监狱服刑改造的经历。但是从该工作人员的谈话中笔者不难发现,从监狱到社会,假释人员的心态和在监狱服刑相比,已经有了非常大的差异。

社区矫正为罪犯的教育改造和对监狱稳定发展所带来的正能量、正影响可以说是多层次、多方面的:

一是建立社区矫正制度有利于罪犯更好地改造和回归社会。社区矫正可以祛除在监狱中执行刑罚的弊端,有利于提高罪犯改造质量,符合刑罚教育功能;

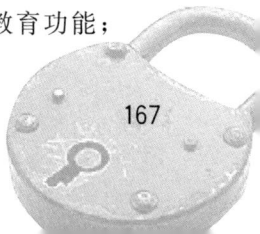

可以防止罪犯的交叉感染；可以削弱罪犯在监狱服刑所产生的孤独感，增强罪犯的社会责任感；有利于保护罪犯的合法权益，维护基本人权。同时，社区矫正可以对罪犯进行"因材施教"，体现出对他们的特殊预防和一般预防的结合。社区矫正是行刑社会化的发展，可以使罪犯尽可能多的接触社会，使罪犯适应社会的飞速发展，有利于罪犯重新回归社会。

二是建立社区矫正制度有利于建设更好的教育和挽救未成年罪犯的方法及有效预防未成年犯罪。实施社区矫正制度更有利于对未成年罪犯实施矫正。在教育和挽救未成年罪犯的方法上增加了社会实践这一课或直接在社会上服刑，把单纯的说教拓展为多种方式综合运用，使他们增强了自我教育的主动性和积极性。因为未成年罪犯的心理素质和理性认识能力较差，但可塑性较强，更容易受到周围环境的影响。所以让未成年罪犯在社区中服刑，从事公共事业，让其在健康的社会环境里开展正常的人际交往，接受积极的教育感化，对其心理的成长无疑是积极的，有利于他们树立自尊、自重的心态，让他们彻底悔过自新，回归社会。社区矫正是吸收社会各种力量来参与预防未成年犯罪的活动，可以形成政法机关、社会机构、家庭、受害人多位一体，齐抓共管的合力，强化特殊预防功能。

三是建立社区矫正制度有利于发展受害人、社区、刑事司法系统与罪犯之间的建设性关系。首先，社区矫正可以为罪犯弥补受害人的损失提供经济来源、精神安慰。其次，社区矫正可以给社区提供额外的人力资源，可以减轻社区公众的复仇欲望。再次，社区矫正还可以为刑事司法系统节省资源，改变刑事司法系统的自身形象。最后，社区矫正使罪犯本人免受监禁之苦，有助于罪犯培养良好习惯。

四是建立社区矫正制度有利于减轻监狱关押压力，节省国家资源。《刑法修正案（八）》实施后，刑法对重刑犯、轻刑犯一视同仁，以前无期以上必须收监，现在三个月以上的也必须收监，导致我国监狱押犯总数存在超过关押能力的现象。另外，通过对山东、江苏、浙江、河北、河南和宁夏6个省（自治区）的24个监狱进行调查，罪犯人均居住面积在5平方米以上的仅占13.1%。而《罪犯生活卫生管理办法》规定，对在押犯应保证其人均生活设施面积在5平方米以上。所以我国监狱关押罪犯数一直以较快的速度增长，而过度的增长使监狱爆满，监狱的物质、文化等方面的要求都得不到满足，罪犯的心理受到不利影响，从而影响罪犯的改造质量。而社区矫正可以大大减少监狱人口，缓解监狱压力，提高罪犯改造质量，另外监狱押犯的减少也可使财政的压力得到缓解，从而节省国家资源，这是符合刑罚经济思想的。

五是建立社区矫正制度有利于推进我国刑罚执行体系的完善发展，使非监禁刑执行落于实处。为了顺应国际刑罚趋势，我国正在不断加强非监禁刑的实行。但许多刑种或执行方法，由于缺乏可操作性，几乎流于形式或形同虚设。然而社区矫正就可以对这方面的问题进行弥补和救助。非监禁刑执行数量微乎其微的原因主要在于我国刑罚执行制度的不合理，执行机关不协调，各自为政。而社区矫正由公、检、法、司、社区工作人员和社会志愿者等共同执行，这就能使非监禁刑落于实处。

六是建立社区矫正制度有利于建立社会主义特色罪犯改造制度。20 世纪前后，世界刑罚执行思想逐步从报应刑的思想向教育刑的思想转变，国际上大量采用非刑罚化、非监禁化的开放式处遇的行刑方法来处置罪犯，增加罪犯与社会的接触，缩短罪犯与正常生活的距离，这成为一种新的行刑理念。社区矫正不是主观意愿的产物，而是一种客观发展的产物，是监狱制度发展到一定时期的必然、积极的选择。而我国在这方面比较保守，行刑政策落后于国际行刑发展趋势，所以积极开展社区矫正等形式的开放式处遇措施是我国刑罚执行发展的必然趋势。

社区矫正作为行刑社会化的一种方式，一方面使罪犯得到有效监管，使人们改变对罪犯的"标签"式看法，让社会变得更加公正、和谐；另一方面，社区矫正通过弱化监狱的封闭性、放宽罪犯自由度、增加罪犯与社会的联系，促使罪犯掌握生活技能与相关社会知识，塑造罪犯符合社会正常生活的信念和人格，最终促成罪犯回归社会，摆脱犯罪"标签"的影响，使他们能够更快、更好地融入社会，达到预防犯罪的目的。可见，社区矫正不仅体现了对人的尊严的尊重，更重要的是满足了罪犯再社会化和实现自我发展的需求，代表行刑社会化工作的发展趋向。在宪法和刑法的框架内，司法机关应放宽罪犯减刑假释条件，使减刑假释成为罪犯应有的权利，给所有全心悔改、积极向上的罪犯以减刑假释的希望和机会，共同构建狱内和谐稳定的改造秩序。

从 2003 年 7 月 10 日最高人民法院、最高人民检察院、公安部、司法部联合印发《关于开展社区矫正试点工作的通知》，尝试引入社区矫正之初到今天，中国刑罚制度拉开了从监禁刑到非监禁刑发展的序幕，社会资源开始全面参与到监狱的教育改造促稳工作当中，为探索特色社会主义刑罚制度，积极推进社会主义民主法治建设迈出了坚实的一步。

第十章　教育改造促稳机制的发展研究

教育改造促稳与治本工作不是一成不变的,需要与时俱进,不断创新。教育改造促稳机制是个开放、发展的自我运作体系,要不断改进和完善教育改造促稳机制建设,从工作指导理念、方法技术革新、机制转型方向等推进监狱教育促稳机制向前发展,使它在维护监狱安全发展、社会和谐稳定方面发挥出重要作用。

第一节　教育改造促稳理论的发展

前面讲到,教育改造罪犯包括教育促稳与治本两个方面。促稳虽讲的是促进罪犯个体的思想与心理稳定,但关系的是监狱的安全、社会的稳定。监狱是社会潜在的不安定因素,是有问题的社会人的集中地,人为地将犯罪人员集中起来是为了让社会保持安全。但罪犯终究要回归社会,如何能够在服刑的时间里尽可能地通过各种手段促使其转变成为一个合格的社会人就成为监狱的重要职能,这其中教育改造是最有效的手段。监狱教育罪犯的效果,极大地影响了监狱的稳定,继而对社会的稳定也造成了影响。促稳与治本是教育改造的目的,教育改造是促稳的方法与手段。国内外理论界对于两者的关系探讨得并不多,从所搜寻到的资料看,教育改造的理念从萌芽到确立经历了一段很长的时间,从人们意识到"罪犯是可以被教育好的"到人们在实践中不断寻找各种方法去改造罪犯经历了很长一段时间。

一、教育改造的理论缘起

教育改造的理论大致起源于 19 世纪初,来源于当时人们对于教育的认识。当时德国教育学家赫尔巴特借助哲学和心理学的科学实践,分析了成人"性格的道德力量""管理""训练""教学"等基本概念,得出结论:"通过教育要想得到什么,教育要求达到什么目的,这是由人们对问题的见解决定的。"苏联教育家加里宁也曾说过:"教育是对于受教育者心理上所施行的一种确定的、有目的的和有系统的感化作用,以便在受教育者的身心上养成教育者所希望的品质。"当时教育学家们关于教育的研究为教育社会化的开展奠定了相应的理论基础。

19世纪中叶,马克思、恩格斯的教育学说继续发展了教育理论,创造性地运用唯物史观和唯物辩证法系统讨论了教育与人的全面发展的关系,教育、科学与生产三者之间的关系,以及教育与道德的关系等。马克思主义教育观认为,教育作为一定社会意识形态,要受占有生产资料的统治阶级所支配,是由相应的经济基础所决定的。任何一个时代的统治阶级的教育思想,就是这个时代占有统治地位的教育思想。对罪犯教育是教育为政治服务的特殊体现,它有着深刻的政治意图。

19世纪末20世纪初心理学、社会学理论与实践的迅猛发展进一步论证了罪犯教育的可行性。心理学学说中的学习理论、条件反射理论、认知理论都在研究罪犯教育的基础上提出了自己的观点。其中学习理论认为犯罪是行为人学习与犯罪有关的准则、价值观念和行为的结果,那么通过学习也可以改变犯罪人的原有的学习。条件反射理论认为学习是建立条件反射,原有的条件反射都可以通过建立新的条件反射使之消退。社会心理学的认知理论认为,在原有的认知结构中加入新的认知因素,可以使原有的认知结构失调,最后改变原有的认知。教育改造罪犯就是要使罪犯抛弃原来的社会文化和生活方式,接受一种对其本人来说是一种全新的社会文化和生活方式,使原来社会化过程中的缺陷得到弥补、错误的社会化得以纠正。这些理论观点为罪犯教育的开展铺平了道路。

二、教育改造理念的进一步发展

20世纪50年代以来,世界各国的经济、科学技术发展迅猛,全球化为各国之间的交流学习提供了客观条件。各国在监狱教育理论上不断学习他国的先进经验与观点,并创造性地提出了很多主张,开展了很多有益的实践,总体上慢慢朝着社会化、个性化、专业化的方向发展。

第一,罪犯教育改造的社会化发展趋向。当代许多国家不再把监狱看作是单纯的国家机关,而是视为社会事业的一种,是解决犯罪这一社会问题的场所。因此,强调加强监狱内外之间的联系,并充分利用各种社会资源来帮助监狱开展罪犯教育,同时加强对罪犯出狱后的保护救助。正是由于社会力量的广泛参与,监狱的罪犯改造职能延伸到了社会上,使得监狱日趋社会化。这种趋势在20世纪80年代以后发展得更加迅速,监狱的分类更加朝着有利于监狱社会化的方向前进,监狱对社会的开放程度也有了很大的提高。到现在,监狱社会化已经成为现代监狱的标志之一。

第二，罪犯教育改造的个性化发展趋向。一开始监狱对罪犯的教育十分笼统，一般以政治教育为主，后来加入了技术教育和生活教育，但还是不够细致准确。由于罪犯的年龄、经历、思想、性格、罪行轻重和人身危险性程度等各不相同，要实现罪犯教育目的，单纯靠共性理论和普遍性制度对罪犯个人的感化教育是有失偏颇的，必须针对罪犯个人的具体情况分析研究，实行分类教育方案，提高教育改造的效率。

第三，罪犯教育改造的专业化发展趋向。罪犯教育的专业化，是指罪犯教育制度的科学化和在罪犯教育过程中广泛运用现代科学技术，如生物学、遗传学、心理学、教育学以及统计学知识，查明犯罪原因和罪犯的品行、性格、教育改善的难易程度，综合运用种种矫治手段，制定各种狱内治疗方案，建立科学的、符合罪犯教育改造规律的监狱罪犯教育制度体系，从而矫正改造罪犯。在罪犯教育过程中，涌现出诸多融合不同学科的相关理论，例如心理疗法、交往分析法、现实疗法、行为疗法、环境疗法、情感成熟指导法等。

三、我国教育改造理念的发展及教育改造促稳的实践

我国监狱学界对监狱教育改造理念的理论研究较少，一般都是以研究马克思主义教育改造观、毛泽东的教育改造思想、新中国监狱教育改造实践为主。为了解我国的教育改造理念发展，我们需要总结学界关于中国监狱工作的理论，这有助于提炼教育改造理念。笔者总结了相关监狱学理论观点，比较分析后认为其中有以下核心理念十分重要，代表了不同时期监狱发展的思想。具体为：(1)"人是可以改造的"；(2)"我们的监狱其实是学校"；(3)教育改造是监狱工作的中心；(4)动员社会力量实行罪犯综合治理；(5)教育罪犯的目的是为了促进监狱和社会稳定；(6)循证矫治教育改造理论。

在这六个方面当中，"人是可以改造的"和"我们的监狱其实是学校"这两条教育改造理念是随着新中国监狱的诞生而出现的，是 20 世纪 80 年代之前的改造理念，它的根源是马克思列宁主义的教育改造理念，我们将它继承下来，运用于实践，并结合我国特有的国情，发展成一套我国特有的教育方法。后几条是80 年代之后的改造理念，其中第四条是监狱社会化的发展和实践所带来的，是将监狱纳入社会综合治理的体现；第五条回答了监狱如何在和谐社会中发挥自己的贡献，监狱对现代社会的价值追求在哪儿的问题；第六条是新的教育改造理念。接下来我们重点来分析下列相关理念。

(一)人是可以改造的、我们的监狱其实是学校的理念

我国监狱对于"罪犯是否可以改造"这个问题的回答遵循了马克思主义二元

论的观点,即把罪犯分为能够改造和不能改造两类。这一观点的代表是德国的刑法学家冯·李斯特,李斯特在刑事政策上主张:"能矫正的罪犯应当予以矫正;不能矫正的罪犯应使其不致再危害社会。"马克思主义教育改造观也认为人的思想是可以通过劳动、教育等多种方式改变的。我国监狱改造理念持有并发展了此观点。毛泽东在新中国成立后多次就罪犯改造的可能性问题发表观点,他做出的"人是可以改造的"论断成为中国监管改造工作的理论基础。例如早在1960年毛泽东就指出:"许多犯罪分子是可以改造好的,是能够教育好的。"1963年毛泽东又强调:"我们相信人是可以改造过来的,在一定的条件下,在无产阶级专政的条件下,一般说是可以把人改造过来的。"综上所述中国监狱人在实践中一直贯彻"人是可以改造的"理念,并取得了令世人信服的效果。

"我们的监狱其实是学校"明确提出是在1960年。1960年10月22日,毛泽东在会见美国记者斯诺时说:"我们的监狱不是过去的监狱,我们的监狱其实是学校,也是工厂,或者是农场。罪犯们主要接受生活教育、政治教育、文化教育。"这个理念在之后的建设时期被继承和发展,我国监狱的建设者始终践行"我们的监狱其实是学校"这一理念。在这一理念的指引下,中国出现了监狱办特殊学校的实践,监狱工作借助学校教育的形式使教育改造走向了正规化和系统化,带动了整个监狱工作的开展。早在1998年年底,全国累计办成特殊学校的监狱单位就有655个,占全国监狱总数的94.8%,今天我国监狱都已经建成挽救人、改造人、造就人的特殊学校。

(二)教育改造是监狱工作中心的理念

教育改造罪犯是中国刑罚执行制度的一大特色,是我国监狱工作的一个创举,是我国监狱行刑方式的一种体现。监狱工作的中心任务就是提高罪犯教育改造工作质量。早在革命根据地时期,民主政府已经认识到,生产、管理和教育这三大监所工作不是"平行的",是以教育为主的,生产和管理都是"为了教育"。新中国成立以来,我国的监狱工作方针经历了四次变化。从"三个为了"到"两个结合",再到"改造第一,生产第二",直到现在的"惩罚与改造相结合、以改造人为宗旨"。这四个方针虽然表述各异,也曾有过劳动改造和罪犯教育谁为先的争论,但是其基本精神是一致的,都体现了以"改造人"为宗旨。

1994年12月29日《监狱法》的颁布实施,标志着罪犯教育改造工作开始步入依法、规范的发展轨道,教育改造工作在方式、方法和内容的选择上不断地继承、发展和创新。我国的监狱工作始终将"改造人"放在核心地位。2002年末,司法部正式提出,"把提高教育改造质量作为监狱工作的中心任务"。2007年3月27日,司法部长吴爱英在全国监狱工作会议上强调,要始终坚持监狱工作方

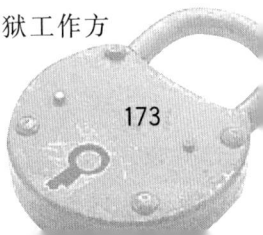

针，"树立正确的政绩观，把罪犯改造工作作为衡量监狱工作成效和监狱领导干部政绩的重要标准"，要求"把罪犯改造体现到监狱刑罚执行工作的各环节，体现到监狱管理、教育、生产的全过程"。2009 年 6 月 2 日，吴爱英部长在全国监狱长第一期培训班开班仪式上提出，监狱长要坚持正确的政治方向，提高六种能力。其中，"切实提高教育改造罪犯的能力"排在各项能力之首。中国监狱行刑的最大特点是改造人，而"教育为改造罪犯基本手段"。从新中国监狱工作发展历史来看，教育改造是监狱中心工作的理念已经越来越明确化了。

（三）当前的教育改造理念及教育促稳实践

20 世纪 50 年代以来，监狱教育慢慢朝着社会化、专业化、个性化方向发展。时代的变迁对教育工作提出了很高的要求，如何提高教育改造的效率？如何降低再犯可能性？如何促进改造人员的人格完善？这些都成为监狱工作者们思考的内容。而且这些都是只有在稳定的环境中才能实现的。实践屡屡证明，若没有稳定的大环境，改造罪犯无从谈起；若没有罪犯内外平衡的心理小环境，改造工作也必然事倍功半。慢慢地教育工作的侧重点变成了稳定罪犯，在稳定中求改造，因为在实践中只有让罪犯适应改造环境，调适内心，才能让他在相当一段时间里改变错误想法，树立与社会相适应的价值观。急于求成、华而不实的改造观是不可取的，是有害的。以下一些改造观点都是教育改造促稳观念的一些代表性阐述。

1. 系统改造的教育理念

系统改造的教育理念是指在教育改造罪犯的过程中，始终采用系统、综合的观点看问题，注重监狱系统与社会系统、监狱内部各个子系统之间的联系，综合运用监狱内外诸种手段的合力，取得教育改造罪犯的最佳效果。系统改造理论是当今教育改造理论的热点之一，有不少的理论探讨。例如邵名正先生在《监狱学》一书中认为教育改造具有"系统影响性"的特性，认为"教育改造是一项系统工程"。杨显光先生认为，一切改造手段、措施、方法都能在不同程度上调动罪犯改造的积极性，起到激励罪犯改造的作用。

系统教育改造的理念提出之后，很快就被决策层采纳并应用于实践。1987年，在中央批转的《全国政法工作座谈会纪要》里第一次系统地提出了"三个延伸"。其中向外延伸是核心部分，要求监狱引入社会力量来帮助教育改造罪犯，这标志着我国监狱社会化的开端。"三个延伸"是社会治安综合治理的重要组成部分，是中国监狱在长期工作实践中摸索出的行之有效的办法，是系统观念在教育改造方面的生动体现，它有利于发动社会各界力量、调动一切可能的因素教育和转化罪犯，最终达到预防和减少犯罪的目的。监狱是一个相对封闭的环境，是社会的一个缩影,有其特殊之处,但同时监狱也是社会不可脱离的一部分。任何有关监狱的论断应当从内部和外部来分析,切不可闭门造车。

系统改造理论对于促稳的阐述主要体现在其对旧有教育改造理论的创新性阐述上。理论认为监狱的教育改造是社会治理的一个方面,监狱不能脱离社会来改造罪犯,监狱的教育改造以改造人为中心,以促进社会的稳定为目标导向,我们必须创新手段和方法来为中心、目标服务。对于旧有的封闭式、孤立的改造模式,它是持批判意见的,创新性地将监狱纳入了社会化治理的框架下,这样的教育改造才是现实的,目标性更加明确,也更加有效。

2.教育改造是为了追求社会稳定的理念

社会和谐稳定是新时期社会治理追求的目标,监狱教育也应有这样的价值追求。在将罪犯改造成为守法公民的过程中,有意识地利用教育改造手段以求得罪犯个体乃至群体的安全稳定,是非常自然而然的事情,稳定是教育改造的副产品。监狱的安全稳定事关社会的安定,时代的背景对监狱的工作提出了更高更明确的要求。监狱的安全稳定主要在于押犯的安全稳定,是与教育改造的质量息息相关的。近几年来监狱的不稳定因素的比例在不断提升,在押犯构成日趋复杂,长刑期犯、暴力犯、涉黑涉毒犯等呈持续上升趋势,暴狱、袭警、脱逃、行凶、自杀等危险性不断增加,维护监狱安全稳定的任务更加繁重。但是当前教育改造的中心在不断受到冲击,围墙"越来越高",电网"越来越密",监控"越来越严",加上近几年在改造工作中过度强调"安全第一",把稳定工作"绝对化",把监狱安定作为首要政治任务来抓,致使监狱将主要精力放在严防死守、不出事故上,满足于"收得下、管得住、跑不了",教育改造工作重心偏移,多是停留在追求平安无事这一浅层次目标。

3.循证矫治教育理念

时代的发展改变了人们的思想,刑罚的报复主义慢慢地退出了主流的改造理论,人本主义、再社会化的刑罚理念慢慢地深入人心。如何更有效地改造罪犯? 以什么样的利益导向来改造罪犯? 这些都对实践中的教育改造提出考验。创新教育改造方式成为必然,于是乎循证矫治理论出现了。它是国外 40 多年发展实践的结果,被认为是现代科学精神对矫治实践领域的影响,为罪犯改造工作带来了一场方法论革命。对我国处于变革期的罪犯教改工作来说,是一种积极的参考。循证矫治模式是遵循最佳证据对罪犯实施评估、分类、管理和教育的矫正模式。它注重用客观证据分析罪犯教育改造的可行性,并以此为目标和手段实施对罪犯的教育矫正,同时矫正的效果又转化为新的证据和经验,从此循环论证。其十分重视客观证据,体现了科学性的特点。2012 年 9 月司法部在总结

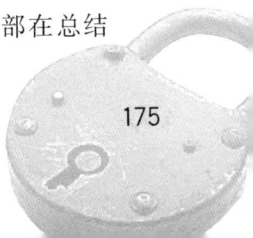

我国传统经验和借鉴国外罪犯矫治成功经验的基础上,选择了一些经济条件好、矫正基础条件好的监狱部署开展循证矫治工作的试点。从报复性改造到恢复性矫正,从被动到相对主动,从封闭到半开放,循证矫治的试点代表着我国教育改造理念的变革。

笔者认为相较于教育改造理念的长远发展历史,教育促稳理念的历史比较短暂,也没有出现较为有影响力的系统性著作。但是从现阶段社会对教育改造的要求以及人们对于教育改造的认识上看,教育促稳已渐渐地被人们所接受。在新形势下,监狱工作的重点应当放在教育改造系统的建设上,以治本与促稳为目标与指导,在改造手段方法上创新,用全面联系的观念看问题,促进监狱事业的发展。

4.修心教育理念

2016 年 8 月与 2017 年 2 月,浙江省司法厅马柏伟厅长分别在浙江省南湖监狱和浙江省乔司监狱工作调研时提出"修心教育"的理念。在 2017 年 4 月召开的全省监狱系统政委监狱长座谈会上,马厅长指出:"以塑造罪犯健全人格为重点,探索开展修心教育,把罪犯改造成为人格健康、适应社会、自食其力的守法公民。"修心的"心"既包括物质形态的心,也包括意识形态的"心"。物质上的修"心"是修复罪犯的身体,达到健康的身体状态。意识上的修"心"是重塑罪犯的人格,使罪犯恢复健康的心理,提升适应社会的能力。修心教育就是指借助以监狱民警为主导的各方力量,通过引导、管理、教育等方式,促使罪犯自主、自愿、自力、自觉破除犯罪性人格和监禁性人格,修复其"身心"缺陷,以重塑健全的人格为关键、以恢复身心健康为基础、以提升综合能力为根本的改造思想。它丰富了教育改造的内涵,清晰了罪犯改造工作的主线,对于把罪犯改造成合格的社会人具有现实意义;它突显了教育与罪犯改造的社会职能,解决了监狱安全防范与罪犯回归社会工作相脱节的现象,防止出现功利主义行刑的问题;它把监狱摆在维护国家稳定和社会治理工作的大格局中去谋划和定位,丰富了罪犯改造工作的现实意义和社会价值。

(四)监狱教育促稳理念的创新

1.现有教育促稳理念的不足之处

(1)政治思想教育空洞生硬、内容缺乏时代性

我国监狱一向注重对罪犯的政治思想教育,认为它是其他一切教育的基础,负有方向性的职责。但在开展此项教育时,并没有很好地区分受教育者,对于受教育者的性质划分欠科学,片面强调受教育者的共性,忽视其个性,就如通识教

育一般,而且教育的内容落后于时代的发展。受历史的影响,罪犯被认为是敌人,必须坚决进行打击,这样就限制了民警与罪犯的交流。而且任何对于政治教育的改变往往被认为是错误的,但是在现实中政治教育往往效果很不理想。

在各行各业,思想的改变带来的是技术的进步,继而带来生产力的提高,我国社会的高速发展就是由思想解放驱动的,思想解放带来了观念的更新,加深了对社会变化的理解,是人自身发展的基础。旧有的思想政治教育脱胎于阶级斗争的观念,对罪犯的性质认识和定位并不科学。随着时代的发展进步,社会上对于犯罪的认识在不断变化,我们必须重新审视犯罪的定义,进而解决罪犯的性质和定位问题。如果我们的政治思想教育还停留在照本宣科的阶段,则显然与罪犯实际的思想状况有较大的距离,内容缺乏时代性,效果也较差。我们认为,不应将政治思想教育的内容过于敏感化,并且从法律角度看除危害国家安全的犯罪以外,一般的犯罪并没有政治方面的原因。

(2)法制教育类型化,不够深入

国家的刑法规定什么是犯罪以及具体某一种犯罪达到什么程度应受什么惩罚的规范。罪犯均为触犯了国家刑事法律的人,法制教育对于教育改造罪犯作用极大。我们要进行的法制教育不是普法教育,而是法律思想教育。对于罪犯来说,守法就是要做到增强法制观念与守法意识,消除犯罪思想,努力将自己改造成守法公民。而我们现在进行的法制教育,不论是典型案例剖析,还是联系实际的犯罪原因归纳,都是以既定的框架做简单的套用,比如将犯罪的思想根源简单列举为金钱至上、贪图享受、法制观念薄弱等几项,对号入座。这一方法分类本身不科学、不合理,致使罪犯对犯罪原因的认识偏差较为严重。实际上,关于犯罪原因的研究很多,且有不少还存在着较大争议。以类型化、简单化的方式认定犯罪的原因,危害很大,导致对犯罪原因的追寻变成一种表面的形式,而不管是否与真实的情况相吻合,不管是否真正为罪犯所信服。这样的法制教育往往只是走过场,意义不大。

(3)道德教育高高在上,脱离实际

在人们的一般观念里,罪犯的道德水平是处在较低层次上的,罪犯之所以走上犯罪的道路,与他们缺乏道德的必要约束有关。这样的判断有一定的根据,因为在我国,道德与法律之间存在着一种特殊的联系:凡是违反法律的同时也是违反道德的。但对于这样的结论,由于道德涉及的领域十分广泛,道德的标准又高度复杂,如果我们不是具体问题具体分析,则很可能深陷于自己的错误认识中不能自拔,所开展的道德教育当然也不会有好的效果。除此以外,我们还有一种一味拔高道德标准和进行道德泛化的倾向。

道德是人们根据一定社会条件下关于是非、对错、美丑等的判断,通过社会

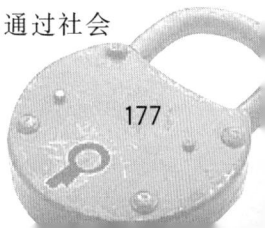

力量的作用来调整各种社会关系的行为规范。道德既有共同性的标准,可以世代相传,也有相当一部分道德是随社会生活的变化而发生标准改变的。即使是在同一社会中,不同的阶层在某些问题上,对是否合于道德也可能有重大的分歧,价值观念在其中起主导作用。那种认为一切道德都是一应适用的观点是站不住脚的。我国正经历历史上从未有过的社会变革,社会条件发生变化,道德标准也要随之发生改变。我们所说的道德及开展的道德教育当然也应该是社会主流的道德规范,但道德标准的凌空蹈虚只能使大家对其敬而远之,并不能带来整体道德水平的提升。另外,道德对不同的人有不同的标准,领导者、政治家和公众人物应当具备更高的道德修养、道德层次,要进行更多的道德自律,允许公众对其道德表现和道德记录进行评头论足;而对于普通人来说,道德具有明显的世俗化特征,道德也有一个逐渐走下神坛的过程,减少的是"神性",增加的是"人性"。它在对人们从世俗的物质生活中追求更加充分丰盈的享乐体验以更多宽容的同时,与非道德之间的界限也日渐明朗:只要不对他人利益或公共利益构成损害,现代的人们不应当,通常情况下也不会给予道德上的批判。凡事总喜欢套用既定的一成不变的道德标准去衡量、去进行道德评判,是一种道德泛化,并不能够为道德教育带来更大的力量。不尊重人的内心需要本身就与最基本的道德标准渐行渐远,非但不能改善罪犯的道德水准,反而在客观上助长了弄虚作假和双面人格的现象。我们并不是说道德层次不需要提升,而是认为道德教育,尤其是对罪犯的道德教育,应当首先切合罪犯道德水平的实际状况,分别不同的罪犯,分别不同的领域,确定道德的底线,采取有针对性的循序渐进的方式进行,才能收到较好的效果。

(4)职业技术教育薄弱

绝大多数罪犯在刑满释放时都还有一定的劳动能力,个人与家庭的生存也需要他们尽快地找到工作岗位,同时一个稳定的具有发展前景的工作对于再犯罪的预防也是至关重要的。罪犯服刑改造强制性地改变了罪犯的生活环境,降低了罪犯原有的技术水平,但如果监狱能够按照罪犯的需要和特点组织开展职业技术教育,对罪犯将来重新融入社会是有很大帮助的,从而降低服刑的负面效应。现实中罪犯也有很多需求,就从我们监狱一些分监区的调查上看罪犯对于专业的职业教育十分渴求,但从现实上看,教育条件并不完善。很多罪犯希望按照自己的需求来参加培训班,由相关机构来颁证,但现实却无法满足。这恰恰说明我们现在所进行的职业技术教育较为落后,满足不了现实需求。主要表现在:一是监狱社会化程度低,教育资源匮乏或效率低下。职业技术教育没有规划,在多数监狱还不能成为一种常态化、正规化的教育。二是培训项目单一,无法契合罪犯的需要。现代社会分工越来越细,出现了许多新的职业,罪犯各自条件的差异,使他们在就业上也有了更多的想法与需求。三是理论与实践相脱离。职业技能培训必须具备高度的实用性,理论与实践需要紧密结合。但现实中监狱条件有限,往往只讲理论,职业教育效果不理想。

2.现有教育改造促稳理念的创新

(1)观念更新

我们所处的时代是一个高速发展的时代,同时也是一个对变革有着高度需要的时代,新的形势出现了许多新的特点,对教育改造罪犯工作提出新的更高的要求,因此必须对现有的教育模式进行创新。创新要基于对事物发展规律的认识,改变原有事物运行的不足。要创新,观念的更新是第一步,否则就会故步自封,看不清现状。我们要树立起如下观念:

一是以人为本的观念。

以人为本是指我们在思考问题、制定各种社会政策以及决定其他社会事务时,都应当以人类福利的最大化为出发点和归宿。而以人为本的观念是将人类作为一个整体看待的,并非哪一阶层的专利,一旦被人们所广泛接受,它就成为一个社会的核心价值,成为判断是非的重要标准。人文关怀的最高境界则是促进人类的自由与解放——包括身体和精神两个方面。我们认为以人为本的观念也应当改造性地适用于罪犯群体。说以人为本适用于罪犯,因为罪犯也是这个国家的公民,他们虽然被剥夺了一些权利,但也有对真善美的向往,也有分辨的理性,所以他们的基本人权需要保障,需要被尊重。如果我们今天将罪犯排除在"以人为本"之外,只能使越来越多的人被社会所抛弃,形成阶层对立与排斥。

以人为本的观念适用于罪犯,将在罪犯的教育改造方面带来一系列的变化:首先,以人为本的教育观要求确立罪犯的教育改造主体地位。将罪犯作为教育改造的客体,还是将罪犯视为教育改造的主体,两者是截然不同的。前者将罪犯作为被动的,只能是等待和接受教育的对象,如果我们只需要管理罪犯,不需要改造罪犯的话,这也许还是可行的。但如果我们要改造罪犯的话,我们就必须将罪犯确立为教育改造的主体,那样罪犯就不仅仅是教育内容的承载者,同时还是获取知识的直接受益人,是教育活动的参与者。其次,以人为本的教育观要求教育为罪犯的改造服务,从而适应罪犯需要的变化。教育本身只是手段,不是目的,改造从某种意义上讲就是对罪犯最大的帮助,思想和行为的矫正将使罪犯从犯罪的泥潭中解脱出来,与犯罪作彻底的决裂,实现精神上的解放。当他们从监狱回归社会之后,将成为堂堂正正的公民,享有充分的法定权利,这就是一种重塑和拯救,集中体现了以人为本的内在含义。按照美国心理学家马斯洛的"需要阶梯论",人的需要可以分为生理需要、安全需要、归属和爱的需要、尊重需要、自我实现需要这几个不同的层次。通常而言,较低层次需要的满足是较高层次需

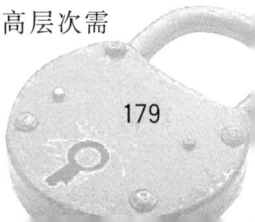

要产生的基础,"仓廪实而知礼节,衣食足而知荣辱""富而知礼"都是一定客观规律的总结。一味地将罪犯引导到高层次的需要教育是不现实的。因为需要是由不满足状态引起的,正是因为不满足才产生了需要。罪犯发自内心的真实需要是按照其不受外界干扰的独立自主意志所决定的。结合罪犯的需要安排教育改造,以适应罪犯的需要为己任才符合以人为本的精神。

二是教育以促进罪犯人格全面健康发展为目标的观念。

按照发展心理学的理论,人的成长过程就是一个"去自我中心化"的过程。这一过程有人较为顺利,而有人则比较曲折,甚至无法完成这一过程。其中的影响因素固然很多,但人格发展是否健全却是决定性的。人格是指人的性格、气质、能力等特征的总和。人人皆与众不同,所谓人格的健全,更多地与独立自主有关,与理性平和有关。当人们能够按照独立的自主意志根据理性的分析,不走极端、不依附他人而做出判断的时候,为他人所驱使、为眼前利益所驱使铤而走险的情况就会大大减少,行为就处在较易为自己所掌控的范围内,个体的悲剧性命运就能在很大程度上避免。

教育以促进罪犯人格全面健康发展为目标的观念,要求我们不仅要注意教育改造活动的直接和表面的成效,还要看教育对罪犯的性格、气质和能力方面能够带来什么样的改变,在独立自主和理性方面能够有什么样的促进。因此,教育的内容应当进一步扩展,德智体美劳相互增益、全面发展。要引导罪犯正确认识自身与外部世界的关系,正确处理人与人之间的关系,承担个人对家庭和社会应尽的责任等。对部分罪犯来说,心智发育不成熟而导致人格不健全的情况也是存在的,这就需要通过文化教育等形式进行必要的心智启蒙。

三是自我教育的观念。

教育是外部信息作用于人的大脑,经由人的思维被人所接受并改变既往行为的过程。教育学中阐述如果没有被教育者自我的参与,教育就是那无源之水,无本之木。在对个人的教育中,自我教育是起主导作用的方法之一。从旧有的监狱的教育改造模式看教育是带有强制性、严肃性、模式化的信息灌输方式,貌似与自我教育冲突,但既然是教育,在以人为本的观念下,为了促进稳定,提高教育的效率,就应当允许并鼓励自我教育。唤醒罪犯的个人意识,发掘其内心的动力,让其重燃对生活的希望、对世界的兴趣,会极大有利于罪犯改造。

自我教育的观念要求我们在教育的过程中营造良好的互动气氛,避免在教育者和被教育者之间形成不可逾越的清晰的界限,争取做到人人对结论的得出都有贡献。注意为罪犯自我进行的教育活动创造更加适宜的环境条件,提供积极的帮助。监狱也应持有更加开明开放的态度,凡是这方面的需求没有不当之处,就应给予必要的扶持和鼓励,更好地满足罪犯在自我教育方面的特殊需求。

教育者不断提高受教育者的自授能力,受教育者的主体作用由无到有、由小到大逐渐增强,教育者的主导作用不断转化为受教育者的主体作用,从而提高教育质量。

四是体验教育的观念。

人们固然可以从他人的传授、从书本中获得间接的经验和知识,间接经验在整个认识系统中所占比例也越来越高,但切身体验更加根深蒂固地影响当事人也是不争的事实,许多人正是因为生活中经历了某种重大的变故而发生了偏离既定轨道的转折。当那些对个体有可能带来重大影响的事件发生时,对当事人进行适当的教育疏导,能够产生意想不到的效果,这是一种得到反复验证的情形。但由此我们还可以对体验教育作进一步的延伸,在教育活动中有意识地进行某种场景的设计,使之既有亲身的实践体验,又有对这一体验的归纳总结和必要引导,将实际体验和教育紧密地结合在一起,使受教育者因身临其境自然而然地得出某种正确的结论。

对于罪犯来说,亲身体验也许是更为重要的一课,因为他们当中的多数人缺乏正面的体验,而负面的体验则比较多,在以往的亲身体验中又缺乏必要的教育和引导,致使他们形成了一些较为顽固的扭曲的观念。面对这样的状况,单凭间接经验的传授很难实现对以往错误的拨乱反正,教育改造难免落空。大胆推进体验教育,特别是安排与正常的社会生活相一致的体验,并对正确结论的形成施以积极的影响,经过必要的反复和强化,对从根本上改变罪犯的思想观念会起到实质性的帮助。其实人们关于知行合一、教育与实际相结合的思想,与体验教育的观念就有许多不谋而合之处。

(2)教育改造的制度性发展观念

每一种不同形态背后都有制度的实际支撑,当然制度有正式制度和非正式制度之分,我们创新罪犯教育改造的内容和形式,是有十分明确的效能考虑的,自然不能以可控性较低的非正式制度来推进,而需要以正式制度确保教育改造的发展方向,确保它的正规公开运行,确保它的话语支配权,确保它具备长效机制。为了提高教育改造的效率,创新相应的制度设计是关键点,其中如下几点需要我们注意:

一是不同的行为模式以及相应的制度性后果。人们对一件事物的态度是通过不同的行为表现出来的,制度就是一项关于行为的规范。制度调整的各种行为,不论其具体表现形式怎样,都有相应的必然发生的一定后果存在。在制度性教育中,奖惩措施的规定必须十分明确且合理,带有目的导向性。奖励和惩处的力度也是不可忽视的,按照一般理解,奖励越高、惩处越严,所期待的效果越容易实现,但配比的合理性往往决定制度的好坏,不仅仅要在一项制度内部进行行为与奖惩的合理配置,还要注意不同制度之间奖惩的比例相称,防止行为之间的偏废。此外各项奖惩都是一种资源,必须妥善加以利用,在惩处上,关键在于其刚性;在奖励上,满足受奖励者的内心需要,形成足够强烈的刺激又是必要的。随着社会的发展,惩处资源逐渐减少,奖励资源逐渐增多。

二是制度执行过程的评价与监督检查。制度是用来执行的,没有执行力的制度不仅是制度本身的悲哀,而且极大地侵蚀了公共管理的效率与权威,徒劳无益地增加了管理成本。"徒法不足以自行",制度的执行力很大程度上是由制度执行过程的评价、监督推进的。评价需要完成的是将具体的行为按照制度的要求进行确认,判断是这一工作的核心。要形成正确的判断,首先应当有评价标准,而评价标准又必须与整体目标联系起来。其次是它的科学性,即细分标准能否确切地说明在其范围下的行为的意义。这是一个人们对教育改造规律的认识深度的问题,细分标准应随着认识水平的提高而加以进行相应的调整。关于制度的监督检查,理论及实务界均有过大量的讨论,也形成了不少共识,无须过多地展开。此处的关键在于监督主体的广泛性、监督过程的公开性以及监督行为的有效性。

三是制度运行的纠错及救济安排。制度是由人来执行的,任何人在制度面前都要受到一定的约束,同权利义务平衡的原理一样,也应当是担负职责越多、执行层级越高者,越要受更多的约束。这一点正是制度设计的最困难之处。因为一般而言,执行层级越高者越有条件摆脱制度对自己的约束,相应地层级越低者受到制度的照顾越少,承担制度不利后果的可能越大。为了避免部分人脱离制度的约束对当事人和制度造成根本损害,在进行制度创新时,有必要为制度专门设置纠错和救济机制。

第二节　循证矫正应用于教育改造的思考

我国循证矫正的理论研究与实践均处于初期阶段,监狱实施循证矫正需秉持的基本理念、应然价值和目标要求以及实施步骤和途径等理论研究还刚刚起步,矫正项目的设计、最佳证据的收集分析等循证矫正的实践试点活动启动未久。基于循证矫正在发达国家的实践经验,监狱系统十分看好循证矫正在我国的实施前景,对其抱有极高的期望,无论监狱理论研究还是监狱矫正实务,均"劲头十足",正全力探索和推动循证矫正制度在我国的"落地生根"。

循证矫正在国外经历了40多年的发展实践,被认为是现代科学精神对矫正实践领域的渗透,为罪犯改造工作带来了一场方法论革命。对于我国正处求变期、急于改革创新的罪犯矫正工作领域来说,无疑是一种积极的、豁然开朗的选择。但我们也要冷静地看到,国外的实践经验和成果能够顺利在本土生根发芽,不仅取决于成果本身特质,也同样取决于本土的生长环境和土壤条件。我国的监狱行刑理念走过了怎样的历程? 循证矫正能否适应这样的环境? 施行道路上会有什么障碍? 如何才能让循证矫正的价值为我所用? 监狱工作者乃至整个社会可以为循证矫正的实施做些什么? ……笔者期望带着清醒的头脑,客观看待循证矫正的积极作用和实践中的现实障碍,权衡利弊,提出切实可行的实施途径,以期对我国监狱实施循证矫正的理论研究和实践探索有所裨益。

一、循证矫正的应然价值追求

循证矫正作为一种矫正执行模式和制度被引入我国司法领域,蕴含着我国法治建设和社会和谐的追求目标,代表着积极向上的价值倾向。与所有的法律执行制度类似,循证矫正的价值追求并非单一理念,而是由系列价值组成的综合价值系统。

从价值的内容上看,循证矫正的价值追求以法律价值为核心,同时包含了经济、人文和社会价值等因素。法律价值是循证矫正的核心价值,其实现程度决定经济价值、人文价值与社会价值的实现;反过来,经济价值、人文价值与社会价值的实现进一步提升法律价值的实现。从价值属性上看,它是由一组与循证矫正制度及其实施相关的价值所组成的系统,换言之,其内含的经济、人文和社会价值应该是与法律价值直接相关的价值。从价值主体上看,它是占统治地位的社会集团所持有的一组价值所组成的系统,它是群体现象,不是个体现象。从价值体系结构看,它是由法律的目的价值(法律制度所追求的目的、法的创制和实施的宗旨,如正义、秩序、自由、效率、安全等)、评价标准(在法律上对各种事物进行评判时所遵循的标准,如生产力标准、人道主义标准等)和形式价值(法律制度在形式上所具有的优良品质,如公开性、稳定性、明确性等)三种成分所组成的价值系统。

同样,法律目标价值内含的多种种类之间也有层次和侧重之分。自由、秩序、正义是法律制度追求的基本价值和最高价值:自由是指法通过制度的保障,使主体的行为任意化,有法律才有自由;秩序被认为是工具性的价值,这里强调的是秩序为社会生活的基础和前提;正义强调的是社会生活中主体的平等和公正,正义是法的基本标准。自由、秩序和正义被认为是法的第一阶层价值。效率价值是随着经济学与法学的交叉融合而出现的价值概念,是在自由、秩序和正义基础上的第二层次的追求,表示所有法律活动都要以资源的有效配置和利用——即以社会财富的增加为目的。第一阶层的价值高于第二阶层的价值,当

两者冲突时,第二阶层应当服从第一阶层。

循证矫正的核心是遵循研究证据进行矫正实践,强调罪犯改造的科学性和有效性,从而把研究者的科研成果与矫正工作者的矫正实践结合起来,实现矫正实践的效益最大化。它包含着一系列科学紧凑的实施方法和步骤,遵循包括风险需求精确评估原则在内的八大基本原则,已经形成自己的鲜明特色。从循证矫正在国外的实践应用和我国监狱对循证矫正的积极推进来看,循证矫正同样注重目的价值的实现,同样关注自由、秩序、正义和效率的目标。但因其与监狱罪犯管理与罪犯矫正的密切联系,上述目标价值与特殊法律活动结合后,形成了更加具体的目标价值。其中公正、科学和效率这三者的价值追求在循证矫正实施中表现尤为突出和明显。

（一）公正价值

公正包含公平和正义,它既是一个法律概念,又是一个心理学和社会学概念。公正是一个古老亘久的话题,自人类社会形成以来,人们便一直思考如何让社会变得更加公正;公正又是一个常谈常新的话题,随着人类社会的发展,人们对社会公正总会不断提出新的要求。作为衡量社会文明与进步的一个重要尺度,社会公正始终与人类社会发展相伴相随。

就法律价值而言,公正是指法律权利与义务配置平衡与恰当的一种状态。公正乃司法之生命,司法公正维护正常社会秩序,使当事人自觉接受法律后果,对于树立国家的权威也起到至关重要的作用。反之,司法不公,则会摧毁一个守法公民至善至诚的尚法意识,动摇其对法律的内心确信。循证矫正制度作为国家司法制度的一部分,公正是其最基本和终极价值追求,包含实体公正和程序公正两个方面,两者相辅相成、不可偏废。

第一,实体公正。实体公正要求循证矫正活动的内容和结果是公正的,循证矫正的设计正包含着这样的追求。首先,矫正活动的主要依据是客观、科学的证据,证据来源于矫正实践,是经过反复论证后选择适用的、能体现最佳效果的最佳证据。科学、客观本身包含着公正的价值追求。其次,循证矫正让被矫正者参与自身的矫正,听取其意见,注重强化被矫正者的内在动力,调动被矫正者的积极性,体现被矫正者的意愿。这完全改变了以往罪犯改造活动中被矫正者被动参与的状况,既避免了矫正活动的片面性,又体现了矫正活动的公正目的。最后,以客观科学的最佳证据进行矫正应用,以事实说话,以矫正效果进行衡量,顺应变化适时调整,以提高准确率、减少错误为目标,体现出矫正活动的权威性,易为当事人接受。

第二,程序公正。程序公正要求循证矫正活动的过程是公正的,过程公正要求通过规范化的活动保障实体公正的实现和维护参与者的正当权利。循证矫正经过多年实践,已经总结出了一套行之有效的实施方法和步骤,即提出问题、获得证据、找出最佳证据、应用证据和总结评估五个步骤。为保障循证矫正有效实施,还特别强调八项高度互相依赖的原则。从细节方面看,每一个步骤的规范实施,都保证了这一阶段形式上的公正,影响这一阶段成效的完成,如获得证据阶段,途径如何、方法如何、如何评判、如何选择,都有系列规范要求,必须确保所获证据是切实可行的,对矫正活动至少有部分效果。从整体看,所有步骤和原则的规范实施至少在形式上保证整个循证矫正活动的正常进行,进而保障循证矫正成果的完成。

（二）科学价值

科学性既是循证矫正活动的最大特色,也是其最直接的价值追求。科学是建立在实践基础上、经过实践检验和严密逻辑论证的、关于客观世界各种事物的本质及运动规律的知识体系。一切科学都要以客观事实的观察为基础,通常科学家会设计实验并控制各种变因来保证实验的准确性以及解释理论的能力,具有理性客观性;科学理论来自于实践,也必须回到实践,它必须能够解释其适用范围内的已知的所有事实,具有普遍必然性;科学只适用于一定的范围,任何理论的预测结果都只在一定的精度范围内是正确的;科学允许人们怀疑和进行证明,具有可证伪性。科学以事实与规律为内涵,作为一种力量和价值目标,科学价值应当包含着客观、真实、规律和规范等内容。

就循证矫正而言,其客观真实和规律规范的科学价值主要体现在"循"和"证"两个方面。

第一,"循"的科学价值。循证的关键问题之一在于"循",既是遵循,又是循环。遵循的内容包括以往教育矫正中发现的客观规律、事实,已经归纳的客观方法和步骤,形成的相应技能和技巧。以往矫正过程中发现的客观规律和事实,在循证矫正中被认为是最客观科学的有用证据;循证矫正已经归纳出提出问题、获得证据、找出最佳证据、应用证据和总结评估五个步骤,经发达国家多次成功适用,被认定为经过实践认证的一般实施准则;循证矫正中形成的相应技巧和能力,经过论证也成为下次矫正的有效证据,可以被普遍适用。循环是指反复的明确问题、收集证据、应用实践和评估的过程,这是一个证明、纠正、再论证的重复过程,重复过程中有效的证据被提升成为最佳证据,无效的证据被淘汰,新的证据被发现进入证据库。循环是一个不断自我更新和完善的系统,符合科学价值中可证伪性的特征。循证矫正中的"循"贯穿于循证矫正实践的全过程,无论"遵循"还是"循环",均能契合科学价值的特征。

第二,"证"的科学价值。"证"是循证矫正的前提和基础,比"循"更为重要和关键,没有证据,"循"的活动无从谈起。"证"既表示证据本身,也包含论证过程。循证矫正区别于其他矫正模式的最大优势是制定可靠、有效的精准评估工具,用客观证据说话,而不是依据主观的经验。证据科学包括证据的来源科学,最佳证据的选择科学,证据的淘汰和更新科学。证据完全体现出真实客观属性,用于循证矫正的证据并非空穴来风,而是收集自先前的矫正活动;判断某证据是否为最佳证据的标准并非主观臆想,而为矫正实践;证据淘汰和更新的标准为矫正效果,同样来自矫正实践。证据适用于矫正的论证过程是一个不断以实践进行检验的过程,其依据的步骤以及方法之间循序渐进,也表现出科学递进性。"证"的科学价值还表现在证据的时效性,适用的最佳证据即使来自以往矫正过程,但最佳状态是针对现在而言的,以对当前矫正产生实际效果为依据。因此最佳证据不是一成不变的,而是不断与时俱进、随时间发展和新事物出现而不断更替的。

（三）效率价值

效率是经济学的概念,指投入与产出或者成本与收益之间的关系。效率描述的是一个特殊的均衡点,高效率意味着不存在浪费,最有效地使用社会资源以满足人类的愿望和需要,投入最小的成本获得最大的回报。追求高效是每一项社会活动的目标,效率是一个社会非常重要的美德,是人类努力追求的价值之一。

法的效率价值是指法能够使社会或者人们以较少或较小的投入以获得较多或者较大的产出,以满足人们对效率需要的意义。法的效率价值包括经济效率价值和社会效率价值两个方面内容。经济效率的增加是法的效率价值的间接目标,如何促进生产力的发展,是否能够促进社会生产力发展,是法律活动的价值追求之一。社会效率的获得,是法效率价值的直接目标,包含着国家权威的提高效果和国家管理秩序以及社会公正的维护等。法通过提供一套规范的活动准则,保证权力处于高效状态,防止其松弛而妨害社会公正,维护社会公正既属于法公正价值的内容,同样也是法效率价值的体现。

循证矫正活动作为国家司法活动中最后的重要环节,首先以追求社会效率为基本价值追求,发达国家对循证矫正制度40多年的实施和推崇也验证了其高效公正的社会效率价值的存在。首先,循证矫正模式的产生历史,就是对高效的追求历史。20世纪70年代,美国学者在发现某些矫正项目对减少重新犯罪效果甚微时,提出以实现矫正效益最大化为目的的设想,从而促进了循证矫正的产生。其次,循证矫正要求按照最有效的矫正方案来实施矫正,注重成本和效益分析,注重矫正资源的优化配置,注重提高矫正的工作效率,降低成本,节省资源,减少浪费,注重实现矫正资源的效益最大化,如对最佳证据的选用和不断更新表明了循证矫正对矫正效率的要求。再次,循证矫正的循证过程包含着对成功矫正证据的再运用,其历经反复的实践检验,比起专家意见和个人经验的运用,科学性更强,实施效果更加明显。最后,循证矫正已经总结了一套规范的实施方法、行为准则和基本原则,如精确评估风险与需求、目标干预、社区支持和反馈评估等,都反映了对矫正效率的保障。

二、现阶段循证矫正实施中价值实现的障碍与冲突

循证矫正的价值追求,体现的是上层建筑的一种应然状态,是制度设计者们希望达到的理想状态,寄予人们最美好的愿望和最完美的目标。但在实践时,外在环境、实施条件、利益需求等都会对循证矫正的价值实现产生直接或间接的影响,多元化的利益需求和各种外力因素的加入,必然会影响或限制应然价值目标的实现,出现价值追求的障碍。另外,实践中各种应然价值之间也会产生各种矛盾和冲突。这些都是不可避免的现实问题。

目前,循证矫正在我国监狱的试点刚刚开始。在国外成功实施多年的循证矫正能否顺利在中国本土生根发芽? 实施中会碰到怎样的困难? 会发生怎样的效果? 这些都是需要考虑的现实因素。而在所有需要考虑的问题中,现有监狱矫正价值理念与循证矫正应然价值之间的各种冲突,会是首先需要面对和正视的问题。

(一)传统行刑理念对公平正义的思想束缚

我国传统行刑理念中的公正,就是监狱按照公平、正义的原则,严格执行《刑法》《刑事诉讼法》《监狱法》等法律,平等地对待每一名罪犯,无论是对罪犯的日常管理,还是对罪犯的减刑、假释以及其他行政奖惩处遇等问题上,都应该严格按照法律规定无偏差地执行法律。可以说,传统理念中的公平公正是一个抽象的原则性概念,具有强大深刻的内涵。如何在监狱执法的微过程中具体体现“公平公正”,则无具体的细化,很难进行量化衡量。全靠监狱执法主体在原则框架下进行个体认知和把握,具有极大的自由裁量度和任意性。因此,公正概念在监狱执行中整体表现非常笼统,即使近期监狱矫正理念认识到了公正对内容和程序的要求,但实践中仍然表现脱节。首先,就监狱矫正的对象而言,其对公正的要求侧重主观感受,偏重个体意愿,而对执法主体而言,受到客观技术条件的制约,公正的触角只能尽可能触及大类别,但类别中有个体差异,无法顾及每一个个体,易出现公平的偏差。其次,公平正义的实现程度受限于执法主体的个体认

知水平,不同的个体对公正的不同理解,直接影响公平正义的实现。最后,传统公平正义原则对监狱执法行为内容实体方面公正的要求很高,但往往忽视或不注重对行为程序方面的正义要求,这种片面性认识并非监狱执法中特有,而是存在于我国行政、司法等各个领域,根深蒂固。

而循证矫正的公正追求,必须在这样的公正价值基础上进行构建,将会面临重重困难,需要克服和突破很多的思想瓶颈。循证矫正的公正价值,更注重对客观层面的公平正义要求,因其积累了一整套规范的实施方法、行为准则和运行程序,对程序公正提出了很高的要求。因此,我们在本土实践时,必须深刻关注程序公正。严格按照顺序、秩序和方法要求行动,这些曾被国人认为严谨、死板的工作作风,对于讲究运用灵活方法的国内执法环境和执法理念,是一个巨大的却必须克服的挑战。另外,循证矫正注重团队合作,矫正过程的每一步就像工作流水线,由不同专业团队承担,并不受限和依赖于执法者个体认知。同时循证矫正关注每个矫正案例,以此为基础收集矫正最佳证据,因此可将关注度触及每一个体。实践中,必须将主观的抽象公正转化为客观的可以操作的具体标准,避免"口头讲一套,实际做一套",理论与实践脱节。我国监狱矫正中要面临的现实问题,其核心在于要真正地转变理念,突破束缚,而非只截取循证矫正的公正形式外壳,实施过程中仍然沿袭旧有的原则性抽象公正。如果无法真正突破这种主观公正的瓶颈,循证矫正的公正价值追求将仍然是一个遥远的梦想。

(二)经验型管理对科学矫正的激烈碰撞

监狱的刑罚执行工作长期以来形成了一种思维模式,单纯靠经验办事,粗糙、简单、主观,受"人治"传统观念的影响较大。但数十年的经验管理并没有形成对罪犯行为矫正的效果标准,只是口授相传,没有有效的制度规制,谈不上科学性。近年来虽对科学化有所重视,但也集中在罪犯分类管理、设立专门监区、节约行刑成本、避免交叉感染等被动管理举措上,或者表现为提高执法信息化程度、提高行刑硬件装备等外围管理问题上,科学的影响力没有触及矫正活动实质。这并非监狱工作者们不努力,而是从思想上极度依赖传统的经验型管理模式,没能从根本上突破经验型管理和人治模式,尚未能将科学的矫正价值观带入监狱矫正活动之中。

在此基础上实施的循证矫正,既是机遇也是挑战。一方面,循证矫正的"证"即最佳证据,来源于矫正实践,通过科学方法手段收集论证,不能说绝对脱离"经验"。科学地收集、论证和选择最佳证据的方法中,经验也发挥着重要的作用。对我国经验型管理改造的监狱矫正而言,长期积累的经验可以直接运用到循证矫正最佳证据的收集和论证以及选择之中,既是对原有经验的一次科学提炼,也大大节约了证据收集的成本。但另一方面,循证矫正的过程中,运用"经验"收集选择最佳证据只是循证矫正的一个方面、一个步骤。循证矫正的整个实施过程,必须遵循的是科学的方法和步骤,不能过度依赖和强调经验,否则必然容易削弱科学方法的使用,重新受到经验型管理的桎梏。

因此,在循证矫正的实施过程中,必须严格把控"经验"的使用,要处理好经验型管理模式与科学性矫正行为之间激烈碰撞的矛盾。要发挥经验对循证矫正的积极影响和正面优势,同时也要认识到经验只是科学方法的一种,具有主观性,与客观的科学方法相比,准确性有待论证。恰到好处的"度"很难把握,长期的经验型管理模式的影响也很深远,必然需要监狱工作者鼓足勇气去突破这些樊篱,获得变革的真正自由。否则,循证矫正的价值也无法真正得以实现。

(三)从思想改造到行为矫正的模式转化并非一朝一夕之事

目前在监狱矫正中最大的问题是:监狱改造以思想改造为目标,却主要以劳动改造效果来衡量思想改造成效。如刑罚执行机关提请减刑、假释主要依据罪犯的考核得分和受奖情况,在考核比重中,生产劳动比重最大,由此出现大量"唯分是举"、忽视罪犯主体差别、以劳动表现代替思想表现的现象。监狱矫正过程中能够明确的可以量化的标准,只有劳动成果标准,思想改造的标准过于主观和抽象,没有便于操作的量化的矫正标准。改造成功与否,或主要依赖劳动成果,或凭借监狱民警的主观评价,或只停留在思想改造的表面形式上。即使在以教育改造为中心工作的要求下,矫正效果的评价仍不能脱离劳动成果,没有形成能够真正体现行为矫正效果的量化标准。究其原因,固然受到监狱企业生产经营的制约,但不习惯运用科学证据实施矫正改造,监狱矫正中没有形成科学的价值观是最重要的原因,成为监管中科学价值目标追求的又一障碍。

循证矫正的对象明确为行为矫正,不触及罪犯的思想矫正。因此,以我国当前监狱矫正中思想改造的状态实施循证矫正,需要跨越两个阶梯:其一是厘清监狱矫正的对象到底是什么,是思想矫正还是行为矫正? 其二是需要确立科学的矫正标准。

我国监狱理论的主流观点认为,犯罪行为受思想支配,所以思想改造为治本,行为矫正为治标,因此格外重视思想改造的功能。思想改造不仅要求在行为上回归社会,还要求在思想上彻底摒弃犯罪的可能性,其在新中国成立初期改造战犯、反革命犯和刑事犯中发挥了极大的功效。情势变迁下尤其是在预防再犯罪的首要标准要求下,继续以思想改造为主要目标显然不合时宜,但能否顺利实现这种模式的转变还有待时日。另外,科学的行为矫正标准的建立更是一个大

型工程,在本土无任何经验可循。虽有国外实践经验在先,但毕竟国情不同、环境不同,能否取长补短、吸取精华剔除糟粕,需要一步一个脚印摸着石头过河,考验重重。

(四)罪犯矫正社会化概念的植入带来极大的冲击

我国受国家本位主义和犯罪侵害国家利益理论的影响,国家在惩罚和控制犯罪中处于垄断地位,监禁刑处于刑罚主导地位。封闭的社会环境和自给自足的强大经济支撑,使得监狱在不需要社会支持的状态下走过了很长的路程,不仅依靠自己的力量改造了大批罪犯,同时也为社会创造了大量财富。这原本是件好事,但却产生了两个弊端:社会惯于索求多于奉献,监狱习惯封闭难以接受开放。犯罪可以控制,却无法消灭。犯罪发生具有复杂的社会原因,犯罪来源于社会,也必须在社会的背景下才能得到真正解决。在社区矫正制度确立之后,罪犯矫正社会化正式推上社会舞台。

尽管如此,社区矫正的社会参与度处于起步阶段,社会参与力量定向化,涉及范围不大,但实施中已经颇有压力。而循证矫正的实施将会向社会提出更全面的支持需求,会给监狱和社会双方都带来很大的冲击。就监狱而言,社会化需要改变原有封闭的习惯,融入更多的外界力量,开放更多的领域,公开更多的信息,要求监狱管理和矫正过程更加透明化;对社会而言,需要有更多的奉献精神,增加责任感,为监狱分担压力。相比而言,社会化的要求对双方来讲都是一种尝试和挑战,但前提是要打破传统的弊端,真正融合,而非走过场流于形式。

(五)各种价值冲突的内耗

即使是在循证矫正出现之前,我国的监狱矫正理念已是百花齐放。实践中,不同的理念带来不同的价值追求,我国监狱矫正处于多元化利益需求的包围中,各种外力因素的加入必然引起各个价值目标之间的矛盾和冲突。循证矫正正是在这个大背景下被引入我国的监狱矫正之中。在上文提及的本土环境对循证矫正价值追求的实现障碍之外,矫正理念内部的价值冲突也会对循证矫正的实施带来一定的障碍和阻力,其中公正与效率的价值冲突表现会比较明显。

公平和效率的矛盾是人类社会最基本的一对价值矛盾,体现在社会生活的各个领域。在司法过程中,公正与效率的价值关系和价值矛盾就表现得更为充分。公正价值是法的最终价值,是司法工作的生命,司法行为作为实施法律的最后屏障,是法律正义集中体现的阶段,它是通过司法机关的公正执法活动来体现的,并包括实体公正和程序公正两个方面,即司法活动的结果和过程都必须坚持和体现公平正义。效率价值是公正价值的补充,司法工作同样又要求及时、富有效率。

循证矫正处于我国司法的大环境中,其实施过程也必然会出现公正和效率价值的冲突,特别是首要标准下对重新犯罪的预防要求,促使监狱工作者高度重视矫正的效果,追求矫正的效率。此时如果把握不好尺度,容易出现片面化,忽视公正、科学等其他价值的需求,危及司法公正性和权威性。

应当注重各个价值之间的位阶等级层次,注意个案平衡原则和比例原则的适用,尽可能减少价值冲突带来的利益抵消,处理好各价值目标之间的关系。

三、循证矫正应然价值对我国监狱矫正的积极作用

我国监狱对循证矫正的实施是全新的探索和尝试,现实的困难和障碍是可预见和不可避免的,不容小觑和掉以轻心。但依然应当看到循证矫正在国外成功实施多年的显著效果,看到循证矫正的应然价值对我国监狱矫正的积极作用。监狱工作者们也正以此为动力,积极探索和开发这种新方法新思路的效率和功能,期待循证矫正在中国本土刑罚执行中发挥积极的效果。

(一)可有效预防和减少重新犯罪,符合提升改造质量重要标准的要求

把刑释人员重新违法犯罪率作为衡量监管工作的重要标准,罪犯改造效果标准从形式走向实质,改变传统监狱教育改造罪犯的要求,是新时期监狱工作的重要目标。重要标准明确了监狱的特殊预防功能,将预防和减少重新犯罪视为对监狱教育和矫正罪犯工作效果的实质性要求。与其他矫正模式相比,循证矫正模式强化了要遵循现有最佳证据开展矫正实践的理念,提供了一套科学系统的方法论使"遵循证据开展矫正"成为现实,与新时期提高改造质量的要求十分契合。循证矫正对预防和减少重新犯罪的显著作用,具体表现在注重罪犯主动参与矫正、目标干预和正面强化等方面,使罪犯真正从内在压力和需求出发远离重新犯罪,实质上达到不愿犯罪的效果。

1.循证矫正注重强化内在改正动机,重视被矫正者的需求。行为的改正是一种源自内心的外显结果,真正持续的改正,必定有内在动机的发动。循证矫正模式强化内在改正动机的原则,鼓励和要求矫正者与罪犯进行充满诚意和耐心的沟通和交流,帮助和激励罪犯寻找可能改正自己行为的办法,寻求其内在改正心理的发起途径,最大限度地让罪犯自己参与自我行为的改变,切实意识到是"我要改正"而不是"要我改正"。矫正者以敏锐和建设性的访谈方式与罪犯交往,影响罪犯的内心情感变化,促成和维持其行为动机的更改。研究结果表明,

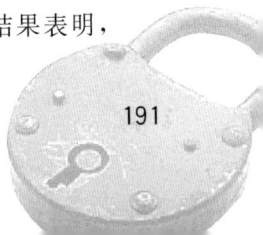

罪犯只有在内在改造动机的作用下,才能真正对自己之前的犯罪行为产生正确和客观的认识,积极主动追求对以往行为的矫正,真正实现放弃重新犯罪的可能性。这是我国监狱教育矫正中要深度学习和借鉴的一个方面。

2.循证矫正运用目标干预,注重对高犯罪风险罪犯的干预。高犯罪风险的罪犯可能是真正造成再犯罪率较高的人群,循证矫正高度注重对这类罪犯的矫正,将主要的监管和矫正资源优先应用于此。循证矫正运用风险原则、犯因性需求原则、因人施教原则等进行较高强度的目标干预,将预防和减少再犯罪的目标集中在高犯罪风险罪犯的矫正活动上。因人施矫,针对不同的矫正对象和类型运用针对性的方法,给予不同程度的干预度、关注度和处遇。这种方法其实与我国监狱分类管理、分级管理的制度有相通之处,可以很方便地学习加以应用。

3.循证矫正强调正面强化,注重对矫正对象的激励。循证矫正的正面强化集中运用在罪犯的行为改变中,注重对矫正对象的激励,对其积极行为、有利行为进行正面的鼓励和引导,强化矫正对象潜意识中对积极行为的追求。这与我国监狱管理的奖惩制度相类似,但不同点在于循证矫正更强调正面强化:一是采用正面强化激励方法的比例多过负面强化的惩罚方法;二是对罪犯消极行为的反应适当放缓,采取忽略的比例多于对其的惩罚。其优势表现在:正面强化直接和行为改变与矫正后果关联,适度使用而不否定负面强化。这应该会对我国狱政管理中的奖惩制度产生较为直接的触动。

(二)从个案到循环,符合刑罚执行的科学发展方向和趋势

传统的罪犯教育矫正活动主要依靠教育者的个体经验,受技术和理念的限制,罪犯个体改造活动之间的关联度没有引起足够的重视。循证矫正的出现,将先前成功矫正活动的做法和经验提升为之后矫正活动的依据,从不断重复矫正中得出最佳的经验,再作用于新的矫正活动。循证矫正关注的不是单个矫正活动,而是系列矫正活动之间的关联和作用,是一个运用系列精准评估工具和方法不断重复论证、循环论证的综合工程。刑罚执行模式从简单到综合、从个案到循环的变化更加科学,符合社会发展方向。除此之外,循证矫正还在实施方法工具、信息技术利用和人才培养等方面对我国罪犯矫正模式提出更加科学化的发展要求。

1.实施方法和精确评估工具的制定。矫正模式的优势是建立系列矫正项目,循证矫正进一步提升为建立一套实施方法和确立风险与需求精确评估原则等系列工具。这些行之有效的实施方法和矫正工具来自实践,经过多次反复检验形成,具有较强的规范要求,技术含量很高,更具科学性。如风险与需求精确评估原则的实施需要建立一个技术含量高的系统,对罪犯风险进行筛查和分流,

分析和评估对罪犯进行有效矫正管理的可能性,分析罪犯内心对矫正的需求概率,以确保能及时提出相应的措施供矫正者分析和选择。

2.数据库的建立和信息的共享。矫正证据数据库的建立是循证矫正顺利开展的基础,利用计算机、网络等技术手段建立功能完善的证据数据库,收集整理维护最新最佳的矫正证据,并利用信息共享技术传播和推广矫正证据,将会成为循证矫正的强有力保障和支持。尽管基于罪犯矫正的保密性质,证据数据库的建立和信息的共享只能在一定范围内进行,但这已经足够表明监狱对罪犯教育矫正并没有离开高度发达的信息化社会。

3.矫正人才的专业化需求。从抽象的个人经验到科学的实施方法和评估工具的发展,必然带来对矫正人才专业化水平的要求。建设一支专业分工明显、专业化程度高的矫正队伍是循证矫正制度顺应发展趋势的重要组成部分。矫正实施方法的程序化和规范化,带来的是矫正手段的专业分工,如风险评估需要数据分析的专业人才,内在改正动机强化需要心理学人才,信息资源的建立和共享需要计算机数据分析人才等。从文武双全的全才到术业有专攻的专才,完全符合科学发展的客观规律。

(三)从惩罚到恢复,体现刑罚执行的人文化,有助于社会和谐

循证矫正作为矫正模式的一种,将焦点集中于对罪犯行为的矫正活动,不再强调对罪犯的惩罚和报复,不再纠结于改造罪犯的思想与恶习。尽管循证矫正并没有直接使用恢复功能的字眼,但从其实施办法、原则和内容上看,均包含着恢复社会关系、恢复正常行为模式的因素。循证矫正更注重的是方法和手段,而恢复正常社会关系、追求社会和谐仍是其最终的目的。

循证矫正重视罪犯和社会的双重需求,让双方共同参与矫正活动,使刑罚执行更加公正高效、文明科学,更加人性化。循证矫正从理念上承接了从报应惩罚性刑罚执行到教育恢复性刑罚执行的过渡,对被矫正者和其身处的社会均产生积极的作用,这对我国监狱矫正活动的影响会是十分巨大的。

1.从被矫正者的角度。所有的循证矫正活动,从提出问题开始到最后矫正评估,都围绕对被矫正者的行为矫正展开,重视被矫正者的意愿,并帮助其形成内在改正动机;追求对被矫正者的激励和正面强化,弱化对罪犯的负面评价。以被矫正者为中心的理念使矫正活动以人为本,更加文明和人性化。这些服务意识和罪犯矫正活动核心观念,有些是我国监狱管理中已经有的,有些是迫切需要建立的,有些是需要彻底改变的。服务被矫正者的观念与传统监狱重视监管安全的观念并存并非易事,需要我国监狱工作者坚强的改革决心和顽强的意志力。

2.从社会参与的角度。循证矫正以"循证"为核心,同时也注重社会支持系

统对矫正的作用,"在自然社区中施以不断的支持"原则在其八大基本原则中占有一席之地。在循证矫正中,矫正活动需要自然社区施以不断的支持,这种支持并非盲目,也需要进行论证、选择、提炼,有效的支持将最终成为循证的最佳证据。因此,循证矫正的社会支持是科学的、高效的支持,对恢复修补受损的社会关系以及促进社会和谐的作用更加直接。我国监狱矫正的社会支持系统还处于起步萌芽阶段,如何不走弯路、更有效地学习和借鉴已有的经验是需要我们努力的方向。

四、从应然到实然稳步探索我国监狱施行循证矫正的现实路径

任何事物的发展,都会经历从应然到实然的过程,循证矫正制度也是如此。我们应当看到理想状态的循证矫正及其带给我们的积极作用和正面效果,也应当看到循证矫正在我国施行过程中将会碰到的矛盾和冲突。用更客观和冷静的眼光去看待循证矫正这一新事物,正视其优势和不足,才能用客观的思路去探求其实施的可能性,实现应然价值的最大化。

循证矫正的动力在于不放过任何致罪因素,不断寻求更好的矫正方案。它赋予国家与犯罪人平等的主体地位,突破了传统演绎式的矫正惯性思维,改变了过去所有的罪犯矫正都以行政运作的存在方式,体现的是从个体到国家到社会的逻辑思路。这意味着必须从下到上地改变现有的矫正运行机制,其实施难度可想而知,需要理性地探求现有环境下的现实可行路径,使其能够很好地"生根发芽"并"突破阻力",达到"枝繁叶茂"。

(一)由点及面展开

过去,无论是教育改造理论还是劳动改造理论,与实际的矫正改造之间的关系脱离太远,表现较差。面对这种实际,人们将矫正不理想的罪魁祸首推向理论的不可靠及与实践的脱节。以证据为本的矫正适当缩小了矫正理论与实践的鸿沟。在循证矫正模式下,所有的理论都需要"证据"来检验,而所有的"理论"又来源于"证据"的积累,这是一个周而复始、不断循环推进的过程。它需要在一个个成功的个体案例中不断累积矫正证据,进而发展形成矫正成功案例库,以指导推进矫正工作。循证矫正有一个重要原则就是,精准地评估风险与需求,将监管和处遇资源优先适用于更需要和更可能矫正的罪犯个体上,获得最大的收益。因此,在循证矫正工作推行阻力较大的初期,为确保取得成效,在样本选择上要从监管安全和罪犯矫正质量综合考量,选择再犯罪风险高的罪犯、监管安全风险高的罪犯以及新入监罪犯等作为矫正样本较为妥当。这就需要对罪犯开展精准的个体评估,并做出与个体相吻合的诊断结论,作为资源投入的依据,使各类资源

的运用更加有效。要重视研究证据的测量,在实践中我们发现在对罪犯的各类量表测试中,部分一向表现较好的罪犯,测试结果却显示具有很大的危险性。此时我们就要重视研究证据的真实性、可靠性,需要借助其他的测量工具再次进行验证,以保证研究证据的可靠性。除了依靠这些选择的相关证据外,还要根据我们在日常工作中的管教经验进行评定,增加矫正的科学性。不管怎样,没有一种评估工具能够替代一个合格实践者的专业判断。需要不断根据循证矫正研究成果所证实的实践来提高矫正工作人员的能力(知识、技能和态度),等循证矫正模式的各方面条件成熟时,再逐步扩大到所有罪犯,让所有罪犯享受到最优质的矫正服务。

(二)先易后难推进

尽管现在的矫正对策措施形式开始比过去趋于多样化,但因受监狱民警(矫正主体之一)人事制度限制与"安全为首要政治任务"的政策影响,矫正方式的多样化极为有限,只能发生在特定的时空范围内,并没有形成制度化的选择,距离遵循"犯因性需求"而制定的个别化矫正措施还相差甚远。因此,受限于有限的矫正措施,当前开展循证矫正的重点是针对罪犯个别化矫正教育信息和疑难个案评估研究等重要内容,进一步细化教育内容,增强矫正的针对性。在个别教育"十必谈"的基础上,增加罪犯个别教育谈话观测内容,如罪犯阶段性思想情绪变化,异常反应,与他犯、民警等关系变化,对改造认知动态过程,心理测试正常与异常记录等。定期对民警个别化教育的效果进行评估,按照测评结果综合采用法律的、行政的、物质的、经济的多种矫正手段,调动其改造积极性。要逐步从传统矫正模式下的监狱民警"单兵作战",向监狱管理者、研究者、操作民警及罪犯个体参与互动的"多位一体"转变,从只重视监狱服刑时期矫正措施采用到向后续延伸至监督矫正服务,以及前续延伸至整个刑事司法流程,将一切与罪犯矫正有关的机构与治疗项目措施连接在一起,这种"多元互动连续时空"模式下矫正力量系统化整合后的实践操作效果与过去"单兵作战"相比将产生质的飞跃。今后循证实践下的矫正要求这些机构之间进行有效的整合与协调,特别是针对标准化的评估和项目规划与各机构之间的信息共享,虽然其难度不断加大,但能够显著提高矫正的效率和效果。发展收集运作信息的新方法,分享并从中获取经验教训是从传统矫正转变为循证矫正的一个重要内容。循证矫正的刚性需求与最佳证据或项目的内在需要必将推动各机构、人员之间的自然衔接,技术推动下自然产生的团队合作精神将更大程度地得以发挥。在完备的培训背景和人力资源发展项目中,关注矫正主体的发展,包括研究意识、技能发展、个体与组织变化过程的管理,有效提高循证矫正的整体性效果。

(三)从传统与循证矫正模式并存到独立运行

循证矫正体系的引进并不一定在实质上改造传统的矫正机制,必须将循证矫正的具体做法糅合到传统矫正中,以循证矫正代替传统矫正将会是个较长的过程。先是吸收循证矫正有益思想和做法,结合我国传统矫正的定性分析优势,实现传统与循证矫正相并存的整合模式,不断提高监狱民警开展循证矫正的主动性和积极性,实现由"要我做"向"我要做"的转变,进而逐步发展到多元矫正主体独立实施循证矫正模式的目标。首先是信息的体系整合。这需要做到监狱、社会矫正等机构对所有的罪犯信息能够实现实时共享。在矫正工作人员层面建立起矫正信息系统平台,完善信息搜索引擎系统。在国家与社会层面,制度化地疏通矫正信息注入和流出通道,最大限度地实现信息共享。其次是机构体系的整合。对于监狱、社会矫正机构、公安司法机关及其他社会机构之间的联系除应以外部力量的方式推动各自的互动与衔接外,更为重要的是应在内部建立常态联系机制,制度化地引导各机构之间的对接。最后是矫正专业人员的体系整合。传统矫正模式下,机构之间的各专业人员流动性不强,而循证矫正模式下要求建立专业人员交流的常态化机制,以实现不同专业人员之间有益信息的共享。要对现有矫正工作人员进行评估,如考察其人际交往技巧、识别反社会思想和行为的能力、对矫正干预的态度和意识等。给矫正专业人员充足的机会练习新技能和获得反馈,对于那些掌握、精通新技能的矫正工作人员,积极奖励是一个简单和可接受的激励方式。

第三节 教育改造促稳机制的发展趋向

一、社会化发展趋向

在探讨教育促稳机制的发展时,我们应当首先站在教育改造应然的位置来审视现在的教育改造制度,因而我们先要探讨如下问题:什么是教育改造的实质?教育改造的实质是指教育改造的内涵,包含了概念、目标和价值。从传统教育改造的理念分析,我们可以得到很多不同的答案,包括改变人的思想、惩罚人让其悔过、教育成为社会需要的人等等。从当今世界的教育改造观看,笔者认为罪犯的再社会化是教育改造的实质。社会化是指人在与社会互动的过程中,通过社会诸多因素的交互作用和个人的不断学习、调适,以适应和形成一定社会的思维方式、行为方式和生活方式的过程。个人的成长与发展就是一系列的社会化的过程,是一个学习社会角色与道德规范的过程。人的社会化的关键和核心,是个体将一定社会的思想观念、道德规范、价值意识等内化为个体自己的思想观念、道德规范、价值意识,也就是实现社会思想观念、道德规范、价值意识的个体化过程。罪犯由于特殊的成长背景和人格缺陷使得其价值观和行为模式在一定情境下与社会期望发生冲突,容易诱发犯罪。犯罪就是人社会化失败的结果,因此,对罪犯的教育改造应从"修补"社会化缺陷入手,即要求罪犯舍弃过去的价值标准,重新学习社会要求的价值观和行为模式。这种"修补"的方法,用社会学的术语来说,就是罪犯再社会化。

监狱工作社会化,主要是指促进监狱对社会开放,使监狱和社会保持更多的联系,更多地利用社会力量参与监狱行刑,以有利于罪犯顺利回归社会。其目的是提高罪犯改造质量,提高罪犯回归社会后适应社会的能力,降低重新犯罪率。监禁刑在近代以来成为各国刑罚体系的中心,矫正罪犯使其复归社会成为监狱行刑的主旨。但是监狱行刑以将罪犯隔离于正常社会之外的手段去追求罪犯再社会化的目标是不恰当的,造成了手段与目标之间的深刻矛盾。在日益开放的现代化社会中,监禁的成本在不断增加,而其改造的效果却令人失望。为了缓解这一问题,在西方兴起了行刑社会化的思想,弱化监狱的封闭性,使其尽可能地接近社会,并且扩大社会力量对罪犯矫治的参与,以利于罪犯回归社会。监狱工作社会化是刑罚科学发展的结果,我们应遵循行刑社会化的趋势,借鉴外国经验,加快教育改造工作的社会化。

（一）完善罪犯分类制度,建立社会化程度不同的监狱

罪犯分类制度,是指对新入狱的罪犯运用一定的方法进行调查与测验,然后在此基础上,依据一定的标准,将罪犯分成若干种类,予以分别处遇的制度。行刑社会化在一定程度上意味着行刑个别化,要求对具体犯罪人有细化的分类。从原则和理念上讲,行刑过程中改造的"个别化"是非常有道理的,而且最好能够把改造工作深入细致地落实到每个服刑罪犯的身上,但是从经济学的角度考虑,完全的个体个别化在改造实践中是难以实现的。因而,分类制的实质动因是把相同或相近的改造对象和重复度高的改造措施予以"类型化"。尽管在有关犯罪人的类型分类以及适于每一类犯罪人的治疗方法方面研究结果进展不快,取得一致意见比较困难,但仅从理论的角度来讲,每个罪犯的情况各异,入狱后所需要矫正的方法和时间长短各不相同。监狱只有对入狱罪犯进行全面的调查诊断,科学分类,然后实施有针对性的处遇措施,方能达到改造的目的。它的作用如下:一是有利于避免罪犯之间交叉感染;二是有利于对罪犯采取针对性的教育矫正措施;三是有利于充分发挥激励效应,调动罪犯的改造积极性;四是有利于

提高监狱民警的整体素质。

我国监狱没有专门的罪犯分类标准,因此"三分"制度在一定程度上发挥着相似的功能。"三分",即分押、分管、分教,其总的原则是横向分类、纵向分级,分类关押、分类管束,分级处遇、分类施教。行刑社会化模式的建构对罪犯分类工作提出了更高的要求,在当前的探索阶段还必须在综合考虑罪犯人身危险性的基础上,进一步细化罪犯分类制度。应当坚持在"三分"原则的基础上,建立更科学合理的罪犯分类格局。在标准方面要更加细化,普通标准上要依次以性别、年龄、文化程度为标准进行划分,进行改造;在特殊犯罪标准方面,要依次以犯罪的性质、刑期、犯罪恶性为标准进行划分,以解决罪犯交叉感染与改造策略问题;在个人心理标准方面依次以性格、心理、生活习惯为标准进行划分。心理标准应当是罪犯分类的高级阶段,是未来分类工作的关键点,它会直接影响监狱罪犯改造质量的提升。我们要用心理学的标准,科学分析判断不同罪犯在犯罪成因上的心理要素和其性格、心理上的相容性或相斥性,以此来建立科学合理的监狱管理教育体系,以便监狱社会化能够在不同的监狱中以不同的方式展开。这既有利于科学地对罪犯进行改造,也有利于国家司法资源优化配置,从而达到改造目标的实现。对于社会危害大的罪犯要集中资源进行应对,把他们隔离进社会化程度低的监狱,而对危害性相对较轻的人员则关押在警戒度较低的开放式监狱,让他们保持与社会的联系,以取得更好的改造效果。

我们可以通过建立社会化处遇制度来对罪犯进行分类。在监管设施内划出区域,实行有级别的社会化处遇,分三个级别,最严级罪犯不得擅自外出,限制活动区域,有重大理由的准予特殊归假,实行带戒具的设施劳动作业,无劳动报酬,不准进入警戒区,不准擅自进入办公区、生产区,限制一切娱乐,与其他处遇罪犯严格分开,限制一切会见和通信活动。中间级的罪犯处遇包括:扩大活动区域,延长外出放风时间,延长劳动休息时间,优化伙食待遇,拥有一定比例的劳动报酬,有通信权与会见权,不限制娱乐活动,可购买相当比例的社会非违禁物品。宽松级处遇如下:完整的报酬权,最大幅度的物质处遇,完整的通信权,配偶前来探视时准予有限期的同居,可以自选劳动作业的工种。

我国监狱在近几年曾经探索过一些社会化处遇措施,如南京监狱改革推出一种对罪犯实行市民待遇的改造方法,制造家的感觉。湖北沙洋监狱的半开放式监区设计"模拟社会",罪犯还有"工资"(与当前的劳动报酬不同)。监区根据当地职工最低收入保障标准,确定罪犯的基本月工资,还有加班工资和效益工资。但从总体上看我国监狱行刑中的社会化处遇处在相对低下的状况。从我国监狱的发展状况来看,目前我们要在两个方面做出努力:一是继续坚持"请进来",运用好包括亲情教育手段在内的各种社会力量,通过社会力量对监狱的渗透,使各种社会力量逐步参与到监狱行刑的过程中来;二是要"走出去",能不能使一部分条件具备的罪犯走出监狱高墙,走向社会,这是监狱社会化模式成功与否的重要标志。

我国社会化处遇制度已有了一定的经验,但还不完善,从现在的发展看,如何完善行刑的狱外模式和优化累进处遇制度是监狱社会化的一个挑战。狱外模式除了完善离监探亲、假释制度等已经具有社会化处遇性质的制度外,随着监狱体系的合理化,可以在条件具备的监狱开展"外出试工""周末监禁"等开放式处遇的尝试,使监狱行刑社会化在不同形式上得以体现。累进处遇制度是指通过人为控制处遇级差,激发罪犯的改造积极性从而积极参与行刑过程,凸显罪犯在行刑中的主体地位,可以收到更好的改造效果。根据我国监狱以往的管理经验,罪犯"三分"原则在一定程度上已经具有了累进处遇制度的机制,但是由于监狱社会化程度低,级与级之间的差距没有合理拉开,给罪犯一种比较虚的感觉。剥夺自由刑以将服刑罪犯与社会隔离,剥夺与限制服刑罪犯人身自由为特征。服刑罪犯一般来说其最大愿望莫过于早日重返社会,重获人身自由。监内虽有各种奖励措施,但最激励他们的还是自由奖励。累进处遇制度正是根据罪犯最迫切的需要,将自由刑的剥夺弹性调动起来,在改造罪犯方面发挥积极作用。

累进处遇制度采用目标渐进的分解式阶梯激励的办法,将处遇分为若干级,终极目标是回归社会。设置合理极差可以使服刑罪犯的信心增强,激励措施的效用增大,使其整个服刑生活有目标,有动力。概括起来,累进处遇制度的阶梯原理有以下特征:一是阶梯目标。把整体目标(改造成为守法公民)分解为阶梯目标,各阶梯都有相应的标准,从而降低了难度。二是机遇均等。在同样的阶梯标准面前,每个服刑罪犯的机遇都是相等的,实现目标完全依靠罪犯自己的努力,这样可以减少怨天尤人心理,便于建立监狱内秩序和保证监狱内稳定。三是阶梯教育。以不同的教育策略进行罪犯改造,服刑罪犯在向目标迈进时,不知不觉地被接纳到一定的行为规范和轨道中,通过阶梯的升降对行为进行价值判断和选择,进行正强化或负强化,从而达到行为矫正的功效。四是阶梯实惠。阶梯制的原则因素在于它的实际性,它是一个看得见、感受得到的阶梯,与服刑罪犯的切身利益相关联,上升或下降一个台阶,处遇差就予以兑现,即使升不到顶点,每一个台阶也有实惠可得。五是阶梯控制。执法者通过阶梯对服刑罪犯的服刑改造过程实行控制。每一个台阶其实也是服刑罪犯改善程度的标志。上升或下降,表现出服刑罪犯的改造倾向或趋势。适当地利用服刑罪犯的阶梯自治,也可以弥补管理力量的不足。作为现代监狱管理制度,累进处遇制度除了在激发罪犯积极改造方面有积极成效外,对监狱社会化来说也是不可或缺的。首先,这种制度把通向自由的钥匙放在罪犯自己手中,罪犯能否由低级别向高级别攀升,乃

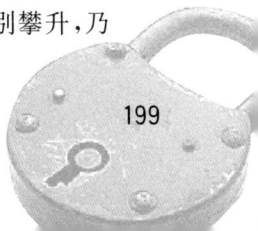

至获得假释,都取决于罪犯主体。其次,合理拉开处遇差,每一个阶梯都享有不同程度的自由,而这种由严到宽、逐步回归社会的制度从罪犯最需要的自由出发,可以最大程度地调动改造的积极性,影响改造功能的发挥。

(二)完善监狱对于社会资源的运用

罪犯作为社会特殊的群体,通过教育改造,使之成为守法公民,是我国当前监狱工作的总体目标。因而,不断探索、发挥社会资源的作用以提高罪犯教育改造质量,促进监狱稳定发展成为当代监狱发展的重点研究课题。我们日常所能看到、想到以及接触到的社会资源应用于教育改造的方面有很多,比如家属朋友的亲情友情规劝,社会组织的入监帮教、警示教育,法制部门的政策宣传、普法进监和法律援助,教育部门的双证教育,劳动部门联合企业单位的就业扶持,社区参与的各类矫治活动等等。即使小到像罪犯劳动之余的收看电视新闻,也都可以算作是社会资源对于服刑改造的一种最简单的应用。由此我们可以看出,社会资源应用于罪犯的改造其实已经参与到监狱教育工作的方方面面。在对这些大大小小的方面进行进一步的分析与归纳后,我们不难发现基本上双证教育、社会帮教、亲情沟通教育以及社区矫正这四种具有典型代表性的教育改造手段分别代表了来自教育学习、社会大众、家庭亲情、国家政策四大方面的社会力量,涵盖了当前绝大多数社会资源在教育改造促稳中的主流应用。

我们要充分重视罪犯社会支持系统的建设,把它与社会资源的利用结合起来,提升教育促稳的效果。我们知道罪犯服刑对罪犯心理产生了诸多负面影响,除了由失去自由带来的束缚感外就是由环境变更所带来的社会支持系统的变更。罪犯原有的社会支持系统由于服刑而崩溃,而且有很大可能发生持续恶化,比如父母去世、配偶离婚、财产变化、子女教育等。这些在物质和精神上都很不利于罪犯在监狱中的服刑改造。而新的社会支持系统的建立尚需时日,而且新的社会支持系统的构成也不甚合理。民警的管教具有刚性但关怀不够,周边的罪犯成分复杂、性情各异,很难交到朋友,监狱内劳动生活辛苦、文娱活动单调,这些都很容易对罪犯的心理产生不利影响。

下面我们来重点介绍狱外关怀。近年来,我国监狱社会化工作有了一定的提高。但即使体制改革为监狱的社会化提供了一定的保障,如果监狱外的家人和社会对监狱社会化不关心、不支持,对罪犯和刑释人员抱有冷漠、歧视的态度,就不能从完整意义上促进监狱的社会化。故提高家庭、社会对监狱社会化的理解度与配合度,是促进监狱工作社会化和监狱改造的重要方面。

通过罪犯问卷调查得出,狱外关怀,尤其是家庭接纳态度和社会支持程度对罪犯的改造和刑释人员适应社会有很大的影响。提倡狱外关怀的理念,有促进罪犯改造的重要意义。有资料显示在陕西某监狱随机抽取男性在押犯 400 名，发放问卷 400 份，回收有效问卷 390 份。其中初犯 100 名，二次犯 145 名，三次犯 145 名。罪犯基本情况调查表内容包括罪犯的年龄、婚姻状况、文化程度、犯罪动因、回归社会家庭、职业状况等。调查结果从以下方面分别显示特点。一是罪犯基本信息分析：(1)罪犯文化水平偏低。高中以下文化水平占到 90%，低文化水平对人的心理和行为有一定不良影响，容易导致人的认识能力差，视野狭窄，严重的会引发违法犯罪行为。(2)罪犯婚姻不稳定。未婚占 66.6%，已婚占 25.6%，离婚占 7.8%。稳定的婚姻不仅有利于人身心的健康，还对人的行为有很大的约束力。过晚的婚姻会使人变得烦躁、焦虑，同时可能会丧失家庭责任感，感到空虚无聊，行为缺乏控制。(3)入狱前无稳定职业。进入监狱前，无业占 59.4%，占到了大多数。表明犯罪人多数因贫困而犯罪，而无职业使人精神空虚，自我价值感和自我效能感降低，情绪压抑而烦闷。(4)社会支持度低。进入监狱后，在整个服刑期间，约有近 15% 的人没有会见，近 35% 的人平均一年只有一次会见。二是罪犯回归社会状况分析：(1)罪犯回归社会就业差，社会支持少。首先，罪犯回归社会的就业差反映了社会对他们的不支持、不认可。初犯回归社会有职业的只有 13.4%，二次犯回归社会有职业的只有 3%。其次，服刑经历对婚姻的影响也反映了社会对其的歧视与冷漠。由于服刑经历导致无法建立婚姻或现有婚姻的破裂，都反映了社会对罪犯的支持差。(2)罪犯回归社会家庭接纳率低。罪犯回归社会家庭接纳率低，初犯回归社会家庭不接纳的占 41.3%，二次犯回归社会家庭不接纳的占到 50.9%。家庭对回归社会的罪犯的不接纳态度影响了其对正常社会生活的适应，增加了再犯的可能。

罪犯教育改造与狱外关怀存在以下关系：

第一，狱外关怀是罪犯改造的动力源泉，是弥补监禁化缺陷的有效补剂。相对而言，狱内改造主要体现的是法律规范的理性力量，而狱外关怀体现的是心理情感的感性力量。要实现最佳改造效果需要理性与感性力量的结合才行。监禁化的突出缺陷就是降低了罪犯的社会适应能力。长期生活在管理严格、限制自由、同社会隔离、与社会规则相异的监狱环境，罪犯也会逐渐形成屈从、卑微、缺乏活力和创造力等不良人格特征，也即"监狱人格"。而狱外关怀主要通过家庭与社会两种力量对监狱及罪犯的关心和理解来实现。首先，家庭接纳是影响罪犯积极改造的最大动力。家庭接纳不仅能给罪犯提供物质的帮助，更是罪犯改恶从善、重新做人的心理动力，家庭提供温暖和关怀，使其获得生活信心，激发责任感、义务感。其次，社会支持也是影响罪犯积极改造的动力之一。社会支持的含义很广泛，包括政府、社区、单位的支持，也包括朋友、社工等的关心与理解。

它会激发罪犯的罪责感和良心,促进改造。

第二,狱外关怀是维护监狱稳定的重要保障。监狱不仅限制剥夺了罪犯的自由,同样也限制了民警的自由。民警常年生活在偏僻、封闭、限制自由的环境中,与有各种不同问题的罪犯打交道,而且还要帮助有异常心理和不良行为习惯罪犯认罪服法、改恶从善,这是相当难的一件事。监狱环境下的改造工作,更容易使监狱民警产生职业倦怠状况和不良情绪。而狱外关怀不仅给罪犯带来积极动力,促进了改造工作的进行,同时也可以使监狱民警感受到他人对其工作的理解,从而缓解狱警紧张、压抑的心理。家人对罪犯的接纳和关怀,以及社会对罪犯的支持和帮助的良好态度不仅是罪犯改造的动力,同时也是缓解警囚关系,维护监狱稳定的重要保障。

综上所述,加强服刑罪犯的狱外关怀是监狱社会化的重要途径,我们可以采取以下方式来实现:一是创造条件开展多种形式的亲情帮教活动;二是增加监狱服刑会见的次数;三是保持书信、电话渠道的及时、畅通;四是扩大离监探亲的适用范围,创造性地采取监外固定场所探亲的模式;五是创造多种亲情环境,让罪犯重燃生活希望。

二、信息化发展趋向

2007 年以来,司法部制定了《全国监狱信息化建设规划》,编制了《全国信息化一期工程项目建议书》,国家发改委批准了全国监狱信息化一期工程立项,先后召开了全国监狱信息化建设工作会议、全国司法行政信息化建设工作会议和全国监狱信息化建设应用工作座谈会等,信息技术在监狱各项工作中的应用日益广泛,全国监狱信息化工作实现了跨越式发展。

2010 年,在全国司法行政信息化建设工作会议上,司法部长吴爱英指出,全国监狱信息化建设实现了跨越式发展,取得了显著成绩,监狱信息化建设规划、立项顺利完成,网络硬件平台、基础信息资源库、应用系统、技术防范工程、标准体系建设不断加强,监狱工作信息化水平显著提高。

2012 年,在全国监狱信息化建设应用工作座谈会上,司法部副部长张苏军强调,切实做好监狱信息化建设应用的组织实施工作,形成信息化建设应用齐抓共管的工作机制,提高监狱干警信息化素质和应用技能,建立长效的信息化经费投入和使用机制,推广物联网等新技术的应用,严格执行司法部出台的 15 项监狱信息化业务技术标准,确保全国监狱信息化工程建设。

(一)监狱信息化的概念

监狱信息化管理,是在全球信息化这个大环境下,旧的监狱管理模式与全球信息技术革命的一次碰撞,它所涉及的范围相当广泛。一方面,它是建立在监狱软件、硬件建设比较完善的基础上的,要求在信息化建设时期,能完成司法部提出的各项安防、行政、监管子系统的建设。另一方面,它更是一次对旧有的监狱系统管理机制、组织结构、管理模式的重新梳理和改革创新。所以,它更多地是要求人们的思想观念转变,是信息化工作的规章制度的人性化建设,是技术型人才引进培养及人力资源的整合,是整个监狱安全等级的评估和遵守。实现监狱信息化管理,将是一次现代监狱管理模式的革命,它的最终实现将会整体提升监狱信息安全和监管安全的保障能力。

总的来说,监狱信息化管理主要具有以下几个方面的特征:

1.现代化的安全保障

在较为系统的数字硬件平台的基础上,监狱能有一套自身完善的信息安全保障体系。该体系能够有效地保证罪犯改造的安全、监狱数据的安全、出现突发事件时的安全。特别是在社会公众对监狱关注日渐增高的形势下,监狱的稳定安全事关和谐稳定的大局而显得尤为重要。

2.扁平式的组织结构

扁平式管理结构,是信息化管理的重要课题。它是旧有体制下监狱管理模式的变革,对监狱的管理层结构进行较大的调整。信息管理部门的出现,将打破以往以刑罚执行为中心的组织结构,更多地影响监狱长期规划的制定和发展决策。同时,通过高效的数字网络技术,实现领导层与监区部门的直接互动,降低和减少了管理组织中的不必要环节成本,加强了部门之间的沟通交流,从而实现优化组织管理。

3.法治化的文明监管

监狱能充分发挥信息技术的优势,实现执法过程的透明化。特别是这几年类似讷河监狱"囚犯猎艳"案、呼二监"暴动越狱"案等较多有争议的监管案件发生,使社会舆论将议论的焦点放在监管不健全的问题上。信息化管理,是保证司法公正的基础和着力点,通过在罪犯改造中合理设置和使用必要的监管工具,为监管过程透明度保驾护航;再加上督察部门通过现场电子监控和网络信箱等途径,对监狱民警管理罪犯现场实现实时监控和指导,从而使得监狱管理更加规范化、法治化、人性化和透明化。在建设法治监狱的今天,由于存在着相关信息的不公开、不透明,使得社会上对于监狱的信任度在逐渐降低。类似讷河监狱事件的发生,大大影响了监狱的公信力。公开是防止谣言最好的方法,不论事态的本质如何,监狱如果在执法过程中加强信息化管理,就可以提高人民对监狱执法的认可。新时代的监狱监管工作会面临很多新的问题,既然旧有的管理模式、安防

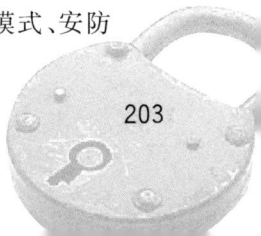

体系已经明显不能满足监狱管理的要求,那么推进信息化建设就成为目前的当务之急。由此可见,在推进信息化建设的同时应加强信息化管理,保障安防系统的有效整合,提升改造质量,确保监狱监管安全,提升工作效率,改善监狱形态,尤其是在监狱管理和罪犯改造这两个重要版块,真正体现中国监狱透明度强、执法公正、司法文明的事实,以实现提高罪犯改造质量的目的。

（二）监狱信息化和教育促稳机制的关系

监狱信息化是监狱的时代发展趋势,它极大地改变了监狱内外面貌,助推着监狱各项职能的履行。就其与教育促稳直接的关系而言,监狱信息化作为罪犯教育和管理的技术手段可以极大地帮助我们提高管理、教育工作的效率;多途径建立起民警与罪犯之间的联系,缓和管理者与被管理者之间的直接矛盾;给民警决策、解决问题提供大量有效的信息。下面笔者从三个方面来分析监狱信息化建设对监狱管理工作,继而对监狱教育工作产生的影响。

第一,有利于提高日常工作效率。监狱工作信息化要求民警必须确立全新的监管工作理念,坚持与时俱进、开拓创新的思想,勇于突破传统观念的束缚,积极接受新知识,树立新观念。广大民警在思想观念、管理方法、行为方式等方面都要有根本转变,为监狱信息化建设打下坚实的物质基础和思想基础。另外从对工作的影响看,各省监狱局域网开通以后,局属各单位和省局之间的文件信息可以从网上直接收发,大大节省人力、物力和财力。在狱外,监听、会见更是采取信息化控制的模式,大大提高了效率。可见,监狱应用计算机网络技术,实现日常办公的自动化、改造管理的网络化,可以大大提高工作效率、节约办公费用。随着各系统功能的不断完善,监狱信息化必将为我们提供更准确的信息传递和更快捷的信息服务。

第二,有利于保障监管安全。在当前监管形势日趋严峻的情况下,只有加大对安全防范设施建设的投入,提高监狱物防、技防能力,建立监管安全防范的长效管理机制,才能保证监管秩序的持续稳定,而计算机技术应用更能实现"科技兴监、科技强警"的目标。全国监狱已经陆续完成对监管安全防范工作的基础建设投入,完成闭路监控系统、综合监控系统、计算机局域网系统的建设。这些系统的投入使用在提高罪犯改造积极性、维护监内改造秩序、确保监管安全等方面发挥了巨大作用。

第三,有利于提高教育促稳与治本质量。监狱的核心目标是提高对罪犯的改造质量,预防和减少再犯罪,因此监狱工作必须以提高改造质量为出发点和最终归宿。实施监狱信息化建设就是要在利用好传统改造手段的基础上,运用现代科技手段,提高对罪犯的改造质量。在现有建设的基础上,我们应当考虑的是,在条件成熟的时候,聘请心理咨询师和社会力量采用网络视频方式对罪犯进行远程心理咨询和治疗。

(三)监狱信息化的重点发展方向

监狱信息化建设总体目标是:构建覆盖全国监狱系统的网络互联互通、信息资源共享、标准规范统一、应用功能完备的信息化体系,明显提高监狱信息资源综合开发利用水平,形成全员应用、资源共享的信息化工作格局,显著提高监狱执法、安全防范、罪犯改造等工作的信息技术应用能力。监狱信息化的具体目标是:建设数字化监狱,即通过信息处理、网络通信、生物识别等各个学科的先进技术将监狱内的各种记录、文字、图像、多媒体等信息进行传输和处理,实现监狱系统内信息采集数字化、信息传输网络化、信息管理智能化、信息分析集约化和信息培训经常化,最终实现监狱更科学、更公正、更规范、更安全、更节约、更高效地履行其刑罚执行职能的目的。

1.建立完善监狱安防信息系统和应急处置指挥系统

监狱信息化建设必须致力于维护稳定。监狱安防信息系统是维护监狱安全的重要屏障之一,系统建设的功能、技术和可靠,直接关系到监狱的安全稳定。监狱安防信息系统主要包括视频监控系统、周界红外报警系统、数字电网系统、门禁管理系统、对讲监听系统、网络报警和无线定位报警系统、会见录音系统、巡更点名系统、安检防控系统等。依托监狱系统内部网络,按照集中与分布相结合的模式,建设省局和各监狱两级安防数字信息集成平台,全面实现安防数字信息的集成联网、报警联动信息查询,不断提高安防系统的集成水平和防范能力。实现周界和重点部位监控全覆盖,现场管理可视化;实现视频监控、报警信号、数字电网等系统全联动,安全防范严密化;实现门禁对讲、巡更点名、外来车辆与人员管理等信息集成,日常管理科学化。

监狱应急处置指挥系统是监狱高效、快捷处置狱内突发事件的信息管理系统和指挥调度系统,有利于提高监狱应急快速反应能力。应急处置指挥系统的建设应根据监狱处置各类突发事件的实际需要,本着实战实用、快捷高效、形象直观、信息共享、指挥调度有力的要求,构建完善的应用系统,主要包括通讯联络系统、视频指挥系统、GPS车辆定位系统、预警接警系统、地理信息系统、辅助决策指挥系统等。在硬件设施建设上实现监狱应急指挥中心与监控中心功能作用上分开、区域位置上结合、信息资源上共享,构成有机统一整体。

2.完善监狱业务管理应用系统

开发应用以管理工作信息化为核心、涵盖监狱各项主要业务工作的管理应

用系统,是监狱信息化建设的重要内容。根据监狱管理的实际需要,重点开发应用监管改造业务管理系统、行政办公业务管理系统、警务人事业务管理系统、建设保障业务管理系统、劳动管理业务管理系统、决策支持分析信息系统等。通过监狱业务管理应用系统建设,努力形成统一的监狱业务工作管理平台,有效实现各个系统整合和信息的综合利用,实现监狱信息网上录入、网上交换,工作业务网上流转、网上办结,执法管理网上公开、网上监督,真正形成全员网上应用的工作机制,不断提高监狱管理工作的数字化、网络化、智能化水平。

3. 完善罪犯教育改造应用系统

罪犯教育改造应用系统主要建设监狱罪犯教育专网,围绕改造罪犯的实际需要,有效利用信息技术,实现教育改造罪犯手段的科学化。目前,主要包括狱务公开系统、心理测试和咨询系统、罪犯改造质量评估系统、多媒体教育系统等子系统。

通过监狱罪犯教育专网狱务公开系统,为罪犯和会见亲属提供法律法规、监狱政策、计分考核、行政奖罚、大账情况等查询和网上信箱留言,进一步促进阳光执法;通过心理测试和咨询系统,为罪犯提供心理疏导教育和心理疾病诊断,提高心理咨询的安全性和快捷性;通过罪犯改造质量评估系统,实现对罪犯改造前期、中期和后期等不同阶段的心理、行为和认知等的系统测试,为科学认识罪犯和有效矫正罪犯提供依据;通过开设视频影视点播、监内广播音乐、数字有线电视及电化教育 VOD 点播系统等,不断丰富罪犯的文化学习和娱乐生活。

监狱信息化的建设是教育改造功能实现的一大助力,同时为监狱安全创造了有力的硬件支持,提高了民警的工作效率,降低了罪犯违规违纪的风险,是教育改造促稳发展的重要一环。我们要不断推进监狱信息化的发展,将信息化融入监狱的各项业务中去,从而更好地实现监狱功能。

三、情境化发展趋向

(一)情境化的概念

在最新的科学理论指导下,创立情境化的教育改造模式,成为我们新时代教育改造工作的选择。罪犯教育学对情境的解释是指进行某种罪犯活动所必需的,由一定物质因素、精神因素构成的外在环境,即罪犯教育活动所需要的氛围。罪犯活动自始至终都是在一定情境中进行的,情境对罪犯的活动具有积极的暗示作用,能潜移默化地影响罪犯,使罪犯逐步达到最佳的活动状态。社会认知学说和社会学习学说的代表人之一班杜拉发展了行为主义理论模型,他使用了情境概念,将行为仅仅作为"人—情境相互作用"的结果。既然情境能对人的犯罪产生重要影响，那么在改造中，也应该充分应用情境的作用。所谓情境化教育改造，即以对罪犯改造信息分析为基础，以针对性为要求，以生活实践活动为主要载体，将罪犯教育的信息交流融于一切活动中，尽可能以自然的方式，从罪犯学习、生活、劳动、人际交往实践甚至娱乐等，到物质环境、精神生活乃至人文环境，注重创设情境和氛围，通过适当引导和适度干预，以促使罪犯个体产生内在的需要和情感上的共鸣，从而主动地去实现转变思想、矫正行为、改变认知等教育目的的教育改造模式。

（二）教育改造情境化的程序要求

1.设计要求

要求罪犯应在与现实情境相类似的情境中发生行为，以解决罪犯在现实生活中遇到的实际问题为目标，学习的内容要选择真实性任务，不能对其做过于简单化的处理，以免使其远离真实的问题情境；教育者需要在"课堂"上提供解决问题的原型，并引导罪犯像现实中专家解决问题似的进行探索，而不是将提前准备好的内容教给罪犯。

2.环节要求

创设情境：创设一定的情境，使学习能在和现实情况基本一致或相类似的情境中发生。确定问题：在上述情境下，选择出与当前主题密切相关的真实性事件或问题作为学习的中心内容。自主学习：教育者向罪犯提供解决该问题的线索（如从何处获取有关的信息资料、现实中专家解决类似问题的探索过程等），发展罪犯的自主学习能力。协作学习：罪犯间进行讨论、交流。

（三）教育改造情境化的特征

1.再社会化教育理念的贯彻

有学者说："将一个人数年之久关押在高度戒备监狱内，告诉他每天睡觉、起床的时间和每日每分钟应做的事，然后将其抛向街头，指望他成为一名模范公民，这是不可思议的。"但在现代社会条件下，自由刑和监狱仍是防卫社会、维护统治秩序不可缺少的惩罚手段。我们只能纠正其缺陷，克服其弊端。而情境化教育改造模式恰恰正是为了解决此问题而经比较选择出来的。该模式遵循一切为了罪犯回归的理念，把握行刑个别化、社会化的趋向，按照人的本质要求，着力于罪犯素质的提高和适应能力的增强，在真实的服刑情境的基础上，努力创设尽可能真实于社会生活的准社会化的情境时空和实践活动，监狱的一切管理、教育、劳动等矫正活动都服从、服务于改造目标，一切为了罪犯的回归。

2. 对传统教育改造内容的兼容性

情境化模式本身就是对传统模式的继承、发展。只要是在"一切为了罪犯回归"的理念指导下运作,传统监狱管理模式中可用于情境化模式的任何有利特点都可以被利用。

3. 发挥罪犯主体的能动作用

在传统的教育改造理念中,罪犯是被动的接受者,民警对罪犯的教育较多是单方面的灌输。而情境化教育模式注重罪犯个体的主体性作用发挥,特别突出强调罪犯个体能动的反应。

罪犯教育改造模式在社会化的大环境中面临着新的历史挑战和机遇,情境化教育模式是我们的选择之一。这一模式在理论上得到了论证,在实践中也积累了一定经验,我们应当把握监狱信息化体制改革这一契机,利用新时期监狱系统内部教育资源优势及最新社会信息资源,稳步推进教育改造的情境化模式的创新,提高罪犯教育改造质量。

参考文献
References ......

[1]白正春,杨冰川.论和谐社会视野下重新犯罪问题及对策[J].南方论刊,2010 (12).

[2]班杜拉.思想和行动的社会基础——社会认知论[M].林颖,等译.上海:华东师范大学出版社,2015.

[3]包法宝.关于加强我国监狱警察队伍建设的几点思考[J].法制与经济,2011 (4).

[4]博格,佛瑞,瑟尔斯.犯罪学导论:犯罪、司法与社会[M].刘仁文,颜九红,张晓艳,译.北京:清华大学出版社,2009.

[5]曹务顺,李建洁.积极探索建立监狱工作新的管理体制和运行机制[J].中国司法,2005(9).

[6]陈东.我国监狱罪犯改造机制研究[D].成都:四川大学,2006.

[7]陈洁欣.大力推进改造工作社会化,不断提高教育改造质量[J].中国监狱学刊,2008(3).

[8]池应华.论罪犯再社会化[J].中国司法,2005(11).

[9]储槐植.外国监狱制度概要[M].北京:法律出版社,2001.

[10]褚俊涛.监狱人性化管理研究[D].北京:中国政法大学,2009.

[11]戴春雨,赵桥,孙银军.监狱警察激励机制的改革与完善——以监狱体制改革为背景[J].河南司法警察职业学院学报,2010(3).

[12]道尔戈娃.犯罪学[M].赵可,等译.北京:群众出版社,2000.

[13]丁长镜.略论罪犯改造意识的淡化[J].监狱理论研究,2010(2).

[14]董洪坤.山东省省属监狱警察激励机制分析与构建[D].济南:山东大

学,2007.

[15]杜中兴.现代科学技术在监狱管理中的应用[M].北京:法律出版社,2001.

[16]方军.主管必读手册[M].北京:中国华侨出版社,2006.

[17]冯卫国.行刑社会化研究:开放社会中的刑罚趋向[M].北京:北京大学出版社,2003.

[18]弗兰佐.社会心理学[M].葛鉴桥,陈侠,胡军生,等译.上海:上海人民出版社,2010.

[19]高铭暄,陈冉.结合《刑法修正案(八)》谈我国社区矫正的本土化发展[J].中国司法,2011(5).

[20]顾倩.监企分开监狱体制改革研究[D].上海:上海交通大学,2008.

[21]郭宏龙.试论刑罚与行刑的发展趋势对我国监狱工作的影响及其对策[D].苏州:苏州大学,2003.

[22]郭建安.联合国监狱管理规范概述[M].北京:法律出版社,2001.

[23]郭振威,祝建立.创新教育改造[J].河南司法警官职业学院学报,2012(12).

[24]韩玉胜,刘崇亮.监狱惩罚机能及其限制[J].犯罪与改造研究,2010(4).

[25]郝佩韦,葛昭嵩.对我国监狱管理模式的一点思考[J].黑龙江省政法管理干部学院学报,2003(6).

[26]侯志强.监狱教育改造实践与机制创新研究[D].天津:天津大学,2009.

[27]胡志斌.完善我国监狱警察管理机制的思考[J].湖北警察学院学报,2008(3).

[28]黄勇峰.首要标准视角下罪犯改造方法创新问题研究[J].犯罪与改造研究,2010(2).

[29]贾佳.首要标准背景下监狱教育改造创新研究[D].郑州:郑州大学,2012.

[30]江山河.犯罪学理论[M].上海:格致出版社,上海人民出版社,2008.

[31]江伟人.监狱体制与改造质量[J].政治与法律,2004(2).

[32]金川,唐长国.监狱工作法制化的内涵及其外化表现[J].安徽警察职业学院学报,2005(3).

[33]莱弗朗索瓦兹.教学的艺术[M].佐斌,译.北京:华夏出版社,2004.

[34]李捷理.社会学[M].北京:中国人民大学出版社,2007.

[35]李亚学.论我国刑事司法变迁与行刑社会化的社会基础[J].犯罪与改造研究,2008(4).

[36]李瑶,徐凯文,王雨吟.服刑人员的反社会人格障碍及与羞耻感、童年期创伤经历的关系[J].中国心理卫生杂志,2011(9).

[37]梁然.关于监狱人民警察编制配备标准问题的研究[J].中国司法,2012(5).

[38]林崇德,等.心理学大辞典[M].上海:上海教育出版社,2003.

[39]林格.教育,就是培养习惯:学习习惯与学习个性的养成:下[M].北京:清华大学出版社,2007.

[40]刘超.浅析区域文化对我监狱文化发展的影响[J].监狱理论研究,2008(3).

[41]刘勇刚.监企分开后服刑人员劳动改造的思考[J].法制与社会,2011a(5).

[42]刘勇刚.监狱服刑人员教育改造社会化的法律思考[D].石家庄:河北经贸大学,2011b.

[43]刘重兴.中国监狱体制改革问题研究[D].武汉:华中师范大学,2004.

[44]卢希起.刑事被害人国家补偿制度研究[M].北京:中国检察出版社,2008.

[45]吕成荣,赵山,储井山,等.服刑罪犯精神障碍患病率调查[J].临床精神医学杂志,2003(4).

[46]马斯洛,斯蒂芬斯,赫尔.别忘了,我们都是人:马斯洛论管理[M].李斯,译.北京:中国标准出版社,2004.

[47]梅森.我国行刑思想的演进与实践研究[D].兰州:兰州大学,2007.

[48]彭春芳,辛国恩.罪犯教育改造新方法、新途径调查研究[J].中国监狱学刊,2009(5).

[49]任思丞.完善教育改造罪犯制度的思考[D].重庆:西南政法大学,2010.

[50]桑普森,劳布.犯罪之形成:人生道路及其转折点[M].汪明亮,顾婷,牛广济,等译.北京:北京大学出版社,2006.

[51]社区矫正调研课题组.关于推进中国特色社区矫正工作的调研报告[J].中国司法,2011(2).

[52]盛高璐.当代中国监狱体制改革所面临的困境[J].网络财富,2010(5).

[53]舒朝霞.监狱体制改革研究[D].北京:中国政法大学,2007.

[54]司法部监狱管理局.监狱工作手册[M].北京:法律出版社,2003.

[55]孙爱民.监狱执法管理工作创新与罪犯心理矫治及教育改造实务全书[M].长春:银声音像出版社,2006.

[56]孙平.监狱管理理论与实务[M].北京:中国政法大学出版社,2004.

[57]孙温平.关于改进和加强监狱系统思想政治教育工作的思考[J].中国司法,2011(5).

[58]孙文立.罪犯心理矫治之本土化研究[D].济南:山东大学,2008.

[59]陶新胜.监狱精细化管理的实践思考[J].法制与社会,2010(2).

[60]汪勇.论罪犯的受教育权[J].中国监狱学刊,2008(4).

[61]王晋生.关于监狱管理创新的思考[J].山西省政法管理干部学院学报,2005(3).

[62]王秦.现代监狱制度[M].北京:法律出版社,2003.

[63]王廷惠.美国监狱私有化原因研究[J].财贸经济,2004(9).

[64]王志亮.论监狱管理体制的改革[J].烟台大学学报(哲学社会科学版),2001(1).

[65]王志亮.2005年联邦监狱局工作概况[J].法治论丛,2007(7).

[66]王志亮.中国监狱史[M].桂林:广西师范大学出版社,2008.

[67]魏建.法经济学:分析基础与分析范式[M].北京:人民出版社,2007.

[68]吴树勤.对罪犯实行人性化管理的文化渊源[J].桂林师范高等专科学校学报,2008(12).

[69]吴展习.监狱服刑人员教育改造研究[D].贵阳:贵州大学,2008.

[70]吴宗宪.罪犯改造论:罪犯改造的犯因性差异理论初探[M].北京:中国人民公安大学出版社,2007.

[71]肖丹.罪犯职业技术教育的意义、问题及对策研究[D].长春:东北师范大学,2008.

[72]徐建军.基于服务型政府理念下的监狱管理研究[D].成都:西南交通大学,2008.

[73]徐进,贺百盛.以人为本理念下监狱教育改造工作的创新[J].犯罪与改造研究,2010(7).

[74]许章润.犯罪学[M].北京:法律出版社,2004.

[75]杨其森.构建监狱教育改造工作新格局的探索与思考[J].犯罪与改造研究,2010(5).

[76]叶扬.中国罪犯心理矫治教程[M].北京:法律出版社,2003.

[77]叶扬.罪犯心理健康情况调查报告[J].中国监狱学刊,2008(2).

[78]于爱荣.现代性与中国现代监狱制度构建论[J].河北法学,2006(10).

[79]于浩.监狱改造与重新犯罪的相关性研究[D].长春:吉林大学,2007.

[80]曾仕强.中道管理——M理论及其应用[M].北京:北京大学出版社,2006.

[81]张伯平.监狱功能纵横谈[J].犯罪与改造研究,2010(8).

[82]张德显.我国监狱体制改革中监企分开问题研究[D].青岛:青岛大学,2008.

[83]张亿家.我国监狱管理文化创新研究[D].上海:复旦大学,2008.

[84]章恩友.罪犯心理矫治[M].北京:中国民主法制出版社,2007.

[85]赵宝胜."首要标准"的法治意蕴与罪犯教育改造手段的创新[J].法治研究,2010(7).

[86]赵东.新中国监狱事业的十大变化[J].中国司法,2011(10).

[87]赵鸿雁.监狱改造工作科学化研究[D].长春:吉林大学,2005.

［88］郑定平.监狱资金及其保障机制研究［D］.重庆:重庆大学,2008.

［89］郑敏.我国罪犯道德教育的现状与思考［D］.南京:南京林业大学,2010.

［90］周健龙.浅析当前监狱的人性化管理与罪犯权利保障问题［J］.法制与社会,2006 (11).

［91］周敏,刘丰源,曹云.罪犯改造潜规则初探［J］.犯罪与改造研究,2010(8).

［92］周鹏.构建现代罪犯劳动制度的几个问题［J］.江苏警察学院学报,2010(3).

［93］周源.我国女性罪犯狱内劳动管理问题研究［D］.长春:吉林大学,2010.

［94］朱声燕.中国人文力在女犯教育管理中的应用［J］.东南大学学报(哲学社会 科学版),2009(2).

［95］祝建立,郭振威.教育改造方法创新研究［J］.中国司法,2010(12).

附 录
Appendix ......

浙江省某监狱教育改造促稳
与治本工作相关标准

浙江省某监狱分监区(监区)教育改造工作规范

第一章　总　则

第一条　为进一步加强和指导罪犯教育改造工作,建立规范的分监区(监区)教育改造工作秩序,提高教育改造工作质量,根据《中华人民共和国监狱法》和司法部《监狱教育改造工作规定》《教育改造罪犯纲要》等有关规定,结合监狱实际,制定本工作规范。

第二条　本规范适用于监狱基层押犯单位(分监区或监区)的教育改造工作。

第三条　各监区、分监区主要领导对本单位教育改造工作规范的执行负主要领导责任,分管领导负责教育改造工作的具体落实,责任民警负有直接管理教育责任。

第四条　分监区(监区)配备一名专职教育改造工作民警,兼职民警数量满足日常教育改造工作需求。专(兼)职民警的业务能力达到上级规定的相应要求。

第五条　分监区(监区)开展教育改造工作应当遵循以下原则:教育促稳与教育治本相结合的原则、依法施教与情理说教相结合的原则、常规性教育与专题教育相结合的原则、分监区(监区)特色教育与监狱统筹教育相结合的原则。

第二章　日规范

第六条　每日开展个别谈话教育,即"日谈话"。

(一)押犯 100 人以下的分监区(监区)每日必须要有 2 名以上民警找 2 名以上罪犯进行谈话教育;押犯 100~200 人的分监区(监区)每日必须要有 3 名以上民警找 3 名以上罪犯进行谈话教育;押犯 200 人以上的分监区(监区)每日必须要有 3 名以上民警找 4 名以上罪犯进行谈话教育。

(二)在"十必谈"情形中,遇罪犯新入监或者服刑监狱、监区、分监区变更、劳动岗位调整、离监探亲、暂予监外执行、假释或者刑满释放等情形时,民警必须在三日之内找其谈话教育;遇罪犯之间产生矛盾或者发生冲突、受到惩处、家庭出现变故、行为反常、情绪异常、主动要求谈话等情形时,民警必须在当日找其谈话教育。

(三)个别教育应着眼于研判犯情、稳定情绪、转化思想、化解矛盾、矫正恶习、增长知识。坚持实事求是、以理服人、循序渐进、刚柔相济、因人施教等原则。

(四)谈话教育中,民警要坚持"六性""十二谈"。

"六性":(1)及时性,要及时开展谈话教育,重要问题不过夜;(2)针对性,要坚持一人一策,不无的放矢;(3)教育性,要体现方针政策,不信口开河;(4)艺术性,要讲究谈话技巧,不简单粗暴;(5)实效性,要注重教育效果,不敷衍了事;(6)安全性,要注意自身安全,不激化矛盾。

"十二谈":(1)谈罪行,讲危害,促其认罪悔罪;(2)谈法律,讲义务,使其懂法守法;(3)谈心理,放包袱,使其安心服刑;(4)谈前途,讲政策,促其积极改造;(5)谈缺点,找问题,矫其不良品行;(6)谈监规,讲恶习,正其行为养成;(7)谈家常,问情况,摸其真实信息;(8)谈改造,问困难,为其排忧解难;(9)谈学习,讲劳动,帮其提高能力;(10)谈成绩,讲进步,勉其奋发向上;(11)谈形势,讲发展,让其热爱生活;(12)谈理想,讲未来,激其向往明天。

第七条　每日进行集体讲评教育,即"日讲评"。

(一)每日出工劳动或教育活动开展前和劳动收工或教育活动结束后,当班民警应当进行简短的集体讲评教育。

(二)主讲民警由当班领导指定,其他民警配合。讲评时,要求民警按照规定着警服,仪表自然庄重,姿势端正,辅以适当手势,声音洪亮,口齿清楚,讲普通话。讲评时间应控制在 5 分钟左右。

(三)讲评主要布置当日劳动改造或教育活动任务与要求和概述小结当日罪犯的改造情况,及时肯定成绩,表扬好人好事,指出罪犯中存在的不良倾向和问题。

第八条 及时做好当日教育改造工作记录。民警在谈话教育和讲评教育结束后,应及时在专用记录本上进行记载。其他在当日开展的教育改造工作,若无专用记录本的,统一在民警值班记录本上记载。

第三章 周规范

第九条 组织实施"5+1+1"教育改造模式每周一天的课堂教育工作。

(一)每周在监狱统一确定的教学日,按照年初确定的"三课"教育编班和教学计划组织罪犯开展思想、文化、技术、岗位培训、特色班等教学。

(二)分监区(监区)应指定2名以上的民警和若干名有技术特长的罪犯作为本单位的"三课"教育教员,政治教员由民警担任,文化、技术、岗位培训、特色班等教育可由罪犯教员在民警指导下开展。

(三)教学日上午为罪犯思想教育,共4个课时。由分监区(监区)政治教员在各单位监室大厅进行集中现场授课。在民警统一组织下,也可采用电化教育、网络教育等其他形式。主要内容有:认罪悔罪教育、时事政治、刑事政策教育、法律常识教育、服刑改造应知应会教育、道德教育、心理健康教育、应时性主题教育和各类专题教育等。

(四)教学日下午为罪犯文化、技术、岗位培训、特色班等教育,共4个课时。文化教学根据编班,将罪犯带至新教学楼进行课堂教学;职业技能获证教育根据编班,将罪犯带至老教学楼进行课堂教学;岗位培训和特色班等教学在本单位因地制宜组织开展。教学时间全监统一。

(五)教学日晚上为专题教育,共2课时。由分监区(监区)民警统一组织罪犯开展一系列的感恩教育、团体心理辅导、监区文化活动等专题教育。

(六)每周教育日,监区、分监区分管领导、具体负责教育改造业务的民警、担任教学任务的民警,应当安排值班、执勤。分监区(监区)大厅教学区域内现场管理民警不少于2人,参加教学楼现场管理的民警按监狱统一排班按时定点参加值勤。民警教学现场管理的主要职责是维护教学现场秩序,清点罪犯人数,处置教学现场各类突发事件。

第十条 每周开展一次集体点名教育。

(一)周点名教育由分监区(监区)主要领导及分管领导分别就本单位一周内纪律、生产、生活、学习等改造情况进行总结,并对下周改造任务进行布置。

(二)每次周点名教育,分监区(监区)正职和副职(包括管教员)必须各有一人到场,其余分监区民警1/4以上参加。平时周日由分监区(监区)副职领导或管教员主讲,正职领导助讲,月末周日由分监区(监区)正职领导主讲,副职领导或管教员助讲。

(三)周点名教育要注重集体改造氛围的营造,立足于弘扬正气,打击歪风邪气,纠正错误思想,稳定罪犯情绪,调动罪犯改造积极性。主要是概述小结一周内罪犯的改造情况,提出下一阶段的改造任务与改造要求,为罪犯指明改造方向。也可以结合监狱教育主题、社会热点事件、敏感日期等适时开展针对性的主题讲评教育。

(四)周点名教育统一安排在周日晚开展。18∶15－18∶30组织罪犯唱改造歌曲,18∶30开始正式点名教育,时间30～60分钟。点名教育结束后,应组织罪犯分组学习讨论,或召开民主生活会,或进行包干民警小组讲评,至20∶00解散。

第十一条　每周召开一次犯情分析会议。全体民警参加,讨论分析罪犯思想动态,研究布置管理教育工作对策,计划安排下一周教育改造工作。

第十二条　每周开展一次监区文化活动。根据计划安排,每周四晚上,统一组织罪犯开展集体性的监区文化活动,平均罪犯参与面要达到80％以上。重视对教育活动的宣传报道工作,积极营造罪犯改造良好氛围,每周向监狱通讯站定期上交报道稿件。

第四章　月规范

第十三条　每月按要求开展个别谈话教育。

(一)每月包干民警必须找每名罪犯谈话教育一次以上,即"月度谈"。包干民警当月因培训、出差、休假等原因未能正常上班的,由分监区(监区)主要领导指定临时包干民警,并由临时包干民警开展谈话教育。

(二)限减类罪犯、邪教类罪犯、涉黑涉恶类罪犯、事务犯、"三假"犯以及其他存在现实或潜在危险的罪犯,在包干民警"十必谈""月度谈"的基础上,每月分监区(监区)领导还要找其谈话教育1次以上,即"重点谈"。顽固犯、危险犯每月必须开展个别谈话教育2次以上。

第十四条　每月针对性地开展教育转化工作。

(一)分监区(监区)定期每月开展犯情排摸,及时认定和确立顽固犯和危险犯,确定责任包干民警,落实相应的顽危犯管控包夹措施。

(二)包干民警每月结合顽危犯的现实改造表现,制订或调整教育方案,实行"一人一案一策",进行针对性的教育管理,并做好《顽危犯教育专档》的记录。

(三)分监区(监区)经综合评估认定为转化的,应及时向业务部门办理解脱

(撤销)手续。

（四）顽危犯教育工作必须做到"六性"：排摸确立确保准确性；转化撤销坚持计划性；安全控制注意针对性；转化方法讲究科学性；配合协调注重整体性；效果巩固力求渐进性。

第十五条 每月按要求开展罪犯心理矫治工作。

（一）分监区（监区）心理辅导员应积极协助监狱罪犯心理健康指导中心开展心理健康教育、心理评估、心理咨询、团体辅导、心理预测和危机干预等工作。

（二）做好本分监区（监区）罪犯的心理咨询工作，及时进行咨询记录，妥善保管《服刑人员心理健康档案》。

（三）定期有计划地指导心理信息员进行罪犯心理信息收集、跟踪观察等活动。

（四）对求助监狱咨询的罪犯进行心理情况初步调查，将有心理问题罪犯的名单及相关信息资料提供给监狱罪犯心理健康指导中心。

第十六条 每月组织一次罪犯拨打亲情电话。责任民警应在拨打电话前，对通话号码进行审查；通话过程中，做到全程认真监听；通话后，及时进行记录。对通话异常的罪犯，开展针对性的谈话教育和防控工作，并及时向上级汇报。

第十七条 每月会见日组织一次罪犯会见。严格执行罪犯会见制度，对重点罪犯进行即时监听，其他罪犯按要求及时进行监听回放。对会见异常的罪犯，开展针对性的谈话教育和防控工作，并及时向上级汇报。

第十八条 每月组织罪犯写一次思想汇报。原则上安排在月末周点名会后进行，统一交包干民警审阅。包干民警要对罪犯思想汇报内容进行总结分析，为制订教育改造工作计划提供参考。

第十九条 每月结合教育改造主题进行宣传报道。分监区（监区）设立黑板报、宣传栏等宣教设施，结合当月教育主题，每月定期刊出一期黑板报（墙报），更新宣传栏。鼓励罪犯积极向《浙江新生报》《建新报》《心理导刊》等报刊投稿。

第二十条 每月对教育改造工作进行小结，制订月度教育改造工作计划。结合监狱统一安排，制订分监区（监区）月度罪犯"三课"教育、监区文化活动等工作计划，及时向教育改造科上报各项月度工作报表。

第五章　年规范

第二十一条 每年组织一次罪犯亲属进监帮教活动。

（一）组织开展帮教活动前，向教育改造科申请，确定帮教时间，拟定活动方案。在罪犯中开展宣传教育,分监区(监区)结合罪犯自愿报名情况和现实改造需要,确定帮教人员名单。提前做好家属联系、场地布置、物品采购、审批手续等前期准备工作。

(二)在帮教活动开展过程中,配足警力,明确分工,严格按照既定方案有序开展。帮教现场管理民警应在 6 名以上(其中 1~2 名为女民警),受帮教罪犯控制在 25 人左右,每名罪犯帮教家属限 3 人以内。通过亲属进监参观、座谈、亲情聚餐、亲情合影以及文艺互动演出等形式,突出帮教主题,增强亲情交流,提高帮教效果。

(三)帮教活动结束后,分监区(监区)应对帮教对象进行动态跟踪,巩固帮教效果。对活动及时进行总结,开展宣传报道。

第二十二条　每年定期开展监区文化活动。

(一)分监区(监区)应对监区环境进行布置。罪犯活动大厅等场所要围绕各自教育主题进行合理布置,悬挂、张贴具有教育性、艺术性的字画、口号、格言警句等标牌,营造自然环境与人文环境相结合、融观赏与教育于一体的改造环境。

(二)积极参与和开展有益罪犯身心健康的文娱活动。监狱统一组织的各类文娱活动,监区、分监区要根据活动的具体要求积极配合,踊跃参与。在参加监狱活动的基础上,分监区(监区)应结合实际,在“五一”“十一”与春节等重大节假日组织开展一次全员性的大型文化活动,罪犯参与面要求达到 90% 以上。活动开展过程中,民警要全程参与组织管理,对演出、比赛等活动中使用的道具、服装等违禁品、危险品要由民警直接管理,统一登记保管。

(三)组织兴趣团队,打造监区文化品牌。分监区(监区)可结合各自特点组建各类文艺队、运动队、兴趣班等,积极挖掘潜力,打造各具特色的监区文化品牌。

(四)注重文化设施建设,重点做好分监区图书室、阅览室和活动室等“三室”建设。分监区(监区)文体、电教设施安排专人管理,规范使用,定期维护。在监狱统一安排的电化教育基础上,利用周末、节假日、罪犯工课余时间,组织罪犯收看新闻及其他有益于罪犯改造的影视节目。

第二十三条　每年组织开展年度罪犯评审评比活动。

(一)根据上级相关通知要求,每年安排一个月左右的时间,开展年度罪犯评审评比活动。严格执行评比程序,严格把握评比资格,严格控制评比比例,严格遵守评审规定。

(二)按要求开展动员教育、评审、评比、公示等活动。及时开展个别谈话教育,“双评”期间罪犯谈话教育面达到 100%。分监区(监区)“双评”动员会、民主推荐会、名单公示等重点时段,参与值勤民警应达到半数以上。要通过“双评”,促使罪犯进一步认清犯罪危害,深挖犯罪根源,紧密联系实际,坚定改造

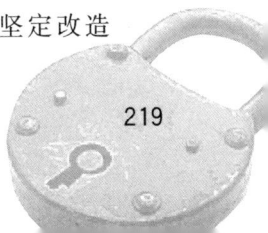

意志;促使罪犯进一步回顾总结一年来的改造表现,肯定成绩,找出问题,坚定改造方向。

(三)按要求做好《省级改造积极分子审批表》《罪犯改造积极分子审批表》《罪犯奖励审批表》《罪犯"双评"受奖人员呈报表》等各类"双评"表格的填写与上报工作,确保材料质量。

第二十四条　每年进行年度教育改造工作总结与计划。每年年底分监区(监区)应及时做好教育改造工作总结及下一年度工作思路,不断总结积累经验,探索创新工作方法,提高罪犯改造质量。

第六章　附　则

第二十五条　监狱布置的其他阶段性教育改造工作,分监区(监区)应及时按要求认真组织实施,保质保量完成。

第二十六条　以上括号内的"监区"是指实行二级管理的监区。

第二十七条　本工作规范由组织人事科、教育改造科(教育改造促稳中心)负责解释。

第二十八条　本工作规范自下发之日起执行。

分监区罪犯心理矫治工作标准

1 目的

通过心理健康教育、个案咨询、心理矫治等方式,培养罪犯健康、积极向上的心理,矫治罪犯心理问题,促进罪犯思想改造,进一步落实"首要标准",努力提高罪犯教育改造质量。通过开展心理测试、心理干预等手段,为落实防控措施和改造质量评估提供参考依据,维护监管安全稳定。

2 职责

2.1 指导员负责分监区罪犯心理矫治工作。监狱实行二级管理的监区,由监区长负责监区罪犯心理矫治工作。

2.2 分监区(监区)要成立心理辅导站,由分监区(监区)配备若干名专(兼)职心理辅导员组成。

2.3 专(兼)职心理辅导员的职责:(1)协助罪犯心理健康指导中心开展心理健康教育、心理评估、心理咨询、团体辅导、心理预测和危机干预等工作;(2)制作和保管好本分监区(监区)罪犯的《服刑人员心理健康档案》,罪犯发生调动时,该档案一并移交,刑满释放人员的档案统一上交狱政支队入库保存;(3)做好本分监区(监区)罪犯的心理咨询工作,咨询后一周内填写罪犯心理健康档案,做好相关记录;(4)需要由罪犯心理健康指导中心安排咨询的,带上《服刑人员心理健康档案》《心理咨询申请表》报教育改造科审批,而后上交中心,由中心安排心理咨询师、咨询时间和地点;(5)有计划地指导罪犯心理信息员对本分监区(监区)罪犯心理信息收集、跟踪观察等活动;(6)及时开启心理信箱,对求助罪犯进行心理情况初步调查,将有心理问题罪犯的名单及相关信息资料提供给心理健康指导中心;(7)及时发现罪犯心理异常者,进行初步干预,有重大心理问题的罪犯情况及时向心理健康指导中心报告;(8)完成心理健康指导中心安排的其他工作。

3 工作程序与要求

3.1 心理健康教育。罪犯心理健康教育的主要内容包括:心理健康基本知识教育、认知模式教育、积极情感教育、意志力和生活方式优化教育、人格健全教育、自我意识教育、人际和谐教育、心理测量、心理咨询和心理治疗等知识教育。

3.2 罪犯心理测试和评估。定期对罪犯进行心理测试,民警心理咨询师从心理学角度,在量表测试、临床面谈、行为观察的基础上,联合评估小组对罪犯的人格状态、人身危险性和心理健康状况等进行的综合评价和判断,确定罪犯人身危险性和改造难易度,提出管教建议。

3.3 罪犯心理档案建设。对每名罪犯建立心理档案,内容包括:罪犯基本信息表、心理测试报告、罪犯心理评估表、心理咨询和心理治疗的方案及实施记载、反映罪犯心理状况变化的资料等。

3.4 心理咨询。分监区根据罪犯个体或者群体的实际情况安排民警心理咨询师开展针对性的咨询,咨询方式有:个别咨询、团体咨询、短期咨询、长期咨询和限期咨询等。需要转介的,及时联系监狱罪犯心理健康指导中心,予以转介咨询、矫治或干预。

4 工作流程

4.1 罪犯心理咨询工作流程

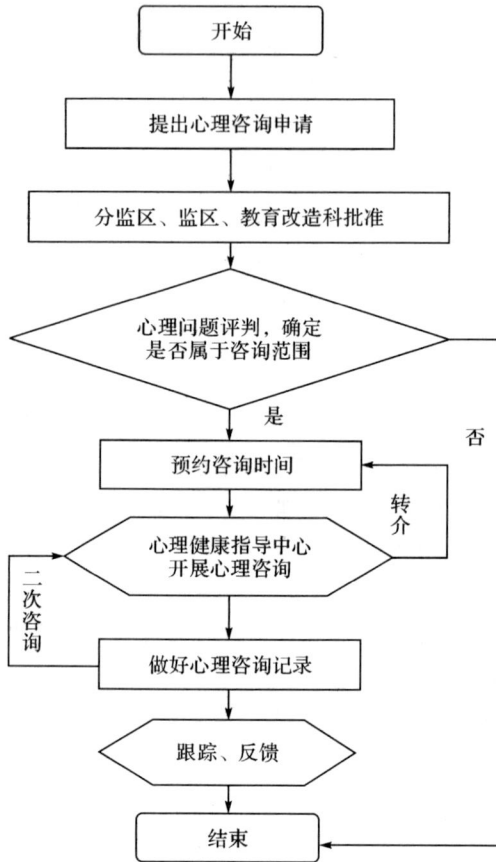

```
                    ┌─────────────┐
                    │    开始      │
                    └─────────────┘
                           │
                    ┌─────────────────┐
                    │  提出心理咨询申请  │
                    └─────────────────┘
                           │
              ┌──────────────────────────┐
              │ 分监区、监区、教育改造科批准 │
              └──────────────────────────┘
                           │
          ╱────────────────────────────────╲
         ╱   心理问题评判，确定              ╲
         ╲   是否属于咨询范围               ╱
          ╲────────────────────────────────╱
                    │是                    │否
          ┌─────────────────┐              │
          │   预约咨询时间    │◄──转介──     │
          └─────────────────┘              │
                    │                      │
         ╱─────────────────────╲           │
    二   │  心理健康指导中心      │          │
    次   │  开展心理咨询         │          │
    咨   ╲─────────────────────╱          │
    询           │                         │
          ┌─────────────────┐              │
          │  做好心理咨询记录  │             │
          └─────────────────┘              │
                    │                      │
          ╱─────────────────╲              │
          │    跟踪、反馈     │             │
          ╲─────────────────╱              │
                    │                      │
             ┌─────────────┐               │
             │    结束      │◄─────────────┘
             └─────────────┘
```

4.2 罪犯团体心理辅导工作流程

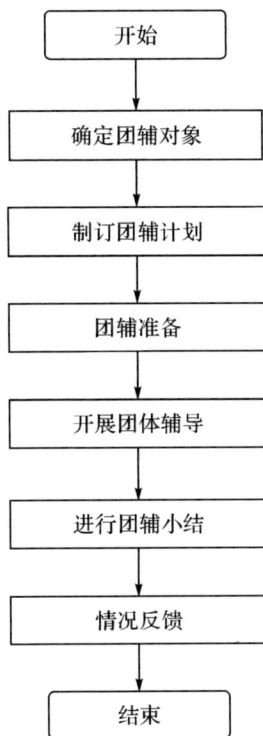

```
┌──────────┐
│   开始    │
└──────────┘
      │
      ▼
┌──────────┐
│ 确定团辅对象 │
└──────────┘
      │
      ▼
┌──────────┐
│ 制订团辅计划 │
└──────────┘
      │
      ▼
┌──────────┐
│  团辅准备  │
└──────────┘
      │
      ▼
┌──────────┐
│ 开展团体辅导 │
└──────────┘
      │
      ▼
┌──────────┐
│ 进行团辅小结 │
└──────────┘
      │
      ▼
┌──────────┐
│  情况反馈  │
└──────────┘
      │
      ▼
┌──────────┐
│   结束    │
└──────────┘
```

5 检查考核

5.1 检查分监区心理健康教育开展、对罪犯中的心理异常者初步鉴别与干预、心理矫治的个案开展及其效果、罪犯心理健康档案建立以及业务部门安排的其他工作落实等情况。主要台账有:教育记录、罪犯心理健康档案等。

5.2 考核采用监狱每月单项抽查、半年统计考核的形式开展。

5.3 检查结果由教育改造科纳入监区综合考评。

分监区罪犯个别教育工作标准

1 目的

以提高罪犯改造质量为中心,以确保监管场所安全稳定为目标,在科学认识罪犯、掌握罪犯思想动态的基础上,充分运用启发、疏导、警示、感化等教育方法,

遵循个案矫正的规律,通过个别谈话的方式,及时了解罪犯思想动态,化解罪犯思想矛盾,针对罪犯个体行为表现和心理特点,解决罪犯实际问题,稳定罪犯情绪和排除隐患,使罪犯在服刑期间遵守监规,安心改造,回归社会后成为一个守法公民。

2 职责

2.1 指导员负责分监区罪犯个别教育工作。监狱实行二级管理的监区,由监区长负责监区罪犯个别教育工作。

2.2 包干民警具体负责包干罪犯的个别教育工作,并做好个别教育谈话记录。

2.3 分监区每日必须要保证一定数量的民警找一定数量的罪犯进行谈话教育,对出现"十必谈"情形的罪犯,谈话率达到100%,包干民警每月找包干小组罪犯谈话率达到100%,监区或分监区领导每月对每名重点罪犯、顽危犯谈话不少于1次。

3 工作程序与要求

3.1 罪犯有下列情形之一的,包干民警应当及时对其进行个别谈话教育:

(1)新入监或者服刑监狱、监区、分监区变更时;

(2)处遇变更或者劳动岗位调换时;

(3)受到奖励或者惩处时;

(4)罪犯之间产生矛盾或者发生冲突时;

(5)离监探亲前后或者家庭出现变故时;

(6)无人会见或者家人长时间不与其联络时;

(7)行为反常、情绪异常时;

(8)主动要求谈话时;

(9)暂予监外执行、假释或者刑满释放出监前;

(10)其他需要进行个别谈话教育的。

以上情形,遇罪犯新入监或者服刑监狱、监区、分监区变更、劳动岗位调整、离监探亲、暂予监外执行、假释或者刑满释放等情形时必须三日之内找其谈话教育;遇罪犯之间产生矛盾或者发生冲突、受到惩处、家庭出现变故、行为反常、情绪异常、主动要求谈话等情形时必须当日找其谈话教育。

3.2 "月度谈",每月包干民警必须找每名罪犯谈话教育一次以上。包干民警当月因培训、出差、休假等原因未能正常上班的,由分监区主要领导指定临时包干民警,并由临时包干民警开展谈话教育。

　　3.3"每日谈",押犯100人以下的分监区每日必须要有2名以上民警找2名以上罪犯进行谈话教育;押犯100～200人的分监区每日必须要有3名以上民警找3名以上罪犯进行谈话教育;押犯200人以上的分监区每日必须要有3名以上民警找4名以上罪犯进行谈话教育。

　　3.4"重点谈",对具有脱逃、行凶、自杀等顽危性质的罪犯,邪教类罪犯,涉黑、涉恶类罪犯,事务犯,"三假"罪犯以及近期情绪不稳定的罪犯,在包干民警"十必谈""月度谈"的基础上,每月分监区或监区领导还要找其谈话教育1次以上。

4 工作流程

4.1"十必谈""日必谈"工作流程图

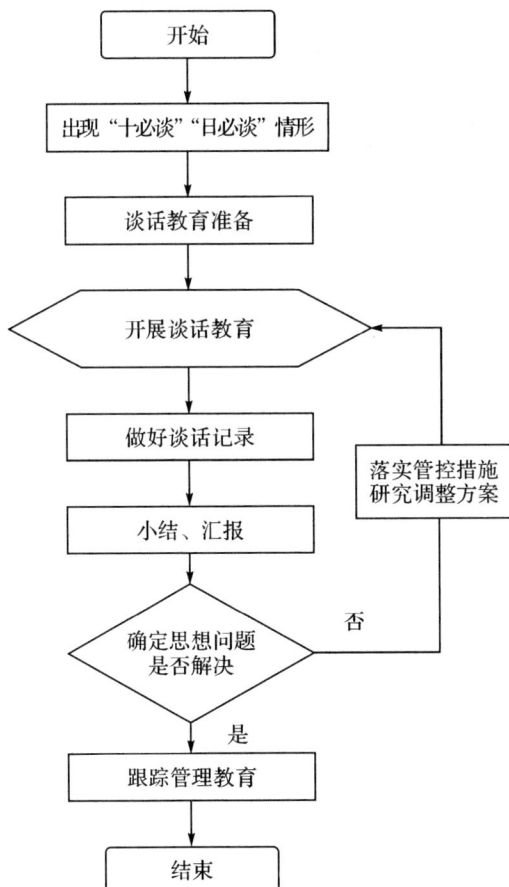

```
            ┌──────────┐
            │   开始   │
            └────┬─────┘
                 │
        ┌────────▼──────────┐
        │出现"十必谈""日必谈"情形│
        └────────┬──────────┘
                 │
        ┌────────▼─────────┐
        │   谈话教育准备   │
        └────────┬─────────┘
                 │
        ╱────────▼─────────╲
        ＼   开展谈话教育   ╱◄─────────┐
         ╲────────┬───────╱            │
                  │                     │
        ┌─────────▼────────┐   ┌────────┴────────┐
        │   做好谈话记录   │   │  落实管控措施   │
        └─────────┬────────┘   │  研究调整方案   │
                  │             └────────▲────────┘
        ┌─────────▼────────┐            │
        │    小结、汇报    │            │
        └─────────┬────────┘            │
                  │              否      │
            ╱─────▼──────╲──────────────┘
            ＼确定思想问题╱
            ＼是否解决  ╱
             ╲────┬───╱
                  │ 是
        ┌─────────▼────────┐
        │   跟踪管理教育   │
        └─────────┬────────┘
                  │
            ┌─────▼────┐
            │   结束   │
            └──────────┘
```

4.2"月度谈"工作流程图

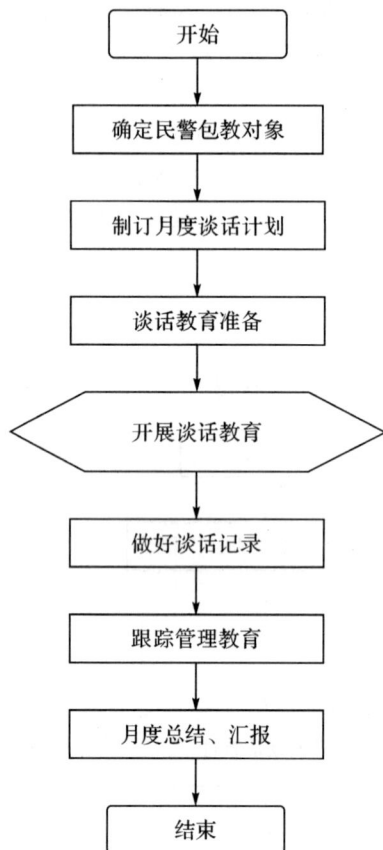

```
                    ┌──────────────┐
                    │     开始      │
                    └──────────────┘
                            │
                            ▼
                    ┌──────────────┐
                    │  确定民警包教对象  │
                    └──────────────┘
                            │
                            ▼
                    ┌──────────────┐
                    │  制订月度谈话计划  │
                    └──────────────┘
                            │
                            ▼
                    ┌──────────────┐
                    │   谈话教育准备   │
                    └──────────────┘
                            │
                            ▼
                 ╱────────────────────╲
                ⟨      开展谈话教育       ⟩
                 ╲────────────────────╱
                            │
                            ▼
                    ┌──────────────┐
                    │   做好谈话记录   │
                    └──────────────┘
                            │
                            ▼
                    ┌──────────────┐
                    │   跟踪管理教育   │
                    └──────────────┘
                            │
                            ▼
                    ┌──────────────┐
                    │  月度总结、汇报   │
                    └──────────────┘
                            │
                            ▼
                    ┌──────────────┐
                    │     结束      │
                    └──────────────┘
```

4.3 "重点谈"工作流程图

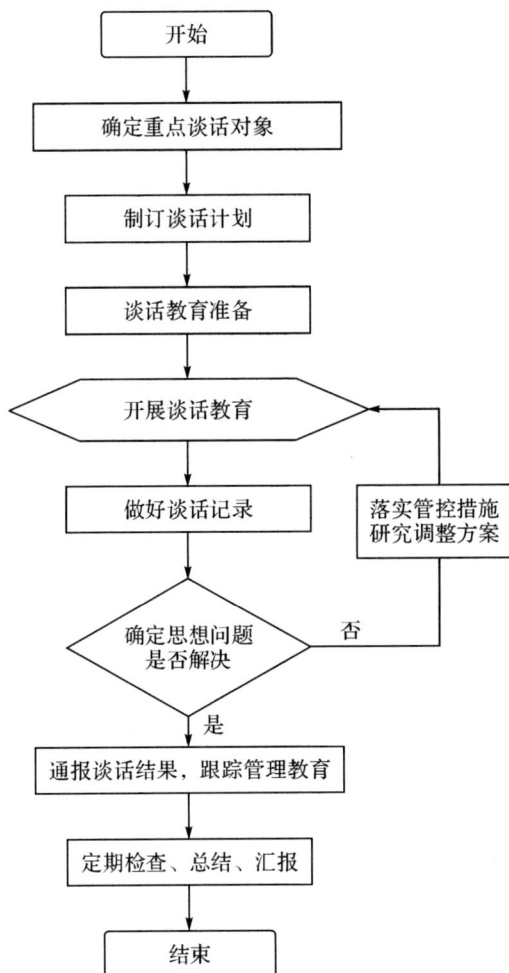

```
              ┌────────┐
              │  开始  │
              └────────┘
                   │
         ┌──────────────────┐
         │  确定重点谈话对象  │
         └──────────────────┘
                   │
         ┌──────────────────┐
         │   制订谈话计划    │
         └──────────────────┘
                   │
         ┌──────────────────┐
         │   谈话教育准备    │
         └──────────────────┘
                   │
         ╱──────────────────╲
         ╲   开展谈话教育    ╱ ◄────────┐
         ╱──────────────────╲          │
                   │              ┌───────────────┐
         ┌──────────────────┐    │ 落实管控措施   │
         │   做好谈话记录    │    │ 研究调整方案   │
         └──────────────────┘    └───────────────┘
                   │                     ▲
              ◇────────◇                 │
             ╱ 确定思想问题 ╲     否      │
            ◇  是否解决     ◇───────────┘
             ╲            ╱
              ◇────────◇
                   │ 是
         ┌──────────────────┐
         │ 通报谈话结果,跟踪管理教育 │
         └──────────────────┘
                   │
         ┌──────────────────┐
         │ 定期检查、总结、汇报 │
         └──────────────────┘
                   │
              ┌────────┐
              │  结束  │
              └────────┘
```

5 检查与考核

5.1 考核对象分为包干民警和分监区两个部分,分"优秀""合格""不合格"三个等次,每个季度考核一次。

5.2 考核采用监狱每周巡查、每月单项抽查、半年统计考核的形式开展。

5.3 检查考核综合采用查阅谈话记录本和各类专档等基础台账、现场查看、找民警或罪犯谈话了解等方法进行。

5.4 考核结果由教育改造科(教育改造促稳中心)纳入监区综合考评。

分监区罪犯集体讲评教育工作标准

1 目的

运用分监区日讲评、周点名和专项活动点名等集体讲评教育手段,及时弘扬改造正气,打击歪风邪气,纠正错误思想,稳定不良情绪,调动罪犯改造积极性,矫正身心存在恶习,提出今后的改造任务与要求,为罪犯改造指明正确方向。

2 职责

2.1 指导员负责分监区罪犯集体讲评教育工作。监狱实行二级管理的监区,由监区长负责监区罪犯集体讲评教育工作。

2.2 当班民警对当日罪犯收工后的劳动、安全、纪律、行为规范等情况,进行简短的小结。

2.3 分监区主要领导及分管领导周日晚间分别就本分监区一周内纪律、生产、生活、学习等改造情况进行总结,并对下周改造任务进行布置。

2.4 监区主要领导及分管领导分别就本监区季度内各项改造情况进行总结,并对下季度改造任务进行布置。

2.5 监狱或监区组织的各类专项教育活动,按照专项活动的具体要求开展教育。包括前期的宣传、动员、部署、要求及落实情况;中期的阶段性开展情况;后期的总结评比情况。

3 工作程序与要求

3.1 每日进行集体讲评教育,即"日讲评"。主讲民警由当班领导指定,其他民警配合。讲评时,要求民警按照规定着警服,仪表自然庄重,姿势端正,辅以适当手势,声音洪亮,口齿清楚,讲普通话。讲评时间应控制在 5 分钟左右。讲评主要布置当日劳动改造或教育活动任务与要求和概述小结当日罪犯的改造情况,及时肯定成绩,表扬好人好事,指出罪犯中存在的不良倾向和问题。

3.2 每周开展一次集体点名教育,即"周点名"。由分监区(监区)主要领导及分管领导分别就本单位一周内纪律、生产、生活、学习等改造情况进行总结,并对下周改造任务进行布置。每次周点名教育,分监区(监区)正职和副职(包括管教员)必须各有一人到场,其余分监区民警1/4以上参加。平时周日由分监区(监区)副职领导或管教员主讲,正职领导助讲,月末周日由分监区(监区)正职领导主讲,副职领导或管教员助讲。主要是概述小结一周内罪犯的改造情况,提出下一阶段的改造任务与改造要求,为罪犯指明改造方向。也可以结合监狱教育主题、社会热点事件、敏感日期等适时开展针对性的主题讲评教育。周点名教育统一安排在周日晚开展。18：15—18：30 组织罪犯唱改造歌曲,18：30 开始正式点名教育,时间 30～60 分钟。点名教育结束后,应组织罪犯分组学习讨论,或进行包干民警小组讲评,至 20：00 解散。因特殊原因需调整教育时间的,需经相关业务部门同意。

3.3 专项活动讲评教育。监狱或监区组织的各类专项教育活动前后分监区开展的各类专项教育活动讲评教育,要求分监区 1/2 以上民警参加,由主要领导主讲,分管领导助讲,讲评时间 30～60 分钟。内容包括前期的宣传、动员、部署、要求及落实情况;中期的阶段性开展情况;后期的总结评比情况等。

3.4 民警在讲评教育结束后,应及时在专用的分监区讲评记录本上进行较为详细的文字记载。

4 工作流程

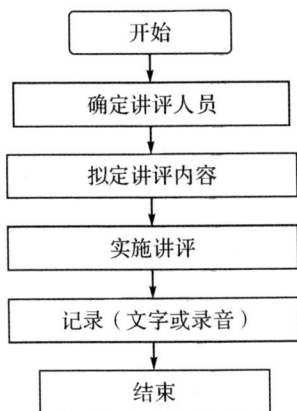

```
开始
  ↓
确定讲评人员
  ↓
拟定讲评内容
  ↓
实施讲评
  ↓
记录（文字或录音）
  ↓
结束
```

5 检查与考核

5.1 考核采用现场考核、书面讲稿、记录台账及录音资料考核相结合的办法进行。

5.2 检查结果由教育改造科(教育改造促稳中心)纳入监区综合考评。

229

分监区罪犯亲情帮教工作标准

1 目的

规范亲情帮教工作标准,指导分监区规范开展亲情帮教工作,提高亲情帮教工作的计划性、针对性、实效性、执行力,推动教育促稳与教育治本,以实现亲情帮教工作的程序化、常态化、科学化和规范化。

2 职责

2.1 指导员负责分监区罪犯亲情帮教工作。监狱实行二级管理的监区,由监区长负责监区罪犯亲情帮教工作。

2.2 分监区分管领导每年要拟定年度亲情帮教工作计划,每年对罪犯开展亲情帮教的比例不少于 10%,与罪犯亲属签订帮教协议书的比例在 75% 以上。

2.3 包干民警负责初审包干罪犯是否符合帮教条件,掌握包干罪犯亲情帮教的情况,并将情况通报分管领导。

3 内容与要求

3.1 前期准备。分监区根据年度亲情帮教工作计划,分批次开展落实。分监区落实帮教对象人数控制在 20～25 名。寄发帮教邀请函、家属帮教须知,并按回执和电话情况,统计好服刑人员亲属关系和人数。

3.2 报到登记。分监区指派专职民警提前 10 分钟到会见室开展报到登记工作。存放好服刑人员家属的箱包,并做好登记,给予妥善保管,贵重物品、现金等存在会见室储物柜。分监区安排专人进行检查后,让服刑人员家属在宽管会见室休息等候。如有家属未按时报到,要由专人负责等候,并将迟到的家属带至帮教现场。

3.3 进监管区。由专人负责对全体家属进行进监相关教育。到监管大队办理相关手续后,从监狱正大门带入。带入家属时排成两路纵队,到监区(分监区)监舍参观。整个活动过程须有 2 名以上民警负责服刑人员家属的管理,直到服刑人员家属离开监管区。

3.4 进行帮教。民警将帮教罪犯统一带到教学楼礼堂,按指定位置坐好,等候家属到来,家属与服刑人员同桌就座。主持人宣布大会开始,介绍全体就座领导。领导讲话,致欢迎词。服刑人员代表发言,家属代表发言。根据分监区的实际,自行确定开展感恩亲情活动。如给父母洗脚,给妻子梳头,给父母、妻子按摩,给子女赠书包、书籍和学习用品,安排亲情聚餐、亲情合影等。根据分监区实际,安排30~45分钟的文艺互动演出,以增强亲情交流,提高帮教效果。服刑人员和家属谈心交流。

3.5 出监管区。活动结束,送家属出监管区。按照进监的形式,准确清点服刑人员和家属人数后,将家属带出监外,并将存放的物品交接清楚。安排专人对参加帮教的服刑人员进行严格的搜身检查,防止违禁品流入。

3.6 其他事项。落实好亲情帮教时的后勤工作,如会场布置(桌椅摆放、主席台布置、背景制作、盆景摆放等)、物品购买(茶叶、纸杯、瓜子、水果、纸巾以及活动器材等)。教学楼二楼设置女厕所一间,并安排一名女民警管理。落实专人对帮教活动的摄影、摄像。活动结束后,将活动方案及活动总结交教育改造科一份。

4 工作流程

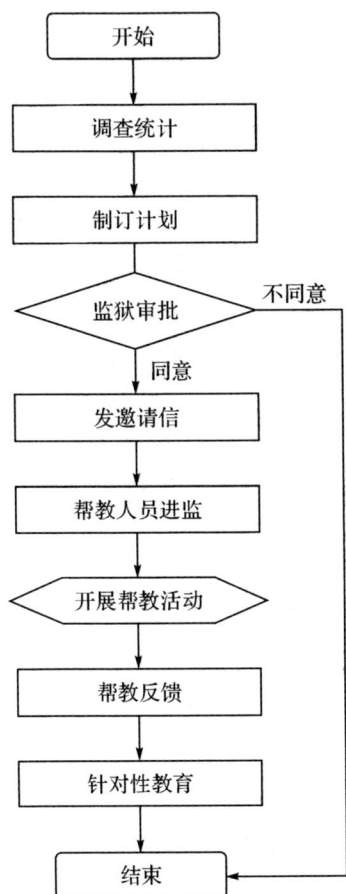

5 检查与考核

5.1 检查分监区亲情帮教工作计划和亲情帮教工作总结。重点检查帮教次数、帮教人数、帮教效果等。

5.2 考核采用监狱半年检查、全年统计考核的形式开展。

5.3 检查结果由教育改造科(教育改造促稳中心)纳入监区综合考评。

分监区罪犯思想政治教育工作标准

1 目的

贯彻落实"首要标准",以降低刑释人员重新犯罪率为目标,以确保监狱安全稳定为前提,以提高教育改造质量为中心,综合运用思想政治教育手段,着力帮助罪犯树立正确的世界观、人生观、价值观和改造观,教育罪犯在认罪悔罪的基础上矫正犯罪恶习,养成良好行为习惯,增强罪犯法律知识和守法意识,提高道德认知水平,最终将罪犯改造成为守法公民。

2 职责

2.1 指导员负责分监区罪犯思想政治教育工作。监狱实行二级管理的监区,由监区长负责监区罪犯思想政治教育工作。

2.2 分管领导和政治教员应根据监狱制订的"罪犯年度思想政治教育计划",结合实际开展罪犯思想政治教学。创新思想政治教育形式和载体,丰富思想政治教育内涵,提高思想政治教育质量。

2.3 包干民警负责包干罪犯的日常思想教育,掌握包干罪犯思想情况,并将情况通报分管领导。

2.4 分监区分管领导负责具体审查以下内容:(1)每年对罪犯开展正规的集体思想政治教育不少于 250 课时;(2)罪犯参加思想政治教育,参加人数应达到 100%,罪犯思想政治考试合格率在 95%以上;(3)罪犯刑满释放时,法律常识教育合格率和道德常识教育合格率应当达到 95%以上;(4)开展心理健康课堂化教育,罪犯心理健康知识普及率达到应参加人数的 100%。

3 工作程序与要求

3.1 认罪悔罪教育。认罪悔罪教育应当贯穿并渗透于罪犯改造的全过程,主要的教育定位是"抓开头,重过程",即重点抓好罪犯在入监阶段的针对性教育,同时监狱有计划地安排每年常规专题教育。分监区每半年安排不少于 4 个课时的"认罪悔罪"常规教育,结合半年小结和年度"评审评比"活动,通过专题点名、写思想汇报、清算犯罪成本账和改造代价账、向被害人撰写忏悔信等形式开展。

3.2 法律常识教育。内容有:宪法、刑法、刑事诉讼法、监狱法、民法、物权法、继承法、婚姻法、合同法、劳动合同法、治安管理处罚法、禁毒法等主要法律知识。教材以省局编印的《服刑人员法制教育读本》为主,其他普法教材为辅。在年度教学周期内,分监区原则上要组织罪犯系统地学习1~2部法律。

3.3 公民道德和传统美德教育。内容有:公民基本道德教育;社会公德教育;职业道德教育;家庭美德教育;中华传统美德(爱国主义)教育;世界观、人生观、价值观教育;"三自三守"服刑改造观教育;社会主义荣辱观教育等。教材统一使用省局编印的《服刑人员改造价值观教育读本》《服刑人员公民道德教育30讲》和监狱编印的《"三自三守"服刑改造观读本》等书面教材为主,辅以《感动中国》《论语》《孟子》《三字经》《弟子规》等视频教材。

3.4 服刑常识、刑事政策、时事政治教育。此类教育应当贯穿罪犯改造的全过程,服刑常识和刑事政策教育,主要采取监狱、监区、分监区三级点名教育为常态形式;时事政治教育,主要以组织罪犯收看中央电视台《新闻联播》和学习时政报纸要闻等为常态形式。同时,结合监狱阶段性监管工作重点,开展针对性的专题教育和利用监狱有线电视为媒介来教育。服刑常识和刑事政策教育,以监狱编印的《服刑人员行为规范》《罪犯奖惩考核办法》《心灵规范》等为基本教材,以"两报一刊"或监狱编写的其他相关资料为辅助教材。

3.5 思想政治主题教育。分监区根据监狱统一部署,或改造罪犯实际需要,每年确立1~2个思想政治教育主题,有序有力地开展主题教育。借助主题教育平台,推进与强化各项教育改造工作,使主题教育成为一条"串珠之绳",实现各种教育元素的充分整合。

3.6 师资配备。分监区挑选2名以上民警作为本分监区的罪犯思想政治教师,每周结合"5+1+1"模式定期开展教学活动。

4 工作流程

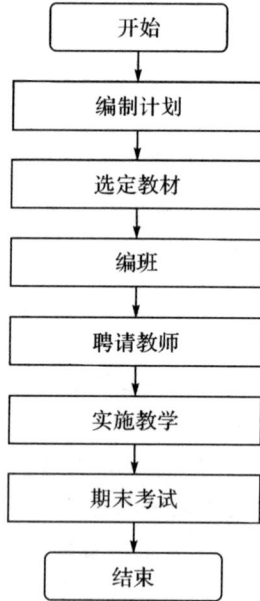

开始

编制计划

选定教材

编班

聘请教师

实施教学

期末考试

结束

5 检查与考核

5.1 检查分监区各项教学课时数、罪犯应参加人数、考试合格率等指标完成情况。主要台账有:罪犯"三课"教学编班表、教学日志、民警备课本、考试成绩汇总表等。

5.2 考核采用监狱每周巡查、每月单项抽查、半年统计考核的形式开展。

5.3 检查结果由教育改造科(教育改造促稳中心)纳入监区综合考评。

分监区罪犯文化教育工作标准

1 目的

对尚未完成国家规定的九年制义务教育的罪犯实行文化学历教育,以提高罪犯的文化水平,增强罪犯的学习能力。由分监区组织编班,参加育新学校开办的扫盲、初小、高小和初中九年义务学历教育,以及参加高等教育自学考试等文化教育。教育罪犯学习文化知识,提高文化素质,为进一步进行劳动技术和政治思想教育打下坚实的知识基础,引导罪犯树立自觉的学习意识,养成良好的学习观念和习惯。

2 职责

2.1 指导员负责分监区罪犯文化教育工作。监狱实行二级管理的监区，由监区长负责监区罪犯文化教育工作。

2.2 分管领导应根据监狱制订的"罪犯年度文化教育计划"，结合实际组织罪犯参加文化学习。

2.3 包干民警要掌握了解包干罪犯文化教育情况，并将情况通报分管领导。

2.4 分监区分管领导负责具体审查以下内容：(1)参加文化教育的罪犯，每年教学时间不少于300课时；(2)尚未完成国家规定的九年制义务教育、年龄不满45周岁、能够坚持正常学习的罪犯，应当接受义务教育，已完成义务教育或者年龄在45周岁以上的罪犯，鼓励其参加其他文化学习；(3)文盲罪犯在入监两年内脱盲，脱盲比例要达到应脱盲人数的95％以上；(4)罪犯刑满释放时，小学文化程度以上的达到应入学人数的90％以上。

3 工作程序与要求

3.1 扫盲、初小、高小、初中等文化教育。由分监区根据罪犯实际学历情况，报育新学校进行统一编班、教学。

3.2 高等教育自学考试。分监区鼓励并组织罪犯参加高等教育自学考试，提高文化素养，掌握实用技能，为刑释后顺利就业创造条件。在监狱实际服刑1年以上、实际文化程度在初中以上、已获得一本以上职业技能证书的罪犯，经本人申请、分监区审核报教育改造科批准后，方可编入分监区高等教育自学班，参加监狱组织的高等教育自学考试。

3.3 教育改造科在每学年初，研究制订并下发《文化教育计划》，自学考试按杭州市教育考试院下发的招考简章为准。罪犯文化教育和高等教育自学考试的教学场所、现场管理、考试形式等其他管理要求，按照监狱相关文件执行。

4 工作流程

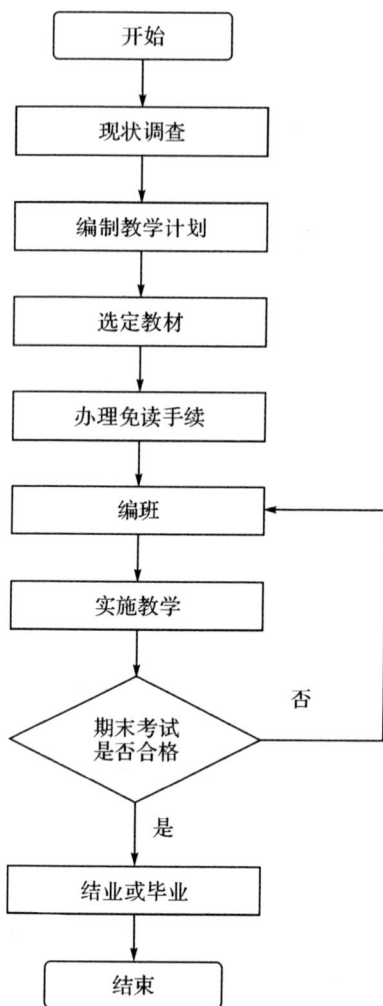

开始

现状调查

编制教学计划

选定教材

办理免读手续

编班

实施教学

期末考试
是否合格

否

是

结业或毕业

结束

5 检查与考核

5.1 检查分监区各项教学课时数、罪犯应参加人数、考试合格率等指标完成情况。主要台账有：罪犯"三课"教学编班表、教学日志、民警备课本、考试成绩汇总表等。

5.2 考核采用监狱每周巡查、每月单项抽查、半年统计考核的形式开展。

5.3 检查结果由教育改造科(教育改造促稳中心)纳入监区综合考评。

分监区罪犯文化建设工作标准

1 目的

贯彻落实"首要任务",以提高罪犯改造质量为目的,以确保监狱安全稳定为前提,充分发挥监区文化建设在教育改造中的激励、引导作用,以及在改造罪犯过程中对独具特色的包括价值观念、治监理念、行刑方式、群体意识、环境风格、行为规范等在内的物质文明和精神文明的综合运用,从而达到陶冶罪犯情操、活跃改造氛围、缓解改造压力、提高改造质量等功效,最终将罪犯改造成为守法公民。

2 职责

2.1 指导员负责分监区罪犯文化建设工作。监狱实行二级管理的监区,由监区长负责监区罪犯文化建设工作。

2.2 分管领导应根据监狱制订的"罪犯年度文化建设工作计划",结合实际,创新文化建设形式和载体,丰富文化建设内涵,提高文化建设质量。

2.3 分监区分管领导具体负责以下内容:(1)以监狱《建新报》、有线电视、广播、文化长廊及监区、分监区黑板报、宣传栏等为宣传教育载体,大力弘扬改造正气;(2)根据罪犯学习、生活、娱乐等需要进行环境布置,美化监区环境,营造积极向上的改造氛围;(3)以组建罪犯文艺队、运动队、书画班等为基础,培养兴趣爱好,陶冶思想情操;(4)通过文艺演出、文体竞赛、团队活动等形式,增强罪犯集体意识和拼搏精神。

3 工作内容与要求

3.1 分监区要设立黑板报、宣传栏等宣教设施,结合当月教育主题,每月定期刊出一期黑板报(墙报),更新宣传栏。

3.2 鼓励罪犯积极向《浙江新生报》《建新报》《心理导刊》等报刊投稿,分监区每月应向二报一刊投稿5篇以上,刊出1篇以上。

3.3 美化环境,整洁监区。罪犯监舍、活动大厅等场所要围绕各自教育主题进行合理布置,悬挂、张贴具有教育性、艺术性的字画、口号、格言警句等标牌,营造自然环境与人文环境相结合、融观赏与教育于一体的改造环境。

3.4 在参加监狱活动的基础上,分监区应结合实际,在"五一""十一"、春节等重大节假日组织开展一次全员性的大型文化活动,每月经常性开展丰富多彩的文娱活动。

3.5 监区、分监区可结合各自特点组建各类文艺队、运动队、兴趣班,积极挖掘潜力,打造各具特色的监区文化品牌。

3.6 注重文化设施建设,重点做好分监区图书室、阅览室和活动室等"三室"建设,藏书量应按在押犯数量人均 3 册以上,报纸、刊物种类应各在 5 种以上。

3.7 监区、分监区的文体、电教设施要有专人管理,规范使用,定期维护。

3.8 在监狱统一安排的电化教育基础上,利用周末、节假日、罪犯工课余时间,组织罪犯收看新闻及其他有益于罪犯改造的影视节目。

4 工作流程

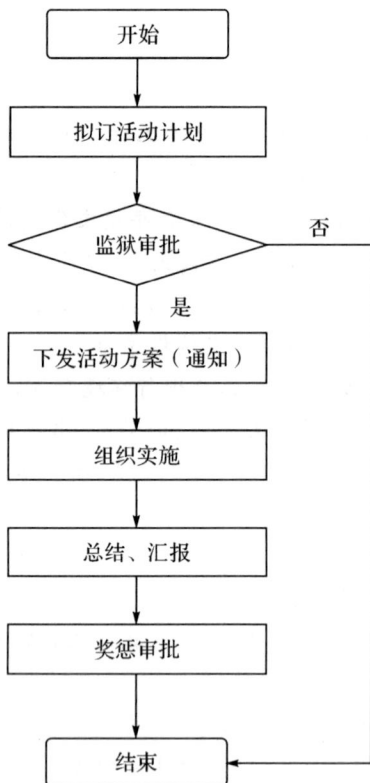

5 检查与考核

5.1 每季度对各监区、分监区的监区文化建设情况不定期进行检查和考核,采用现场查看、查阅文字或影像记录、找民警或罪犯谈话了解等办法进行。

5.2 检查结果由教育改造科(教育改造促稳中心)纳入监区综合考评。

索 引
Index ......

后 记
Postscript……

如何建立一整套监管安全长效机制,有效实现监狱的长治久安,是新形势下监狱工作者应当解决的重要课题。近年来,运用符合监狱内在发展规律的机制化运作方式来保证监狱安全稳定目标的实现,在认识上逐步形成共识,在实践中也已取得一定成效。但是,关于监管安全机制的定位、定性,机制的运作方式,以及整个机制体系的建设,仍然没有定型,需要不断地探索和研究。

监管安全长效机制已经提出的安全防控、犯情研判、隐患整治机制属于防御性机制;应急处置机制属于补救性机制;责任追究机制则属于惩戒性机制。从确保监狱长期安全稳定的机制化体系角度看,以上这些机制是残缺不完整的。在长期的改造实践中,监狱安全机制体系还应包括主动进攻性的机制,即以促进罪犯个体稳定为主要功能的教育改造促稳机制。在严密的防范工作条件下监狱展现的是暂时的安全、表象的稳定,而在罪犯个体稳定条件下的监管稳定则是本质上的稳定,是长期的可持续的稳定。只有将教育改造促稳的进攻性机制与现有的机制融为一体,才能构成监管安全科学完整的机制体系。

正是在监狱工作理论和实践研究的基础上,为进一步深化对安全机制建设的认识,我们组织从事相关工作的人员编写了《监狱教育改造促稳机制研究》。本书注重理论与实践的有机结合,不仅对监狱教育促稳与治本工作中好的做法和成功经验进行了全面总结,而且对我们正在实践与努力探索的现实课题展开了深入研究,力图在创新性与实用性上达到新的高度。

我们深知,本书的很多观点还不成熟,论证较为浅显,需要理论界和实务界做进一步的探讨;我们也深信,任何研究都是一种探索、一种担当、一种奉献,本书的研究成果值得珍惜。我们期望本书的出版能弥补国内对于监狱教育促稳与治本研究的不足,相信其理论成果在今后的监狱实践中能转化为现实的生产力

241

和战斗力。我们也期待把更多、更好的相关理论成果呈现给大家,在监狱教育促稳机制建设研究方面取得新的突破,做出新的贡献。

自 2014 年开始,浙江省第二监狱为扎实有序地推进该课题研究,成立了"监狱教育改造促稳机制研究"课题组,监狱工作研究所负责具体组织落实课题调研工作。课题组组长施志仁、副组长朱永忠和朱泳提出了研究的思路、框架和具体计划,课题组多次进行修改讨论。紧接着各成员开展了大规模、长时间的监内外调研工作,七易其稿。浙江省监狱工作研究所领导周祥贵、杭州师范大学教授白彦指导统稿、审稿,对全书修改提出了很好的意见。

本书撰稿的具体分工是:第一章:施志仁、李建森;第二章:朱永忠、李建森、姜勇;第三章:李建森、屠珂阳;第四章:李建森、丁超超;第五章:李建森、陈明为;第六章:丁文炯、俞焕桥;第七章:李建森、盛贤群;第八章:李建森、鲍州俊;第九章:李建森、郭菲、黄嘉琪;第十章:丁文炯、李建森。本书的主编和副主编不仅提出了写作的基本框架和体例结构,而且直接参与了课题的开题、点评,并撰写了部分章节内容。李建森负责统稿,最后由主编审定。

本书部分内容引用了网络、书刊的资讯与报道,在此一并向原作者和刊发机构致谢。引用来源若有遗漏,祈请原作者和刊发机构原谅。由于作者水平有限,加之时间仓促,书中不妥之处在所难免,恳请读者批评指正!

编　者

图书在版编目(CIP)数据

监狱教育改造促稳机制研究 / 施志仁，朱永忠主编.
—杭州:浙江大学出版社，2017.6
ISBN 978-7-308-16861-8

Ⅰ.①监… Ⅱ.①施… ②朱… Ⅲ.①监狱—监督改
造—研究—中国 Ⅳ.①D926.7

中国版本图书馆 CIP 数据核字(2017)第 092540 号

监狱教育改造促稳机制研究

施志仁　朱永忠　主编

责任编辑	诸葛勤
责任校对	杨利军　张振华
封面设计	续设计
出版发行	浙江大学出版社
	(杭州市天目山路 148 号　邮政编码 310007)
	(网址:http://www.zjupress.com)
排　　版	杭州中大图文设计有限公司
印　　刷	杭州日报报业集团盛元印务有限公司
开　　本	710mm×1000mm　1/16
印　　张	15.75
字　　数	300 千
版 印 次	2017 年 6 月第 1 版　2017 年 6 月第 1 次印刷
书　　号	ISBN 978-7-308-16861-8
定　　价	47.00 元